新世紀法學叢書

商事法編 (5)

金融管理法規（下）

郭土木

學歷／國立政治大學法律學系70年學士
國立政治大學法律研究所77年法學碩士
國立政治大學法律研究所87年法學博士
民國73年高考金融法務及格
民國87年證券分析人員認可合格

經歷／原財政部證券暨期貨管理委員會第二、三、四、五、
七組科員、專員、稽核、科長、專門委員、副組長、
法務室主任及第四組組長
高雄大學、輔仁大學、東吳大學、銘傳大學、淡江大
學、空中大學、臺北商業技術學院兼任講師、助理教
授、副教授
法務部專家資源資料庫諮詢顧問

現職／行政院金融監督管理委員會法律事務處副處長
輔仁大學法律研究所兼任副教授

三民書局

國家圖書館出版品預行編目資料

金融管理法規(下)／郭土木著.－－初版一刷.－－臺
北市：三民，2006
　　冊；　公分
　　ISBN 957－14－4397－2　（上冊:平裝）
　　ISBN 957－14－4438－3　（下冊:平裝）

　　1.金融－法令,規則等

561.2

© **金融管理法規(下)**

著作人　　郭土木
發行人　　劉振強
著作財
產權人　　三民書局股份有限公司
　　　　　臺北市復興北路386號
發行所　　三民書局股份有限公司
　　　　　地址／臺北市復興北路386號
　　　　　電話／(02)25006600
　　　　　郵撥／0009998－5
印刷所　　三民書局股份有限公司
門市部　　復北店／臺北市復興北路386號
　　　　　重南店／臺北市重慶南路一段61號
初版一刷　2006年7月
編　　號　S 562240
基本定價　拾　　元
行政院新聞局登記證局版臺業字第○二○○號

ISBN　957-14-4438-3　（下冊:平裝）

http://www.sanmin.com.tw　三民網路書店

金融管理法規
（下）

目　次

第五章　金融控股公司法

第七章　結構式商品之法律問題探討

第八章　票券金融管理法

第九章　金融犯罪與刑責

第十章　金融相關稅賦

第十一章　金融機構合併法

第十二章　結論與建議

附　錄

第五章　金融控股公司法

第一節　概述與立法目的

第一目　概　述

　　金融控股公司法之立法例，在美國有銀行控股公司、公共事業控股公司等專業之法律，在歐洲由於採行聯合銀行 (Universal Banking) 之經營，得為跨業經營金融業務，我國為提升金融產業之競爭力，爰參考其他國家立法例，訂定金融控股公司法，並將金融之範圍由銀行擴大至涵蓋保險及證券等之業務，由於金融控股公司法為規範金融控股公司 (Financial Holding Company) 之法律，其規範之內容包括金融控股公司之設立、運作、轉換、分割及業務、財務之監督管理事項，並透過管理集團投資 (Investment Management) 及資金配置運用 (Capital Allocation) 發揮綜合經營效益，金融控股公司法經立法院三讀通過後，已於 90 年 7 月 9 日由總統公布並施行在案❶，並自 90 年 11 月 1 日施行，全文計六章共六十九個條文，截至 95 年 1 月底已有 14 家金融控股公司依此規定設立並在運作中，而此一法律為考量使發揮金融機構綜合經營效益，強化金融跨業經營之合併監理，促進金融市場健全發展，並維護公共利益而制定，達到以金融控股公司為整合金融業務經營之效益，本章擬為進一步之說明。

---

❶　金融控股公司法於 90 年 7 月 9 日由總統以華總一義字第 9000134920 號令制定；並於 93 年 2 月 4 日由總統以華總一義字第 09300016581 號令修正第 57 條、並增訂第 57 條之 1、第 57 條之 2、第 67 條之 1 及第 67 條之 2；於 93 年 6 月 30 日由總統以華總一義字第 09300119821 號令修正第 31 條在案；另於 94 年 5 月 18 日由總統以華總一義字第 09400072711 號令修正公布第 13 條、第 66 條、第 69 條條文，增訂第 57 條之 3、第 57 條之 4、第 68 條之 1。

第二目 立法目的

金融控股公司法之立法目的，可說明如下：

一、發揮金融經營綜合效益

㈠資源共享

金融控管公司之成立，可透過各子公司間之共同行銷或合作協議達成資訊共享、品牌共用，並可整合金融商品、場地設備、人力、物力等，減少整體營運成本。

㈡資源整合

在金融控股公司體系內，控股公司可運用投資或管理之方法為資金比例之適度調整，靈活整合各金融機構行業之利益分配，提升各金融機構之競爭力。

㈢提升營運效益

金融控股公司得藉由該集團性之力量，籌措資金，在業務之發展上握有強大之談判空間，並得開發多樣性之產品，達到全方位之服務，以提升營運效益。

二、提升服務之品質

金融控股公司可經由對金融機構之整合擴大市場占有率，以大規模產品之方式長期占有市場，而達到規模經濟 (Economies of Scale) 之效果，同時也可提供消費之個人一次購足之便利 (One Stop Shopping)，節省消費之時間與相關費用之負擔，在財富管理之專家理財時代，能提供更多可選擇之商品，滿足客戶之需求，即所謂除了達到供應者的經濟規模 (Supply-Side Scale Economy) 之外，而更能符合需求者的經濟規模 (Demand-Side Scale Economy)，即一般所謂之範疇經濟 (Scope Economy)，以提升服務之品質❷。

三、強化專業分工及經營效益

金融控股公司各子公司，皆採取專業化經營，相較於所有不同類型之金融業務，其分工整合後專業經營效率大大提升。同時亦可整合不同文化之子公司，甚至可彈性配合各國之法令制度，因地制宜經營該子公司，因此有利於跨國性併購以擴張金融集團之版圖，可進一步提升金融業之國際化及國際競爭力，並可提高信用評等、降低籌資成本及進行跨國間之合作關係。

四、強化金融監督之一元化

為避免重複監理及造成監理死角之漏洞，以致可能造成無法節制之金融怪物，對於整合後之金融控股公司應有嚴格之規範及一元化之監理機制，並建立利益衝突之防火牆 (Fire Wall)，故整合後之金融控股公司運作，在另一方面亦應配合督促其踐行公開揭露之原則，以促進金融集團持股結構及財務資訊透明化，同時達到提昇金融監理效能。

第二節　金融控股公司之定義及設立

第一目　定　義

金融控股公司係指對於銀行、保險或證券商等之金融機構，持有達到可控制性之股份數量，並依法設立之公司，而所謂可控制性之股份數量，雖各國規定不一，但就我國現行金融控股公司法第 4 條第 1 款之規定，係指持有一銀行、保險公司或證券商已發行有表決權股份總數或資本總額超

---

❷　參閱王文宇著，〈金融控股公司法之評析〉，第 194–195 頁，《月旦法學雜誌》，第 77 期，2001 年 10 月。

過 25%，或直接、間接選任或指派一銀行、保險公司或證券商過半數之董
事，涵蓋形式上控制與實質上之控制在內，此之銀行包括銀行法所定之銀
行、票券金融公司及其他經主管機關所指定之機構；證券商則為包括承銷、
自營、經紀之綜合證券商與經營證券金融之公司；保險則包括人壽、財務
保險公司等。

　　金融控股公司為所屬各子公司 (Subsidiaries) 之母公司，而其子公司除
了前開銀行、保險、證券之外，尚涵蓋經營其他與金融業務有關之公司，
但其控管關係之認定，則有較為嚴格之計算，必須為該金融控股公司持有
已發行有表決權股份總數或資本總額超過 50%，或其過半數之董事由金融
控股公司直接、間接選任或指派之其他公司。我國金融控股公司法對於金
融控股公司之業務，規定應以確保其子公司業務之健全經營為原則，故其
業務範圍應以投資及對被投資事業之管理為限❸，並未直接從事業務項目
之經營。

----

❸　依美國 1999 年金融服務現代化法 (Gramm-Leach-Blilry Act) 第 103 條第 a 項
　　第 4 款規定，金融控股公司及其子公司得從事之金融業務，包括有一般之金融
　　業務 (financial in nature) 或與該金融相關之附屬業務 (incidental to such finan-
　　cial activity)，以及輔助性或補充性之金融業務 (complementary to a financial ac-
　　tivity)。而其業務之內容包括：
　　⑴放款、匯兌、資金移轉、為他人投資、貨幣與有價證券之保管。
　　⑵保險、損失險 (indemnifying against loss)、傷殘失能險、死亡保險、年金保險，
　　　得作為保險人、保險經紀人與保險代理人。
　　⑶投資顧問。
　　⑷發行、銷售銀行之權益工具。
　　⑸承銷、自營有價證券業務，並可創造市場 (making market)。
　　⑹保險公司投資組合之保險業務。
　　⑺商業銀行業務。
　　⑻聯邦理事會於本法通過前已核准從事之業務。
　　⑼已獲聯邦準備理事會允許之銀行控股公司海外經營之業務等。
　　而我國金融控股公司法第 36 條第 1 項規定，金融控股公司僅以投資及對被投
　　資事業之管理為限，並不得為實質業務之行為。

第二目　金融控股公司之設立

金融控股公司為許可行業，無論是國內金融控股公司或外國金融控股公司，必須取得主管機關之許可證照或認許，始得營業，而我國國內金融控股公司設立之條件及程序可說明如下：

一、資本額

依金融控股公司法第 12 條之規定，金融控股公司之最低實收資本額，由主管機關定之。原主管機關之財政部據此訂定為新臺幣 200 億元❹。

二、組織型態

金融控股公司之組織，依金融控股公司法第 10 條規定，以股份有限公司為限，且除經主管機關許可者外，其股票應公開發行。金融控股公司係以投資或管理被投資事業之經營為業務項目，雖不實際參與經營，但其為挹注子公司或擴大子公司之版圖仍有對社會大眾籌集資金之必要，故原則上要求其股票必須公開發行，現行金融控股公司其股票都已在集中交易市場上市。

三、公司名稱

金融控股公司為須經主管機關許可之機構，為避免誤導，金融控股公司法第 11 條規定，金融控股公司應於其名稱中標明金融控股公司之字樣；

---

❹　參閱財政部 90 年 10 月 19 日臺財融㈠字第 0901000116 號令訂定，該令自 90 年 11 月 1 日施行，自發布以來一直尚未修正，惟由於金融控股公司至 95 年 1 月底前已依規定設立 14 家，由於家數多、規模小，競爭激烈，故國內是否有再設立金融控股公司之空間，不無疑義，爰有提議應透過整併擴大規模方式提昇競爭力，甚至在所謂二次金改之擬議中，有金融控股公司減半之提議，所以在表面上並未限制新金融控股公司之設立，但實質上並未再開放新設。

同時明定非金融控股公司，不得使用金融控股公司之名稱或易於使人誤認其為金融控股公司之名稱。

四、發起人資格條件

發起人為金融控股公司發動組織設立之原創者，而金融控股公司之設立與經營，事涉整體金融秩序與投資人權益，故金融控股公司法對於發起人有積極資格與消極資格之要求，其規範內容如下：

㈠積極資格

1.強制發起人申請金融控股公司之規範

依金融控股公司法第6條規定，同一人或同一關係人對一銀行、保險公司或證券商有控制性持股者，除政府持股及為處理問題金融機構之需要，經主管機關核准者外，應向主管機關申請許可設立金融控股公司。但所定之同一人或同一關係人，如未同時持有銀行、保險公司或證券商二業別以上之股份或資本額，或有控制性持股之銀行、保險公司或證券商之資產總額未達一定金額以上者，得不設立金融控股公司。所以金融控股公司法強制同一人、同一關係人或同一集團持有二個以上跨業性之金融機構控制性持股且達一定金額以上者，採強制須設立金融控股公司。

2.強制申請金融控股公司之期間與調降持股

依金融控股公司法第68條規定，同一人或同一關係人除符合法令所定之情形外，應自90年11月1日起一年內依規定向主管機關申請許可設立金融控股公司；未經主管機關許可者，應自該日起五年內，降低其對銀行、保險公司或證券商持有之已發行有表決權股份或資本額，及直接、間接選任或指派之董事人數，至未達第4條第1款所規定控制性持股之標準，但所定五年期限，有正當理由報經主管機關核准者，得延長二次，每次以二年為限。而在90年11月1日金融控股公司法施行前，依銀行法第74條規定投資持有保險公司或證券商已發行有表決權股份總數，或資本額符合控制性持股之規定，或已直接、間接選任或指派一銀行、保險公司或證券商過半數董事之銀行，得自90年11月1日施行之日起六個月內申請主管機

關核准者，豁免適用本法之規定。

(二)消極資格

　　金融控股公司之發起人，在設立過程中，亦屬於公司法第8條第2項所定之職務上負責人，應為具專業經驗及高誠信之道德標準者，故除以金融機構轉換設立，其已為原金融機構股東者外，應不得有下列所定情事之犯罪前科或不良債信等消極資格要件❺：

　　1.無行為能力或限制行為能力者。

　　2.曾犯組織犯罪防制條例規定之罪，經有罪判決確定者。

　　3.曾犯偽造貨幣、偽造有價證券、侵占、詐欺、背信罪，經宣告有期徒刑以上之刑確定，尚未執行完畢，或執行完畢、緩刑期滿或赦免後尚未逾十年者。

　　4.曾犯偽造文書、妨害秘密、重利、損害債權罪或違反稅捐稽徵法、商標法、專利法或其他工商管理法規，經宣告有期徒刑確定，尚未執行完畢，或執行完畢、緩刑期滿或赦免後尚未逾五年者。

　　5.曾犯貪污罪，受刑之宣告確定，尚未執行完畢，或執行完畢、緩刑期滿或赦免後尚未逾五年者。

　　6.違反本法、銀行法、信託業法、票券金融管理法、金融資產證券化條例、不動產證券化條例、保險法、證券交易法、期貨交易法、證券投資信託及顧問法、管理外匯條例、信用合作社法、農會法、漁會法、農業金融法、洗錢防制法或其他金融管理法，受刑之宣告確定，尚未執行完畢，或執行完畢、緩刑期滿或赦免後尚未逾五年者。

　　7.受破產之宣告，尚未復權者。

　　8.曾任法人宣告破產時之負責人，破產終結尚未逾五年，或調協未履行者。

---

❺　參見行政院金管會94年2月22日金管銀(六)字第0946000086號令發布，金融控股公司負責人資格條件及兼任子公司職務辦法第4條規定。惟對於消極資格要件事涉人民權利義務事項，得否以法規命令訂定，在法制上似有值得商榷餘地。

9.使用票據經拒絕往來尚未恢復往來者，或恢復往來後三年內仍有存款不足退票紀錄者。

10.有重大喪失債信情事尚未了結，或了結後尚未逾五年者。

11.因違反本法、銀行法、信託業法、票券金融管理法、金融資產證券化條例、不動產證券化條例、保險法、證券交易法、期貨交易法、證券投資信託及顧問法、信用合作社法、農會法、漁會法、農業金融法或其他金融管理法，經主管機關命令撤換或解任，尚未逾五年者。

12.受感訓處分之裁定確定或因犯竊盜、贓物罪，受強制工作處分之宣告，尚未執行完畢，或執行完畢尚未逾五年者。

13.擔任其他金融控股公司之負責人者。但因合併之需要，並經主管機關核准者，不在此限。

14.有事實證明從事或涉及其他不誠信或不正當之活動，顯示其不適合擔任金融控股公司之發起人或負責人者。

15.兼為其他金融控股公司之發起人。

五、設立金融控股公司之程序

金融控股公司整合各種不同業務內容之子公司，其不但為金融許可行業之範疇，且考量其為子公司間之結合，故設立上可分為四個階段，茲分述如下：

(一)籌設許可

設立金融控股公司者，係採許可制，依金融控股公司法第 8 條規定，應依主管機關所公告之申請書格式，檢具並載明公司名稱、章程、資本總額、公司及其子公司所在地、子公司事業類別、名稱及持股比率、營業、財務及投資計畫及其他相關書件，報請籌設許可。依同法第 9 條規定，主管機關於審查時，應考量其財務業務之健全性、經營管理能力、資本適足性、對金融市場競爭程度及增進公共利益之影響。

(二)申請公平交易委員會結合之許可

公平交易法為規範不正當競爭之防止，金融控股公司之設立可能透過

營業讓與、轉換、合併等方式結合為具有獨占或寡占者之地位，故事涉公平交易法之規範內容，因此主管機關對於金融控股公司之設立，其涉及構成公平交易法第 6 條之事業結合行為者，應經行政院公平交易委員會許可❻。

㈢依公司法辦理公司登記

金融控股公司亦為公司之組織，因此除依金融控股公司法及各業法之特別規定外，仍應依公司法之規定，故經取得籌設許可之金融控股公司，應收足股款，向經濟部辦理公司之登記，以取得法人之人格。

㈣營業許可之申請

金融控股公司經取得許可籌備設立者，應於辦妥公司登記後，向主管機關申請核發營業執照，並繳納執照費。其執照費按章程所訂資本總額四千分之一計算，但轉換設立金融控股公司者，按章程所訂資本總額淨增加部分四千分之一計算❼。

六、金融機構轉換為金融控股公司

依金融控股公司法第 6 條及第 68 條之規定，對於金融機構具有控制性持股者，且符合成立金融控股公司之條件者，係採行強制轉換之規範，而所謂之轉換，係指營業讓與及股份轉換二種，即金融機構之銀行、證券或保險經營業讓與向上提升為金融控股公司，或經股份轉換往下調整為金融控股公司之子公司，茲分述如下：

㈠營業讓與

金融機構以營業讓與之方式，依金融控股公司法第 24 條規定應於經股東會特別輕度決議後，由該證券、銀行、保險為主之金融機構提升為金融控股公司，而將其全部營業及主要資產負債讓與他公司，而此之他公司可

---

❻　有關事業結合申請許可之規範，參閱賴源河編審，《公平交易法新論》，拙著〈事業結合之規範〉，第 199 頁，元照出版社，90 年 10 月版。

❼　參見原財政部 90 年 10 月 9 日以臺財融㈠字第 0901000035 號令發布之金融控股公司執照費收費標準表。

為同時新設立之公司，或已經存在之公司，並以讓與之該金融機構資產負債淨值為對價，繳足承購他公司發行新股所需股款，於取得發行新股時轉換為金融控股公司，同時他公司轉換為其子公司之行為，其辦理應依下列規定為之：

1.金融機構股東會決議方法、少數股東收買股份請求權、收買股份之價格及股份收買請求權之失效，準用公司法第 185 條至第 188 條之規定。

2.公司法第 156 條第 2 項、第 6 項、第 163 條第 2 項、第 267 條第 1 項至第 3 項、第 272 條及證券交易法第 22 條之 1 第 1 項之規定，不適用之。

3.債權讓與之通知，得以公告方式代之；他公司承擔債務時，免經債權人之承認，不適用民法第 297 條及第 301 條之規定。

4.他公司為新設公司者，金融機構之股東會會議視為他公司之發起人會議，得同時選舉他公司之董事、監察人，亦不適用公司法第 128 條至第 139 條、第 141 條至第 155 條之規定。

5.他公司轉換為金融控股公司之子公司時，各目的事業主管機關得逕發營業執照，不適用銀行法、保險法及證券交易法有關銀行、保險公司及證券商設立之規定。

6.金融機構依第 26 條第 2 項第 1 款買回之股份，自買回之日起六個月內未賣出者，金融機構得經董事會三分之二以上出席及出席董事超過二分之一同意後，辦理變更章程及註銷股份登記，不受公司法第 277 條規定之限制。

7.金融機構辦理營業讓與時，他公司為既存公司者，該金融機構與該他公司之董事會應作成讓與契約；他公司為新設公司者，該金融機構之董事會應作成讓與決議；並均應提出於股東會。

㈡股份轉換

金融控股公司之成立，得由原有金融機構股份轉換而成，依金融控股公司法第 29 條第 1 和第 2 項規定，轉換為金融控股公司之金融機構，應以 100% 之股份轉換之 ❽，但依金融機構合併法或企業併購法所規定之轉換

得以現金或其他公司之股份為對價❾，依金融控股公司法第 26 條規定，所謂股份轉換，係指金融機構經其股東會決議，讓與全部已發行股份予預定之金融控股公司作為對價，以繳足原金融機構股東承購金融控股公司所發行之新股或發起設立所需股款之行為，而原金融機構成為金融控股公司之子公司，此種往下轉換成金融控股公司子公司之方式，必須依下列規定辦理：

1.金融機構股東會之決議，應有代表已發行股份總數三分之二以上股東之出席，以出席股東過半數表決權之同意行之。預定之金融控股公司為既存公司者，亦同。公開發行股票之公司，出席股東之股份總數不足三分之二以上定額者，得以有代表已發行股份總數過半數股東之出席，出席股東表決權三分之二以上之同意行之。但章程有較高之規定者，從其規定。

2.金融機構異議股東之股份收買請求權，準用公司法第 317 條第 1 項後段及第 2 項之規定。其買回之股份自買回之日起六個月內未賣出者，金融機構得經董事會三分之二以上出席及出席董事超過二分之一同意後，辦理變更章程及註銷股份登記，不受公司法第 277 條規定之限制。

3.公司法第 156 條第 1 項、第 2 項、第 6 項❿、第 163 條第 2 項、第 197 條第 1 項及第 227 條、第 267 條第 1 項至第 3 項、第 272 條、證券交易法第 22 條之 1 第 1 項、第 22 條之 2 及第 26 條等有關股權管理之規定，

---

❽ 金融控股公司法第 26 條所規定之股份轉換，其規定必須 100% 始得為之，立法原意在於方便控管，並使金融控股公司之經營趨於單純。

❾ 故有建議修正股份之轉換，金融控股公司得以股份、現金或其他對價為之。行政院金管會已於 94 年 12 月 12 日以金管法字第 0940071097 號令，明定依據金融控股公司法第 26 條及金融機構合併法第 8 條，訂定得以現金或其他財產作為股份轉換或合併對價之規定，包括金融控股公司辦理股份轉讓，得以現金作為對價，取得金融機構全部已發行股份，或依金融機構合併法所進行之合併，存續或新設機構，得以股份、現金或其他財產，作為換發消滅機構股東所持股份之對價，但應委請獨立專家就換股比例或配發股東之現金或其他財產之合理性表示意見，並分別提報董事會及股東會，故實務上之三角合併亦可同時進出。

❿ 公司法於 90 年 11 月 12 日修正時，已將第 156 條第 6 項修正為第 7 項。

不適用之。

4.他公司為新設公司者，金融機構之股東會會議視為預定金融控股公司之發起人會議，得同時選舉金融控股公司之董事、監察人，亦不適用公司法第 128 條至第 139 條、第 141 條至第 155 條及第 163 條第 2 項規定。

5.金融控股公司經主管機關許可設立後，其全數董事或監察人於選任當時所持有記名股票之股份總額，不足證券管理機關依證券交易法第 26 條第 2 項所定董事、監察人股權成數者，應由全數董事或監察人於就任後一個月內補足之。

6.金融機構與他公司依規定辦理股份轉換時，預定之金融控股公司為既存公司者，該金融機構與該既存公司之董事會應作成轉換契約；預定之金融控股公司為新設公司者，該金融機構之董事會應作成轉換決議；並均應提出於股東會。

7.另既存之金融控股公司亦得依公司法第 156 條第 6 項規定，發行新股作為受讓他公司股份之對價，但需經董事會以三分之二董事出席，出席董事過半數決議為之，並不受公司法第 267 條第 1 項至第 3 項有關原股東優先認股，以及公司法第 278 條第 2 項增加資本後，第一次發行之股份，不得少於增加之股份總數四分之一之限制 ❶。

8.金融控股公司依前述規定，以 100% 股份轉換方式，納入金融機構為其子公司，如產生金融控股公司持有自己股份或有交叉持股之情形，其存在有類似庫藏股 (Treasury Stocks) 之情形者，依金融控股公司法第 31 條規定應依下列方式辦理：

(1)金融控股公司應於轉換之日起三年內將股份轉讓予員工或配合附認股權公司債、附認股權特別股、可轉換公司債、可轉換特別股或認股權憑證之發行，作為股權轉換之用。其轉讓（換）程序、價格、數量、處理期限及轉讓方法應於財務報表中附註說明；逾期未轉讓者，視為公司未發行股份，並應辦理變更登記。

---

❶ 依公司法之轉換股份，在適用賦稅上，則無依金融控股公司法第 28 條、第 49 條及第 50 條規定之優惠。

⑵金融控股公司依股份轉換取回之股份，不得質押；於未轉讓前，除分派盈餘、法定盈餘公積或資本公積撥充資本外不得享有股東權利❷。

㈢轉換為金融控股公司之配套優惠措施

　　為鼓勵金融機構之整合，依金融控股公司法第 28 條規定，金融機構經主管機關許可轉換為金融控股公司或其子公司者，得享有連結稅制及下列稅制及規費上之優惠方案。連結稅制部分容於第七節再作敘述，以下就規費減省作進一步說明：

　　1.辦理所有不動產、應登記之動產、各項擔保物權及智慧財產權之變更登記時，得憑主管機關證明逕行辦理，免繳納登記規費；辦理公司登記時，其公司設立登記費，以轉換後之資本淨增加部分為計算基礎繳納公司設立登記費。

　　2.原供金融機構直接使用之土地隨同移轉時，經依土地稅法審核確定其現值後，即予辦理土地所有權移轉登記，其應繳納之土地增值稅准予記存，由繼受公司於轉換行為完成後之該項土地再移轉時一併繳納之；其破產或解散時，經記存之土地增值稅，應優先受償。

　　3.因營業讓與所產生之印花稅、契稅、所得稅、營業稅及證券交易稅，一律免徵。

　　4.因股份轉換所產生之所得稅及證券交易稅，一律免徵❸。

㈣轉換為金融控股公司後其股份之流通方式

　　依公司法設立之控股公司其股份原得依證券交易所或櫃檯買賣中心之規定申請上市、上櫃，但因標準及條件嚴格，故目前尚未有上市、櫃者，

---

❷　參閱原財政部 92 年 9 月 29 日臺財融㈠字第 0938011461 號令發布，金融控股公司因股份轉換所致持有自己股份相關規定，包括不得行使表決權。

❸　依證券交易稅條例第 1 條規定，凡買賣有價證券，除各級政府發行之債券外，悉依本條例之規定，徵收證券交易稅，財政部於 85 年 1 月 17 日以台財稅第 851891617 號函規定，公司發行海外公司債，該公司債持有人將所持公司債轉換為該公司股票，尚非買賣有價證券之行為，不屬於證券交易稅課稅之範圍，因此可轉債持有人，依轉換辦法行使轉換權利，取得有價證券之股票行為，不屬於證券交易稅課稅之範圍。至於最低稅負之制度則於後述另立章節說明。

但金融控股公司為整合金融產業,發揮綜合之經營效益,為政策上所鼓勵,同時考量為使持有原金融機構股份之股東,於股份轉換後將成為金融控股公司之股東,其持股之轉讓自由與權利能受到合理之保障,對於原為上市、上櫃公司之金融機構,於股份轉讓基準日起終止上市、上櫃,並由該金融機構上市、上櫃,但也考量避免多家上市、上櫃或未上市、未上櫃公司有夾帶上市上櫃之疑慮,臺灣證券交易所股份有限公司營業細則第50條之1為配套之相關規範,其主要內容如下:

1. 上市、上櫃之銜接

單一上市公司依規定以股份轉換為金融控股公司者,經交易所報請主管機關核准後,該金融控股公司之有價證券自股份轉換基準日起上市買賣,該原上市公司之有價證券於同日終止上市。

2. 轉上市之條件

數家上市、上櫃公司轉換為單一金融控股公司,且其中至少有一家以上為上市公司者,得為轉上市。但如有未上市、上櫃公司與其他上市、上櫃公司一併轉換者,該等未上市、上櫃公司應符合下列各款條件:

⑴未有交易所有價證券上市審查準則所定有損及公益、勞資或公害糾紛未改善、非常規交易、內部人員股權大量轉讓或其他特殊情況被認為不宜上市者。

⑵其最近一會計年度之財務報告應經主管機關核准辦理公開發行公司財務簽證之會計師查核簽證,並簽發無保留意見之查核報告。

3. 轉上市之申請

上市公司申請股份轉換為金融控股公司者,其中有多家上市公司之金融機構參與者,經由預計所轉換股份占金融控股公司預計發行股份比例最高之上市公司,代表各該公司依規定向交易所洽辦,經交易所報請主管機關核准後,其原上市有價證券應於股份轉換基準日前八個營業日起停止買賣,並辦理相關服務事宜。其以營業讓與方式設立之金融控股公司,並由該金融控股公司100%持有被讓與公司之股份者,除公司營業範圍有重大變更不宜繼續上市者外,應檢具相關書件,向交易所為上市有價證券內容

變更之申請。

4.轉換後子公司之法律適用

⑴董、監事持股之規定

金融機構轉換為金融控股公司後，金融控股公司除其董事、監察人持股不符證券交易法第 26 條第 2 項規定之成數，應於就任後一個月內補足外，其他有關股權管理之規範，並應符合證券交易法及公司法有關規定。

⑵子公司之法律準用

金融控股公司之銀行子公司、保險子公司及證券子公司依規定轉換完成後，其原為公開發行公司者，已成為一人公司之子公司，但為考量財務業務之公開揭露 (Disclosure)，以保護投資人，故除另有規定外，仍應準用證券交易法有關公開發行之規定❶。

---

❶　依原財政部 91 年 4 月 6 日臺財融㈠字第 0918010579 號令，發布金融控股公司之子公司編製年報應遵守事項如下：

一、公開發行之金融機構依金融控股公司法轉換為金融控股公司全部持股之子公司，仍應編製年報。

二、為踐行財務業務應行公開揭露，以達金融機構之穩健經營及資本健全，依金融控股公司法第 29 條第 4 項規定，金融機構轉換金融控股公司後，該金融控股公司之銀行子公司、保險子公司及證券子公司原為公開發行公司者，仍應準用證券交易法有關公開發行之規定，其中有關證券交易法第 36 條第 3 項之準用部分，因該等金融機構為轉換設立金融控股公司之主體，爰編製年報之子公司以金融控股公司法第 4 條第 1 項第 3 款為對象，包括：

㈠銀行：銀行法所稱之銀行及票券金融公司。

㈡保險公司：依保險法以股份有限公司組織設立之保險業。

㈢證券商：綜合經營證券承銷、自營及經紀業務之證券商，與經營證券金融業務之證券金融公司。

三、由金融控股公司 100% 持股之子公司，無需召開股東會，爰無編製股東會議事手冊之問題。

第三節　金融控股公司財務管理

　　金融控股公司雖以投資及管理為業務，不涉及實質業務之經營，然其整體金控集團資金之掌握與運用，包括全體子公司之營運與財務調度等，都需要有健全之財務結構，金融控股公司法對於金融控股公司有關財務管理方面之規範，包括資本適足性比率之要求、大額曝險之限制、轉投資其他事業之規範、財務結構各項財務比率之限制與自有資金運用之管理等，都有嚴格之規範。

第一目　資本適足性比率之要求

　　為有效控管金融控股公司之經營風險，依金融控股公司法第 9 條第 1 項第 2 款之規定，主管機關在審核金融控股公司設立許可時，應審酌其資本適足性，同法第 40 條復規定，金融控股公司於成立後，以合併基礎計算之資本適足性比率、衡量範圍及計算辦法，由主管機關定之。金融控股公司之實際資本適足性比率低於規定者，主管機關得命其增資、限制其分配盈餘、停止或限制其投資、限制其發給董事、監察人酬勞或為其他必要之處置或限制；其辦法，由主管機關定之。準此授權，主管機關訂定金融控股公司之設立審查條件要點及合併資本適足管理辦法**⑮**，而其有關資本適足性比率之計算可分述如下：

---

⑮　原財政部於 90 年 10 月 31 日以臺財融㈠字第 0901000184 號令，發布金融控股公司設立之申請書及審查條件要點；又於 92 年 11 月 25 日以臺財融㈠字第 0921000743 號令，發布金融控股公司合併資本適足性管理辦法；並於 94 年 12 月 26 日以金管銀㈠字第 09480115200 號令發布修正。

一、計算公式

　　金融控股公司集團資本適足率為集團合格資本淨額除以集團法定資本需求 ❻。

二、集團合格資本淨額之內容

　　係指金融控股公司之合格資本與依其持股比率計算各子公司之合格資本之合計數額為集團合格資本總額，並減除依規定之扣除金額，其內容進一步分析如下：

㈠金融控股公司之合格資本

　　指金融控股公司普通股、特別股、次順位債券、預收資本、公積、累積盈虧、及權益調整數之合計數額減除商譽、遞延資產及庫藏股後之餘額，但特別股及次順位債券，應符合下列條件：

　　1.當次發行額度，應全數收足。且金融控股公司或金融控股公司法第38條所稱不得持有金融控股公司股份之子公司，或投資事業未提供擔保或透過任何協議，增進持有人之受償順序。

　　2.發行期限七年以上，最後五年每年至少遞減20%。

　　3.特別股或次順位債券約定持有人得贖回期限早於發行期限時，所稱發行期限為其約定得贖回期限。

　　4.列入合格資本之特別股及次順位債券之總額，不得超過金融控股公司合格資本之三分之一。

　　5.因特別股或債券之付息或還本，使金融控股公司集團資本適足率低於最低要求時，應暫停股息或利息及本金之支付。

　　6.金融控股公司於92年7月1日前經主管機關核准發行之特別股或次順位債券，符合計入銀行業合格資本之條件者，得依發行期限最後五年，每年至少遞減20%之方式，將遞減後之餘額計入金融控股公司合格資本。

---

❻　同前註管理辦法第2條第1款之用詞定義，對於金融控股公司以合併基礎計算之資本適足性比率，簡稱為集團資本適足率。

㈡各金融控股公司子公司合格資本

其計算應依下列業別及方式分別計算:

1.銀行業、票券金融公司、證券商及保險公司

依各業別資本適足之相關規定計算之合格自有資本淨額、自有資本或約當數額。

2.信託業、期貨業及創業投資事業

以帳列淨值計算。

3.信用卡業

比照銀行業計算。

4.國外金融機構

除所在地之監理機關另有規定外,比照信託業、期貨業及創業投資事業計算。

5.其他金融相關之事業

除經主管機關同意,得比照業務相關之業別計算外,比照信託業、期貨業及創業投資事業計算。

㈢應扣除金額

集團合格資本淨額,為集團合格資本總額扣除下列數額後之餘額:

1.金融控股公司對於子公司之股權及其他合格資本之投資帳列金額減除已遞減之金額後,得計入資本之餘額。

2.子公司之合格資本及法定資本需求,依信託業、期貨業及創業投資事業之方式計算者,該等子公司之資本溢額。

3.依銀行業或票券金融公司計算合格資本方式之子公司者,該等子公司來自次順位債券之資本溢額,補充其他依銀行業或票券金融公司資本缺額後之數額。

三、集團法定資本需求

指金融控股公司之法定資本需求與依其持股比例計算各子公司法定資本需求之合計數額,再減除集團合格資本額應扣除之金額,如前二之㈢額

度，其計算如下：

(一)金融控股公司之法定資本需求

指金融控股公司全部資產總額減除現金(包含約當現金)、應收稅款(含應收退稅款)、預付稅款、短期資金運用帳列金額、商譽及遞延資產後之餘額。

(二)金融控股公司之子公司法定資本需求

其計算依下列業別及方式分別計算之：

1.銀行業、票券金融公司、證券商及保險公司

依各業別資本適足性之相關規定，計算之風險性資產總額、經營風險之約當金額、風險資本與其法定最低標準比率相乘後之數額或約當數額。

2.信託業、期貨業及創業投資事業

為其全部自有資產總額減除應收稅款（含應收退稅款）及預付稅款後之 50%。

3.信用卡業

比照銀行業計算。

4.外國金融機構

除所在地之監理機關另有規定外，比照信託業、期貨業及創業投資事業計算。

5.其他金融相關之事業

除經主管機關同意，得比照業務相關之業別計算外，比照信託業、期貨業及創業投資事業計算。

四、資本適足性比率之管理

(一)應依規定期限填報

金融控股公司應依主管機關發布之計算方法及表格，經會計師覆核於每半年結（決）算後二個月內，填報集團資本適足率，並檢附相關資料。主管機關於必要時得令金融控股公司隨時填報集團資本適足率，並檢附相關資料。

㈡未符合規定比率之處罰

金融控股公司之子公司,應符合各業別資本適足性之相關規範,金融控股公司依前開方式計算及填報之集團資本適足率不得低於 100%。金融控股公司之集團資本適足率未達標準者,除依金融控股公司法第 60 條規定,可處新臺幣 200 萬元以上 1 千萬元以下罰鍰外,其盈餘不得以現金或其他財產分配,主管機關並得視情節輕重為下列之處分:

1. 命其提報增加資本、減少風險性資產總額之限期改善計畫。
2. 限制給付董事、監察人酬勞金、紅利及車馬費及其他給付。
3. 限制依金融控股公司法第 36 條及第 37 條規定,對相關事業之轉投資。
4. 限制子公司申設分支機構。
5. 令其於一定期間內處分所持有被投資事業之股份。
6. 解任董事及監察人並限期選任新董事及監察人。
7. 撤換經理人。

第二目　金融控股公司轉投資之管理

一、金融相關事業與非金融相關事業轉投資

金融控股公司以投資及對被投資事業之管理為本業,而其以投資金融相關事業,包括銀行、保險及證券為核心,另外對於經主管機關核定與金融業務相關或非相關之事業亦為投資,然為考量商業與金融分離,故對非金融相關事業之個別投資及總投資額訂定上限,同時也衡量金融控股公司之業務單純化,不宜再由子公司投資子孫公司,以避免產生複雜之交叉投資情形,故對於長期有控制性持股者,由金融控股公司為轉投資,對於短期之資金運用始得由子公司為之❶。

---

❶　由於金融控股公司法第 36 條第 8 項之規定,金融控股公司旗下之銀行、證券及保險子公司,僅限制銀行子公司不得依銀行法第 74 條規定投資金融相關或

又為使原金融機構轉換前之轉投資能緩衝過渡，對於金融機構轉換設立為金融控股公司後，銀行之投資應由金融控股公司為之，轉換設立前之投資事業得經核准繼續持有，但投資額度不得增加，準此金融控股公司法第 36 條第 2 項，明定金融控股公司得投資之事業及審核處理程序，至於不在此一範圍項目之非金融相關事業，依金融控股公司法第 37 條第 1 項規定，金融控股公司得經核准後投資，但不得參與該事業之經營。

二、金融控股公司得投資並參與事業經營之金融相關事業

依金融控股公司法第 36 條第 2 項規定，對於金融控股公司得投資之事業範圍有所規定，以避免其投資之範圍雜亂，無法發揮綜效，或形成一般投資公司可能面臨之高風險經營，爰規定其項目如下：

⑴銀行業：包括商業銀行、專業銀行及信託投資公司。

⑵票券金融業：包括票券自營商與票券商。

⑶信用卡業。

⑷信託業。

⑸保險業：包括財產保險業、人身保險業、再保險公司、保險代理人及經紀人。

⑹證券業：包括證券商、證券投資信託事業、證券投資顧問事業及證券金融事業。

⑺期貨業：包括期貨商、槓桿交易商、期貨信託事業、期貨經理事業及期貨顧問事業。

⑻創業投資事業。

⑼經主管機關核准投資之外國金融機構。

⑽其他經主管機關認定與金融業務相關之事業。

第十款規定為賦予主管機關彈性之認定，但依列示及概括規定之認定

非金融相關事項，惟實務上因業務經營需要，如投資票券集中保管結算公司，或依其他國家法令，必須以銀行為主體投資之國外子銀行等，故提議放寬規定，或將證券及保險一併納入限制以求一致。

原則，主管機關在認定上必須以性質近似者方得為之，而現行經主管機關認定之事業範圍，除對其他金融控股公司外，尚包括已認定之事業如下：

1.金融資訊服務公司需符合下列要件 ⑱

(1)申請轉投資之資訊服務業，其主要業務為從事與金融機構資訊處理作業密切相關之電子資料處理、涉及金控公司或其子公司帳務之電子商務交易資訊之處理，或研發設計支援金控公司或其子公司業務發展之金融資訊系統者。

(2)該資訊服務業如有提供硬體設備，該硬體設備用途需符合上述規定之業務或資料性質，並能與金融相關程式軟體設計相連結。

(3)該資訊服務業從事(1)與(2)之業務，其年度營業成本或營業收入應達該事業年度總營業成本或總營業收入之 60% 以上。

(4)金控公司應將該資訊服務事業於每年營業年度終了後一個月內，就該事業之年度營業成本及營業收入比例報請主管機關備查，如未達(3)比例規定者，應降低對該資訊服務事業之投資金額，不得超過該資訊服務事業實收資本總額或已發行股份總數之 5%。

2.資產管理公司

符合金融機構合併法第 15 條第 1 項以收購金融機構不良資產為目的之公司 (Asset Management Company, AMC)。

3.資產服務公司

處理銀行不良資產鑑價工作或公正第三人資產拍賣之公司。

4.金融（財務、投資）管理（諮詢、顧問）服務公司

需符合僅從事提供金融、財務或投資有關之管理、諮詢、顧問服務，並以收取手續費包括佣金、服務費、管理績效獎金等，為收入之事業 ⑲。

5.應收帳款管理公司

6.外匯經紀商

7.證券交易所

⑱　參閱原財政部 89 年 9 月 18 日臺財融㈠字第 89749188 號函。

⑲　參閱原財政部 91 年 10 月 29 日臺財融㈠字第 0911000247 號令。

8.期貨交易所

9.有價證券集中保管（結算）公司

10.融資性租賃事業

　　前開除已列舉以外之事業，擬投資之事業究屬金融相關事業或非金融相關事業，在認定上若有疑義，即尚未經主管機關認定為與金融業務相關之事業之情形者，屬法規解釋範圍，由銀行局擔任窗口並由業者向該局提出申請，先依內部程序認定該新興事業之屬性後，再由業者依規定提出轉投資申請，並由各主辦單位包括證期局及保險局，依審查原則審查回復。

三、申請核准之數量與程序

　　金融控股公司投資於其他金融控股公司或前述二、㈠至二、㈧所定之金融相關事業，或二、㈨及二、㈩之事業時，並未有上限額之限制，主管機關自申請書件送達之次日起，分別於十五日內或三十日內未表示反對者，視為已核准。但於上述期間內，金融控股公司不得進行所申請之投資行為。金融控股公司轉投資金融相關事業應以取得有控制性之持股為原則 ❷⓪，但轉投資非金融相關事業對該其他非金融相關事業之投資金額，不得超過該被投資事業已發行股份總數或實收資本總額 5%；其投資總額，不得超過金融控股公司實收資本總額 15%，以為有效分散投資之風險。 ❷①

---

❷⓪　於 94 年 6 月 14 日以前，主管機關以行政指導方式，認為必須以具有控制性持股，原考量金融控股公司業務單純化，並考量風險及專業投資之需要，但之後已改為金融控股公司可基於業務自行作好自律，並有雙重槓桿比率 (Double Leverage Ratio, DLR) 之限制，故放寬限制。

❷①　另參考日本銀行法第 52 條之 24 規定：「銀行控股公司或其子公司，對國內公司（不包括長期信用銀行、證券專門公司、證券仲介公司、保險公司、信託業、金融相關事業、銀行保證控股公司）表決權之合作，不得超過基準表決權數 15%」，故有建議金融控股公司及子公司對非金融相關事業之合計投資額，不得超過該被投資之非金融相關事業已發行股份總數或實收資本總額 15%，以分散投資風險。

四、金融控股公司申請投資金融相關事業之審查原則❷

金融控股公司申請投資金融相關事業時，是否須以達到控制性持股之25%以上為限，原金融控股公司申請投資審查原則，明定應取得被投資公司之控制權，包括對銀行、證券及保險公司應取得控制性持股之25%以上外，對其他被投資事業則應取得已發行有表決權股份總數或資本總額超過50%以上，嗣經檢討放寬，經修正後之審查原則，對於轉投資應符合下列規定：

㈠金融控股公司申請投資金融控股公司法第36條第2項之事業時，應符合下列規定：

1.該投資行為，金融控股公司法並未明定必須經股東會決議，因此依公司法第13條規定，未超過法定額度時，只要經金融控股公司董事會通過即可。但為考量影響被投資或收購公司經營權移轉及股東權益，使其得為預作因應或取得公平、公開之投資判斷訊息，因此若其單獨或共同之投資已達該公司股份總數之10%時，應於董事會決議後次一營業日交易時間開始前，在證券交易所公開資訊觀測站公告，並依證券交易法第43條之1之規定於十日內申報其取得之資金來源及目的等。

2.金融控股公司之董事、監察人，應遵守公司法第209條、第206條準用第178條有關競業禁止及利益衝突防止之聲明。

3.金融控股公司於本次投資後之集團資本適足率須達100%以上，且其各子公司應符合各業別資本適足性之相關規範。

4.金融控股公司及其子公司最近一年內未有遭主管機關重大裁罰或罰鍰新臺幣100萬元以上處分者。但其違法情事已獲具體改善經主管機關認定者，不在此限。

5.金融控股公司最近一期經會計師查核簽證之合併財務報表無累積虧損者。

---

❷ 參閱行政院金管會94年6月14日金管銀㈥字第0946000399號令發布之金融控股公司依金融控股公司法第36條申請投資審查原則。

6.金融控股公司無因子公司受主管機關增資處分而未為其籌募資金完成者。

7.金融控股公司無因金融控股公司法第 55 條經主管機關令其處分相關投資仍未完成者。

8.除其他法令另有規定者外，金融控股公司對被投資事業之首次投資額度至少不低於被投資事業已發行股份總數或實收資本總額 5%。

9.該投資行為應自核准之日起一年內完成。

10.加計本次投資後之雙重槓桿比率（長期投資占股東權益之比率，DLR）不得超過 125%，但為合併問題金融機構或重大投資案件，經主管機關專案核准者，不在此限。

11.投資金融控股公司有表決權股份總數超過 10% 或其他銀行已發行有表決權股份總數超過 15% 者，應符合金融控股公司法第 16 條或銀行法第 25 條規定之股東適格條件。

12.被投資事業為既存公司，最近一年有累積虧損者，對該投資對象之累積虧損應提出合理說明，但因配合政府政策處理問題金融機構者，不在此限。

㈡以現金價購方式投資者，投資之資金來源應明確，凡以舉債為資金來源者，應有明確之還款來源及償債計畫，並應維持資本結構之健全性。

㈢金融控股公司申請投資時，應檢附之書件除自評表及申請文件為真實確認之聲明書外，尚包括：

1.董事會會議紀錄。

2.投資目的、計畫（包括投資事業股東結構、經營團隊成員、業務範圍、業務之原則及方針、業務發展計畫、未來三年財務預測、投資效益可行性分析）、預定執行投資計畫具體時程及未能依計畫執行之處置措施。

3.遵守公司法第 209 條、第 206 條準用第 178 條有關競業禁止及利益衝突防止規定之聲明書。

4.金融控股公司集團資本適足率及各子公司資本適足性之說明。

5.金融控股公司及其子公司最近一年合併資產負債表及損益表。

6. 金融控股公司加計本次投資後之雙重槓桿比率（長期投資占股東權益之比率，DLR）及已投資之被投資事業明細表。

7. 資金來源明細，以舉債為資金來源者並應檢附還款來源、償債計畫及其對資本及財務結構之影響（非以現金價購方式投資者不適用之）。

8. 本次投資對金融控股公司及其子公司未來整體營運發展、整併計畫及產生規模經濟或綜效之績效評估。

9. 被投資事業為既存公司者，應檢附該被投資事業最近一年資產負債表及損益表（如被投資事業有累積虧損者，應提出說明）。

10. 金融控股公司及其子公司、關係人及關係企業，或利用上該子公司名義已購買金融控股公司申請之被投資事業股票之明細表；並檢附金融控股公司承諾於主管機關審核期間，不得利用其子公司、關係人及關係企業對申請投資之標的進行投資行為之聲明書。

11. 金融控股公司對所有投資股權之管理及具體風險控管機制。

12. 投資金融控股公司有表決權股份總數超過 10% 或其他銀行已發行有表決權股份總數超過 15% 者，應依金融控股公司法第 16 條或銀行法第 25 條規定，提出股東適格性文件。

13. 經會計師查核出具符合投資審核原則㈠、㈡項之說明書。

14. 非經由證券集中交易市場或證券商營業場所所為之投資行為，應提出交易價格合理性之說明。

15. 其他依被投資事業特性應另行檢具之評估資料。

㈣金融控股公司符合投資審核原則㈠、㈡之條件及檢附之相關書件，並符合下列條件者，除投資案涉及須經中央銀行核准項目，仍應依中央銀行相關規定辦理外，該投資案自申請書件送達主管機關之次日起自動核准❷：

---

❷ 法令規定核准為行政機關之意思表示，而意思表示可分為明示與默示，此之自動核准為默示不予駁回之意思，其實應屬申報生效之一種，一般而言，核准必須配合實質之審查，申報生效則僅就書件形式審查，應有所區別，若採核准制又不予實質審查為准駁，似與制度之精神不符，金融控股公司法第 36 條之規

1.金融控股公司之雙重槓桿比率（長期投資占股東權益之比率，DLR）未超過 115%。

　　2.金融控股公司之銀行子公司廣義逾期放款比率未超過 2.5%（金融控股公司有 2 家以上之銀行子公司者，其逾期放款比率採合併計算，亦即：總逾期放款／總放款）。

　　3.金融控股公司銀行子公司資本適足率達 10% 以上，證券子公司資本適足率達 200% 以上，保險子公司資本適足率達 300% 以上。

　　4.銀行子公司對中小企業放款符合下列條件之一者，但金融控股公司之銀行子公司屬專業銀行或無銀行子公司者，不適用之：

　　(1)對中小企業放款餘額占放款總額比率大於 20%。

　　(2)對中小企業放款餘額占放款總額比率未達 20% 者，其中小企業放款餘額較前三年年底中小企業放款餘額之平均數成長 5% 以上。

　　5.金融控股公司或其銀行子公司、證券子公司、保險子公司未涉有違反法令經主管機關依行政程序法函請陳述意見而尚未結案之情事者。

　　6.加計本次投資持有股份將超過金融控股公司法第 16 條、銀行法第 25 條之規定者，應檢附主管機關之核准函。

　　㈤金融控股公司為維持原經主管機關核准之投資持股比率之現金增資案，得不適用前項 1. 至 6. 款條件。

　　㈥金融控股公司適用上開自動核准程序後，如該公司及其子公司相關條件未符本規定或該投資行為申請不實、違反法令或未依所報之投資計畫執行者，一年內不得再適用自動核准。

　　㈦金融控股公司投資非金融相關事業，除依同法第 37 條對於被投資事業已發行股份總數或實收資本總額不得超過 5%，且投資總額不得超過金融控股公司實收資本總額 15% 另有規定外，亦適用本投資審核原則㈠至㈢之規定。

　　定，配合主管機關所發布之函令，導致 95 年 4 月中華開發金融控股公司轉投資兆豐金融控股公司案，其申請後隔日自動核准，主管機關無從置喙，引起一片檢討聲浪。

㈧金融控股公司經主管機關核准投資後，停止投資、轉讓或出售其被投資事業之股份，應於事實發生日起十日內報主管機關備查。

㈨金融控股公司對金融機構之投資方式，如係由金融機構依金融控股公司法第 26 條、第 27 條將股份轉換成金融控股公司之子公司者，該投資案應與金融機構依金融控股公司法第 26 條轉換為金融控股公司子公司之申請案併同申請，不適用本審核原則。

五、緩衝期間

因設立金融控股公司而致其子公司業務或投資逾越法令規定範圍者，例如轉換股份而超過法令所定之比率者，或買回庫藏股者，主管機關應限期令其調整。而其調整期限最長為三年。必要時，得申請延長二次，每次以二年為限，故其最長期限可達七年之久。

第三目　金融控股公司短期資金之運用範圍

金融控股公司法為考量金融控股公司以投資與管理被投資公司業務經營之穩健性，故對其自有資金之運用有嚴謹之規範，不宜從事較高冒險之投資以避免影響其整體子公司之營運,因此該法於第 39 條明定其短期資金之運用對象。

一、短期資金之運用

金融控股公司之短期資金運用，以下列各款項目為限：

㈠存款或信託資金。

㈡購買政府債券或金融債券。

㈢購買國庫券或銀行可轉讓定期存單。

㈣購買經主管機關規定一定評等等級以上之銀行保證、承兌或經一定等級以上信用評等之商業票據。而此一規定之商業票據，應是指票券金融管理法第 4 條所謂之短期票券，而非銀行法第 15 條第 1 項所稱之商業票

據，同時短期票券亦得經營票券金融公司保證。

　　㈤金融控股公司投資不動產，應事先經主管機關核准，並以自用為限。

　　㈥購買其他經主管機關核准與前述㈠至㈣有關之金融商品。

二、購買相關之金融商品

　　為考量金融控股公司資金需求之流動性，其金融控股公司肩負支援相關子公司業務之進行，故金融控股公司依據前述一、㈥規定經主管機關核准得運用之短期資金其項目如下，但不包括運用於子公司發行之金融債券，或其子公司或以其子公司資產為基礎所發行者❷：

　　㈠購買證券投資信託事業募集發行之貨幣市場證券投資信託基金。

　　㈡購買信託業募集發行之貨幣市場共同信託基金。

　　㈢購買國家主權評等高於或等於我國之其他外國政府所發行之債券，但不包括大陸地區政府發行之債券。

　　㈣購買信用評等達下列評等等級以上之國外不動產抵押債權證券及依金融資產證券化條例發行之受益證券或資產基礎證券：

　　1. 經標準普爾公司 (Standard & Poor's Corp.) 評定，短期債務信用評等達 A–3 等級以上，或長期債務信用評等達 BBB– 等級以上。

　　2. 經穆迪投資人服務公司 (Moody's Investors Service) 評定，短期債務信用評等達 P–3 等級以上，或長期債務信用評等達 Baa3 等級以上。

　　3. 經惠譽公司 (Fitch Ratings Ltd) 評定，短期債務信用評等達 F3 等級以上或長期債務信用評等達 BBB– 等級以上。

　　4. 經中華信用評等股份有限公司評定，短期債務信用評等達 twA–3 等級以上或長期債務信用評等達 twBBB– 等級以上。

　　5. 經英商惠譽國際信用評等股份有限公司臺灣分公司評定，短期債務信用評等達 F3 (twn) 等級以上或長期債務信用評等達 BBB– (twn) 等級以

---

❷　參閱原財政部 93 年 1 月 9 日臺財融㈠字第 0938010010 號令，而其發行之標的可能為金融債券及短期票券。此乃考量避免藉由大量購買其子公司所發行之有價證券，致增加金融控股公司集團整體之風險，並防止利益輸送之行為。

上。

6.經穆迪信用評等股份有限公司評定，短期債務信用評等達 TW–3 等級以上或長期債務信用評等達 Baa3.tw 等級以上。

三、發行公司債

金融控股公司現行皆為上市上櫃公司,其為因應營運資金運用之需要,得發行短期公司債以籌措資金,金融控股公司法第 39 條第 3 項授權主管機關訂定發行公司債之條件、期限及其他應遵行事項，其主要規範內容如下❷：

㈠申請程序

金融控股公司發行公司債,應依發行人募集與發行有價證券處理準則,或發行人募集與發行海外有價證券處理準則，向主管機關提出申請或申報❷。

㈡發行條件

1.轉換設立之金融控股公司，於設立後即得發行公司債。

2.金融控股公司有下列情形之一者，不得發行公司債：

⑴申請書件或應記載事項不完備，未依限補正者。

⑵最近一次以合併基礎計算且經會計師查核簽證之財務報告有累積虧損者。但最近一年內該公司或該公司債經證券主管機關核准或認可之信用評等機構評定，長期債務信用評等達 twBBB– 等級以上者，不在此限。

⑶申請發行前一年內有新臺幣壹億元以上舞弊案件發生者。

3.發行之期限，最長不得超過 20 年。

4.得約定債券持有人之受償順序次於金融控股公司其他債權人。

---

❷ 參閱行政院金管會 93 年 12 月 10 日金管銀㈥字第 0936000707 號令,修正金融控股公司發行公司債辦法。

❷ 此一規定，其公開發行係依證券交易法第 22 條之規定，故其主管機關依職權之劃分為金管會證期局所受理。

第四節　金融控股公司業務管理

　　金融控股公司業務之經營，涉及跨足各種金融與非金融業務之子公司或轉投資，而金融業務部分包括直接金融與間接金融，其各子公司業務之經營風險不一，而且金融控股公司其股票公開上市或上櫃，因此金融控股公司經營之良窳，事涉投資人、股東、存款人、受益人等之權益，尤其在股東責任有限之前提下，金融控股公司若經營不善，或因子公司經營不良，而需牽動母公司或其他子公司之支援，連帶地將會因挽救金融市場之危機，可能將風險及損失轉嫁給公司之債權人，甚至動用國家之資金，因此如何在健全業務之經營與推展下，防微杜漸，並能予以妥善之管理，包括防火牆 (Fire Wall) 之設置，以設定條件區隔風險 (Separation) 及防止利益衝突之規範等❷，則為金融控股公司法業務管理之重點，茲將金融控股公司有關防火牆規範，其業務管理之相關規範分述如後。

第一目　保守秘密

一、金融控股公司法令之規範

　　財產權為個人隱私權之一部分，因此法令上對於個人權利之保護，除

---

❷　防火牆之制度在於區隔阻絕可能產生之財務、業務風險，參酌美國金融服務現代法第 114 條規定，授權主管機關得發布謹慎經營 (Prudent Sefeguard) 之相關規範，在考量公共利益、業者經營之綜合效益、阻止客戶利害衝突或損害其利益等因素後，得就控股公司與其子公司及其子公司間之相互業務或交易行為、聯合業務推廣行為 (Joint Marketing)、負責人與從業人員之兼任及行為規範、資訊流用、營業設備或場所之共用等行為作適當之規範、限制或禁止，即所謂防火牆規範 (Firewall Regulation)。有關防火牆之意義、種類，參閱戴銘昇，《金融控股公司之經營規範》，國立中正大學財經法律學研究所碩士論文，92 年 3 月，第 73 頁以下。

民法之規定外，電腦處理個人資料保護法亦有進一步之規定，為保護客戶之資料，金融控股公司法第 42 條，銀行法第 48 條及其他相關業法之子法亦有要求必須保護客戶秘密之規定，但在金融控股公司體系下雖各子公司為獨立之個體，但同受金融控股公司統籌管理，並得為共同行銷或合作推廣，故如何防止濫用以保障客戶之基金財產隱私權，則為管理上重要之課題，依金融控股公司法第 42 條規定，金融控股公司及其子公司對於客戶個人資料、往來交易資料及其他相關資料，除其他法律或主管機關另有規定者外，應保守秘密。主管機關得令金融控股公司及其子公司就前項應保守秘密之資料訂定相關之書面保密措施，並以報紙、公告、網際網路或主管機關指定之方式公告之，揭露保密措施之重要事項。準此，主管機關為落實保密客戶之規定，特別明定，金融控股公司因依法令規定彙整報送集團營運資料予主管機關及管理被投資事業之需要，要求子公司將其業務資料及客戶資料等提供金融控股公司建置資料庫，應依下述規定辦理[28]：

㈠金融控股公司就子公司提供之業務資料及客戶資料等應保守秘密。對於客戶個人資料、往來交易資料及其他相關資料之運用，應依規定訂定相關之書面保密措施，並將保密措施之重要事項以公告、網際網路等方式揭露。

㈡金融控股公司應與子公司簽訂保密協定。

㈢金融控股公司應與授權得運用資料庫之員工,簽訂保密協定切結書。

㈣金融控股公司應確保資料傳輸之安全性，並對於資料庫之運用、維護、系統使用人員權限設定及產出表報之管理等事宜，訂定妥適之書面管理政策。

㈤金融控股公司運用資料庫之分析結果或產出表報，如涉及客戶個人資料、往來交易資料及其他相關資料，應僅限於金融控股公司及原提供資料之子公司使用，且不得揭露予其他子公司或第三人，亦不得損害客戶相關權益。

---

[28] 參見行政院金管會 93 年 9 月 13 日金管銀㈠字第 0938011562 號令發布之金控公司建置資料庫有關保密義務相關規範。

㈥前述事項應列入金融控股公司內部控制與內部稽核項目。

㈦上開資料庫之使用倘涉及共同業務推廣行為及資訊交互運用等情形，應依金融控股公司法第 43 條、第 48 條等共同行銷或業務推廣之相關規定、各公會訂定之自律規範及相關函令辦理。原則上對於客戶個別資產之資料應予保護。

二、依法律規定之例外情形

在個人資料之財產權隱私雖屬重要，但依憲法第 23 條規定及法律保留之原則下，為維護市場或國家社會公義之衡量下，往往有犧牲個人隱私權之必要，但此涉及個人權利義務事項，所以必須以法律明文定之，而現行依規定之檢查、調查或搜索必須配合執行之法律規定，而排除金融控股公司法及銀行法之規定，其相關規定可分述如下：

㈠行政院金融監督管理委員會組織法第 5 條第 1 項

金管會及所屬機關辦理金融檢查，於必要時，得要求金融機構及其關係人與公開發行公司提示有關帳簿、文件及電子資料檔等資料，或通知被檢查者到達指定辦公處所備詢。

㈡證券交易法第 38 條第 1 項

主管機關為有價證券募集或發行之核准，因保護公益或投資人利益，對發行人、證券承銷商或其他關係人，得命令其提出參考或報告資料，並得直接檢查其有關書表、帳冊。

㈢強制執行法第 19 條及行政執行法第 26 條

執行法院對於強制執行事件，認有調查之必要時，得命債權人查報，或依職權調查之。執行法院得向稅捐及其他有關機關、團體或知悉債務人財產之人調查債務人財產狀況，受調查者不得拒絕。但受調查者為個人時，如有正當理由，不在此限。另行政執行法第 26 條規定，公法上金錢給付義務之執行，準用強制執行法之規定。

㈣刑事訴訟法第 163 條第 2 項

法院為發見真實，得依職權調查證據。但於公平正義之維護或對被告

之利益有重大關係事項，法院應依職權調查之。

(五)民事訴訟法第 350 條及破產法第 5 條

依民事訴訟法第 350 條規定，機關保管或公務員執掌之文書，不問其有無提出之義務，法院得調取之。另破產法第 5 條規定關於和解或破產之程序，除該法有規定外，準用民事訴訟法之規定。

(六)關稅法第 42 條

海關為查明進口貨物之正確完稅價格，得採取下列措施，被調查人不得規避、妨礙或拒絕：

1. 檢查該貨物之買、賣雙方有關售價之其他文件。

2. 調查該貨物及同樣或類似貨物之交易價格或國內銷售價格，及查閱其以往進口時之完稅價格紀錄。

3. 調查其他廠商出售該貨物及同樣或類似貨物之有關帳簿及單證。

4. 調查其他與核定完稅價格有關資料。

(七)稅捐稽徵法第 30 條

稅捐稽徵機關或財政部賦稅署指定之調查人員，為調查課稅資料，得向有關機關、團體或個人進行調查，要求提示有關文件，或通知納稅義務人，到達其辦公處所備詢，被調查者不得拒絕。

(八)監察院第 26 條

監察院為行使監察職權，得由監察委員持監察證或派員持調查證，赴各機關部隊公私團體調查檔案冊籍及其他有關文件，各該機關部隊或團體主管人員及其他關係人員不得拒絕。

第二目 共同資源之運用與限制

金融控股公司法之立法目的在考量金融機構之整合，以發揮綜合效果，使其能朝向金融集團化發展，同時也考慮投資人權益之保護均衡性，因此金融控股公司法第 43 條明定，金融控股公司與其子公司及各子公司間業務或交易行為、共同業務推廣行為、資訊交互運用或共同營業設備或營業場

所之方式，不得有損害客戶權益之行為，並授權就業務或交易行為、共同業務推廣行為、資訊交互運用或共同營業設備或營業場所之方式，由各相關同業公會共同擬訂，報經主管機關核定後實施。另同法第 48 條規定，金融控股公司之銀行子公司及其他子公司進行共同行銷時，其營業場所及人員應予區分，並明確標示之。但該銀行子公司之人員符合從事其他子公司之業務或商品所應具備之資格條件者，不在此限。金融控股公司之銀行子公司及其他子公司經營業務或商品時，應向客戶揭露該業務之重要內容及交易風險，並註明該業務或商品有無受存款保險之保障。準此，金融控股集團間資源分享、共用及其限制之規範是透過法令規範與自律規範之方式，並由主管機關作適度之規整核准，以兼顧消費者或少數股東等之利益，避免利益衝突之發生。

一、合作推廣商品或提供相關服務

金融控股公司本身與其子公司或其各子公司相互間共同資源之運用，在不損害其客戶權益及不得有違反公平交易法所訂限制競爭或不公平競爭之情況下，得為在同一金融控股集團下之共同行銷，亦可與非金融控股公司進行所謂之策略聯盟，為商品或服務之合作推廣，而就合作推廣上而言，因不限於是金融控股公司之組織內部子公司相互間，而是在主管機關核准之業務經營範圍內，在不違反法律規定之前提下所為之異業或同業策略聯盟，現行之法令規範可說明如下❷：

㈠銀行、信用合作社、證券商、保險公司等機構，如符合下列條件者，得檢具其符合條件之證明文件、董（理）事會決議錄；外商在華分支機構可由總機構授權人員出具同意函，及合作推廣契約書，向本業主管機關申請合作推廣他業商品或提供相關服務：

　1.本業機構財務、業務及內部控制健全。

　2.本業合作推廣商品或提供相關服務之人員，具備他業主管機關相關

---

❷　參閱原財政部 92 年 6 月 27 日以臺財融㈠字第 0920025294 號令發布之銀行、證券、保險等機構合作推廣商品或提供相關服務規範。

法令所規定之專業資格條件或證照，並於開辦前完成登記或登錄程序。

　　㈡由於合作推廣不宜涉入他業之實質經營太深，否則應以轉投資設立子公司或申請兼營業務項目方式為之，故所稱合作推廣他業商品或提供相關服務之項目，通常係指代理他業為商品之銷售而言，且不需進一步以實質經營業務判斷之內容者，其內容如下：

1. 保險商品項目

⑴推介經主管機關核准銷售之保險商品。

⑵保險相關業務之代收件。

2. 證券商品項目

⑴代理國內基金之推介、銷售及買回。

⑵股務代理之代收件（股務代理之範圍為公開發行公司股務處理準則第1條之1所規定之各項事務，包括股票過戶或股東會開會相關事宜等）。

3. 銀行商品項目

⑴信用卡業務之推介及代為轉發。

⑵銀行本機構業務之代收件。

　　㈢本業人員於合作推廣他業商品或提供相關服務時，應明確標示，並告知客戶該商品或服務與本業業務之區別，以及有無受存款保險、保險安定基金或其他相關保護機制之保障。

　　㈣本業機構為與他業機構合作推廣商品或提供相關服務，於揭露、轉介或交互運用客戶資料時，應先經客戶書面同意。

　　㈤本業機構合作推廣他業商品或提供相關服務時，其行為直接對他業機構發生效力，相關契約責任之履行，應由他業機構負責，但本業合作推廣他業商品或提供相關服務之人員因處理委任事務有過失，或因逾越權限之行為所生之損害，對於他業機構應負賠償之責。㉚

㉚　其實合作推廣所提供他業之商品或相關服務，若未設有獨立櫃檯，形同由他業代理，自應依其外部代理之行為對客戶負法律責任，例如僱傭契約之連帶賠償責任，如設有獨立之櫃檯則可區隔其行為之主體，始由所提供他業服務或商品之他業負責，似較合理。

㈥本業合作推廣他業商品或提供相關服務之人員，其行為規範與其他權利義務等，均應依他業主管機關之相關規定辦理。

㈦本業機構財務、業務及內部控制健全之標準如下**❸**：

1. **證券商**

　⑴最近半年內未曾受主管機關依證券交易法第 66 條第 2 款以上處分。

　⑵申請時之資本適足比率未低於 150%。

　⑶最近一年內部控制無重大缺失或異常情事。

2. **保險公司**

　⑴最近一年內部控制無重大缺失或異常情事。

　⑵最近一年內資本適足率未低於 100%。

　⑶最近半年未曾受本部依保險法第 149 條第 2 項或第 3 項之處分者。

3. **銀行及信用合作社**

　⑴最近半年底之自有資本與風險性資產比率未低於 8% 者。

　⑵最近半年內未曾受本部依銀行法第 61 條之 1 第 1 項第 1 款至第 5 款之處分、第 62 條第 1 項之處分，或信用合作社法第 27 條第 1 項之處分者。

　⑶最近一年內部控制執行無重大缺失，有礙健全經營者。

㈧代理他業或委託他業推廣商品或提供相關服務之銀行、證券商或保險公司等機構，應依據前開規定就其首次合作案件向其本業主管機關申請核准，經核准後，嗣後代理他業或委託他業推廣商品行為毋庸再申請核准。如該機構嗣後不符資格條件時，其本業主管機關應函知該機構不得再與他業增加合作推廣商品或提供相關服務，並副知他業主管機關。

㈨他業與保險公司合作推廣保險商品或提供相關服務，如係經由保險代理人或保險經紀人為之者，本業機構應與保險公司及保險代理人或保險經紀人共同簽訂合作推廣契約書，並明確規範其權利義務。

㈩保險業代理證券投資信託事業基金之推介、銷售及買回是否得為合

---

❸　參閱原財政部 92 年 12 月 31 日以臺財融㈠字第 092000796 號令，發布釋示「銀行、證券、保險等機構合作推廣商品或提供相關服務規範」。

作推廣之範圍。❷

　　1.現行證券投資信託事業與保險業者考量為擴展基金行銷通路，可否委請保險業辦理基金之推介、銷售及買回，並逕依前述策略聯盟合作推廣之模式進行，增列證券投資信託公司為對象，此一構想曾有不同之見解可析述如下：

　　(1)有認為以修改、增列合作推廣方式辦理，將證券投資信託事業納入，由於證券商及銀行業依各業相關規定，在法令賦予之業務項目，原來即已經主管機關核准代理本項業務，但保險業及證券投資信託事業原業務項目並無是項業務，因此如將證券投資信託公司列入合作推廣之適用對象，將衍生銀行、證券商推介、銷售他業之商品須依該規定重新申請核准之問題。

　　(2)惟可否依保險法第 138 條第 3 項以保險業務項目兼營之方式辦理，由於該項後段規定「但法律另有規定或經主管機關核准辦理其他與保險有關業務者，不在此限。」之規定，可依此開放保險業得辦理銷售基金業務。

　　2.保險法第 138 條第 3 項規定：「保險業不得兼營本法規定以外之業務。但法律另有規定或經主管機關核准辦理其他與保險有關業務者，不在此限。」若認定保險業代理證券投資信託事業辦理證券投資信託基金之推介、銷售及買回等業務，係屬保險業得兼營之「其他與保險有關業務」，則主管機關自得以解釋保險業得代理銷售國內證券投資信託共同基金，亦得列入合作推廣之範疇，但該「代理證券投資信託事業辦理證券投資信託基金之推介、銷售及買回」之行為，在管理上為考量非金融控股公司體系之策略聯盟不宜太廣泛浮濫，否則會影響許可行業管理之本質及金融控股公司原立法規範之功能，但也由於證券投資信託基金之銷售及推介屬於通路之管道，通常被認為僅屬後檔之出售商品行為，並無進一步涉及投資組合之實質業務所為內容，故祇要對於推介、銷售者之資格條件在財務業務上予以嚴謹規定即可，準此有將其納入合法之管理有其必要性，似以將其納

---

　❷　由於保險業之從業人員約計 30 多萬人，其層面廣、管道暢通，若能開放其推介或銷售證券投資信託基金之受益憑證，無疑地對證券投資信託事業之基金募集是有相當之幫助，並可使證券投資信託事業之通路多樣化。

入「銀行、證券、保險等機構合作推廣商品或提供相關服務規範」所稱「合作推廣」範圍之內，而不需再迂迴透過由保險業與證券商再行簽約代為銷售之所謂複代理等繁複程序。

二、共同行銷

金融控股公司之公開行銷，本為發揮綜效之最佳管道，依金融控股公司法第 43 條及第 48 條規定，金融控股公司之子公司間包括銀行、證券、期貨、保險等業務進行共同行銷 (Cross-Marketing) 時，應遵守法令之規定及同業公會之自律規範，而現行共同行銷有關其營業據點、可從事之業務範圍、人員兼任、資訊交互運用、申請及核准方式應依下列相關規範辦理❸：

㈠專業櫃檯之區隔與設置

各業之營業場所內得互設他業之專業櫃檯，不受獨立場地之限制，但本業之營業櫃檯與他業之專業櫃檯應予區分，並明確標示之。

㈡可為共同行銷之業務範圍

各業之營業場所內互設他業之專業櫃檯，但並非各子公司之業務皆可經營，其涉及須由子公司本身始得經營者，如銀行之收受存款、證券商之委託下單等，仍須由各該子公司為之，依現行規定共同行銷得從事之業務範圍

1.證券櫃檯

⑴證券或期貨經紀業務之開戶。

⑵代理國內基金之推介、銷售及買回。

⑶設置網路下單終端機，由投資人下單至證券商或期貨商。

⑷受託辦理公開發行公司股務處理準則所定服務事務之代收件。

2.保險櫃檯

⑴推介經本會核准銷售之保險商品。

⑵辦理經本會同意得直接銷售保險商品之核保及出單。

---

❸　參見行政院金管會 93 年 11 月 19 日以金管銀㈥字第 093000587 號令發布之金融控股公司之子公司進行共同行銷時之相關規範。

(3)保險相關業務之代收件。

3.銀行櫃檯

(1)存款戶之開戶，證券或保險業子公司從業人員兼辦銀行開戶業務，該等人員須具備由臺灣金融研訓院辦理銀行存款開戶相關課程十八小時以上訓練之資格條件。

(2)信用卡業務之推介及卡片之代為轉發。

(3)自動化服務設備之設置。

(4)代理公用事業稅費等款之收付。

(5)銀行本機構業務之代收件。

(三)從業人員之資格

本業人員符合本會之相關法規及行政命令所規定之資格或證照者，即得兼為他業之業務，惟應由兼任業務之子公司依規定辦理登記，如執行業務涉有違規情事時，得依他業法令之規定予以處分❸；另於跨業行銷設置之其他業別櫃檯服務之從業人員係代表該本業公司所為之行銷行為，對客戶之損害賠償責任，本業公司應負責，但提供營業場所之機構亦有故意或過失者，亦應負責。

(四)行為規範

金融控股公司之子公司間交互運用客戶資料進行共同行銷時，從客戶資訊之保密及業務之進行上，應切實依下列規範辦理：

1.金融控股公司之子公司與客戶之往來契約，有關個人資料之使用條款應增訂讓客戶選擇是否同意提供資料作為共同行銷建檔、揭露、轉介或交互運用之欄位及簽名處，簽名處應能明確區分僅同意提供基本資料（包括姓名、出生年月日、身分證統一編號、電話及地址等資料）或同意提供帳務、信用、投資及保險等其他資料。

---

❸ 此一規定，鑑於銀行業之從業人員並無積極資格條件之規定，只要銀行業者自行認定符合適足適任即可，且從業人員之登記並未如證券業及保險業等，有同業公會為完整之規範與檔案，因此要完全落實此一訓練及人員管理，則有相當之困難。

2.金融控股公司與其子公司及各子公司間進行共同行銷，於揭露、轉介或交互運用客戶基本資料時，其身分證統一編號及出生年月日除供作為電腦程式交叉比對之工具外，不得顯示於使用者端任何產出資訊，包含畫面查詢、畫面顯示、產出表報等。

3.與客戶之往來契約有關交互運用客戶資料等相關條款，應以粗黑字體提醒客戶注意，且明確告知或約定客戶得隨時要求停止對其相關資訊交互運用之最簡易方式，並應於接獲客戶通知停止使用其資料後，立即依其通知辦理。

4.金融控股公司及其子公司以公告或網際網路方式揭露之保密措施，應揭露交互運用客戶資料之子公司名稱。

㈤申請主體

　　子公司間進行跨業行銷之申請，由金融控股公司代為向主管機關提出，並依所申請專業櫃檯之性質同時副知各業務所屬之主管單位❸❺。

第五節　利害關係人交易

第一目　利害關係人規範之理由

　　金融控股公司透過聯屬經營，其子公司或轉投資之範圍，包括銀行業、票券業、保險業、期貨業及其他金融或非金融之相關事業，在金融控股公

❸❺ 至於金融控股公司或其子公司間除透過共同行銷外，可否再為與非金融控股公司或其他之金融控股公司進行策略聯盟為合作推廣契約之簽訂，為考量合作推廣並未如共同行銷有金融控股公司法第43條及第48條之明文規定，因此範圍似不宜比共同行銷大，且規範上至少應比照共同行銷，以防止壟斷，並列入合理之管理，而金融控股公司及其各子公司除共同行銷外，法令上並未限制不得為合作推廣之策略聯盟，故得為之。但因其間涉及之權利義務實體關係甚多，宜以法律明文訂定為妥。

司法之規範下，各聯合隸屬之金融機構結合為金融集團，各個金融機構間往來的關係極為緊密，並統合由金融控股公司指揮，其利害關係人之相互間關係亦隨金融控股集團之發展，而日益複雜，遠非單一銀行與其董、監、職員或股東間之利害關係可比擬，而統合後整個金融集團關係人間如何適度規範，此關係到金融秩序與投資人權益，而規範金融控股公司利害關係人交易之目的，一般認為利害關係人，由於基於相互間之利益，可能透過價格安排以調節圖利某一關係人間之利益，亦可能以免費提供勞務、辦公場所、貸與資金，以減輕關係人之財務負擔等利益輸送方式，損害投資人或公司債權人之利益，甚至可能以控制關係，內部人員 (Insider) 或高階管理者利用職權之便套取不正當利益，或以偽造不實交易達到虛偽粉飾財務報表之目的，因此金融控股公司法於第 44 條至第 46 條規定對利害關係人交易應予以規範。

第二目　利害關係人之授信

一、無擔保授信之禁止

金融控股公司之銀行子公司及保險子公司對下列之利害關係人辦理授信時，除消費者貸款及政府貸款不適用之外 ❸，不得為無擔保授信。

㈠該金融控股公司之負責人及大股東 ❸。

㈡該金融控股公司之負責人及大股東為獨資、合夥經營之事業，或擔任負責人之企業，或為代表人之團體 ❸。

---

❸　參閱原財政部 92 年 2 月 11 日臺財融㈠字第 0928010159 號令。

❸　參閱原財政部 92 年 5 月 30 日臺財融㈠字第 0928010928 號令，發布補充釋示金融控股公司法第 44 條及第 45 條所稱「金融控股公司之負責人」就金融控股公司法第 44 條及第 45 條所稱「金融控股公司之負責人」，包括於金融控股公司法人股東以法人身分或推由其代表人當選董事、監察人時，除該法人外，並包括其董事長及依法指定代表執行職務之自然人與代表法人當選為董事、監察人之代表人。

㈢有半數以上董事與金融控股公司或其子公司相同之公司。

㈣該金融控股公司之子公司與該子公司負責人及大股東。

二、有擔保授信之規範

　　金融控股公司之銀行子公司及保險子公司，對前述一、㈠至㈣利害關係人為擔保授信時，準用銀行法第 33 條之規定，其準用之結果為金融控股公司子公司之銀行或保險公司，對其持有實收資本總額 5% 以上之企業，或金融控股公司之負責人、職員、或主要股東，或對與金融控股公司之負責人或其子公司，辦理授信之職員有利害關係者為擔保授信，應有十足擔保，其條件不得優於其他同類授信對象，如授信達中央主管機關規定金額以上者，並應經三分之二以上董事之出席及出席董事四分之三以上同意❸❾。

　　前開規定由於保險法於 90 年 7 月 9 日修正，其第 146 條之 3 第 3 項對於保險公司就其負責人、職員或主要股東，或對與其負責人或辦理授信之職員有利害關係者，所為之有擔保放款，已授權由主管機關另訂管理辦法，自應優先適用保險法之規定。

三、緩衝時期

　　銀行授信客戶因銀行加入金控公司而成為利害關係人時，原訂定之無擔保授信案件，包括銀行已撥款，或已訂定貸款契約但尚未撥款者，得依原契約至所定期限屆滿為止，惟應注意風險控管❹❶。

---

❸❽　參閱原財政部 92 年 10 月 3 日臺財融㈠字第 0928011484 號令，明定對於企業若因政府為金融控股公司之負責人或大股東而屬於金融控股公司法第 44 條第 2 款之授信限制對象時，得不受同條文有關不得為無擔保授信之限制，其為擔保授信者，得不受銀行法第 33 條規定之限制，惟該企業同時為該金融控股公司負責人及大股東，或該企業另因政府以外之其他民股或自然人關係而有同法第 44 條第 2 款情形者，仍應受同條文及銀行法第 33 條相關授信規定之限制。

❸❾　參閱原財政部 92 年 12 月 24 日臺財融㈠字第 0921000773 號令。

❹❶　參閱原財政部 92 年 4 月 29 日臺財融㈠字第 0928010620 號令。

第三目　利害關係人授信以外之交易

　　金融控股公司旗下子公司家數眾多，為防範董事、監察人或大股東進行非常規交易，以利益輸送之方法，掏空公司之資產，損害公司、少數股東及公司債權人之利益，因此除銀行法第 32 條、第 33 條之 1 之規定，與證券交易法第 171 條第 1 項第 2 款之規定外，金融控股公司法於參考美國聯邦準備法第 23A (b)(1)、(3)、(7)，及 23B (a)(2)之規定❹，於 45 條規定，金融控股公司或其子公司與利害關係人為授信以外之交易時，其條件不得優於其他同類對象，而且在程序上應經公司三分之二以上董事出席及出席董事四分之三以上之決議後始得為之，茲分述如下：

一、利害關係人之範圍

　　㈠該金融控股公司與其負責人及大股東。

　　㈡該金融控股公司之負責人及大股東為獨資、合夥經營之事業，或擔任負責人之企業，或為代表人之團體。

　　㈢該金融控股公司之關係企業與其負責人及大股東。

　　㈣該金融控股公司之銀行子公司、保險子公司、證券子公司及該等子公司負責人❷。

二、授信以外交易之項目

　　所謂授信以外之交易，指下列交易行為之一者：

　　㈠投資或購買前項各款對象為發行人之有價證券，包括證券自營商在證券市場自行買賣利害關係人上市上櫃之有價證券在內，但不包括銀行子公司發行之可轉讓定期存單，及金融控股公司或其子公司依金融控股公司法第 36 條、第 37 條或其他法律相關規定持有轉投資事業之股份在內❸。

❹　12U.S.C.371C–1 (a)(2)

❷　同❸。

㈡購買前項各款對象之不動產或其他資產。

㈢出售有價證券、不動產或其他資產予前項各款對象。但不包括銀行子公司發行之可轉讓定期存單在內。

㈣與前項各款對象簽訂給付金錢或提供勞務之契約。

㈤前項各款對象擔任金融控股公司或其子公司之代理人、經紀人或提供其他收取佣金或費用之服務行為。

㈥與有利害關係之第三人進行交易或與第三人進行有利害關係人為對象參與之交易。❹

三、視同符合規定

為配合時效及內部控管，金融控股公司或其子公司與前述一、所列對象辦理下列授信以外之交易，若其已研擬內部作業規範，經董事會三分之二以上董事出席及出席董事四分之三以上之決議，概括授權經理部門依該作業規範辦理，且其交易條件未優於其他同類對象者，視同符合金融控股公司法第 45 條第 1 項規定❺：

㈠金融同業間交易

1.拆款（含新臺幣及外幣）。（如屬具信用衍生性金融商品者，依據信用風險預估之潛在損失額度部分，應徵提十足擔保，並比照利害關係人授

---

❸ 參閱原財政部 93 年 3 月 19 日臺財融㈠字第 0938010391 號令說明四。

❹ 由於金融控股公司法第 45 條之規定，係必須提經董事會之多數決方式為之，實務上可能造成於交易前必須逐筆提報之浩繁程序,尤其在面臨新型金融商品之創新與交易時效性之需求時，為因應市場之迅速變化，對於交易對象延伸至利害關係人，似有授權賦予主管機關就交易對象、行為等視實際案例予以豁免之權限。

❺ 參閱原財政部 93 年 3 月 19 日臺財融㈠字第 0938010391 號令發布之釋示金融控股公司法第 45 條相關適用疑義。此函令經 94 年 7 月 21 日金管銀㈥字第 094600571 號令修正廢止。但此一函令在法無明文，卻以行政命令排除法律適用，在法制上不無商榷之處，宜以修正法律之規定方式豁免為當，且所謂視為係法律上之擬制，以函令之視為排除法律規定，亦有可議。

信，列入授信額度控管，且其擔保品條件必須具流動性，以現金、公債、中央銀行可轉讓定期存單、儲蓄券、國庫券及銀行定存單為限)。

2.衍生性金融商品。

㈡具有市場牌告、公開市價之下列交易

1.匯款、匯兌、存款、外幣買賣。

2.短期票券之初級、次級市場交易，以及政府公債、金融債券、公司債之次級市場有價證券交易。

㈢金融控股公司之各子公司間從事共同行銷，所產生手續費、服務費或佣金之分攤。

㈣保險費率報經主管機關核准、核備及備查之保險商品之交易，及價格或費率經主管機關或金融同業間組織核准、備查，或已具有定型化、一致性收費標準之其他交易。

㈤單筆未超過新臺幣壹佰萬元之交易。(契約行為如屬買賣斷交易者採契約成交總金額；租賃契約採期間租金總額或押租金之約當利息總額；約定給付佣金、手續費或保險費之契約，依該契約給付之佣金、手續費或保險費之總額。)

㈥辦理短期票券初級市場交易，亦視同符合金融控股公司法第 45 條第 1 項規定 ❹ 。

㈦租賃契約換算為年租金總額或押租金之年約當利息總額單筆未超過新臺幣五佰萬元之交易。

㈧申購、買回金融控股公司法第 45 條所列對象，發行之共同信託基金受益證券及證券投資信託基金受益憑證 (但不包括封閉式基金)；且經濟部門應逐筆彙整成交紀錄及其損益情形，按季提報董事會備查。但其他法規另有規定者，依其規定。

---

❹　參閱原財政部 92 年 8 月 18 日臺財融㈠字第 0928011241 號令，發布金融控股公司法第 45 條相關釋示。但該法令為 93 年 3 月 19 日臺財融㈠字第 0938010391 號令所廢止。故自 93 年 3 月 19 日後必須依規定經董事會特別決議辦理。

㈨依金融資產證券化條例及不動產證券化條例公開招募或募集之金融資產證券化商品或不動產證券化商品(但不包括不動產投資信託受益證券)之次級市場交易；且經理部門應逐筆彙整成交紀錄及其損益情形，按季提報董事會備查（但發行期限在一年以內之受益證券及資產基礎證券，不在此限）。

㈩兼營信託業務之銀行子公司，依共同信託管理辦法及信託資金集合管理運用管理辦法，運用信託財產或信託資金所為之交易；暨證券投資信託子公司，依證券投資信託基金管理辦法運用基金資產所為之交易。

㈠證券子公司如為興櫃股票之推薦證券商，其為報價及應買應賣義務，於興櫃股票電腦議價點選系統所為之交易。

㈡委託經主管機關依公正第三人認可及其公開拍賣程序辦法認可之公正第三人，處理金融機構不良債權之相關交易。

四、子公司範圍

有關利害關係人之子公司，為依金融控股公司法第 4 條第 4 款規定之對象，包括：

㈠銀行子公司：指金融控股公司有控制性持股（持有已發行有表決權股份總數或資本總額超過 25%）之銀行。

㈡保險子公司：指金融控股公司有控制性持股（持有已發行有表決權股份總數或資本總額超過 25%）之保險公司。

㈢證券子公司：指金融控股公司有控制性持股（持有已發行有表決權股份總數或資本總額超過 25%）之證券商。

㈣金融控股公司持有已發行有表決權股份總數或資本總額超過 50%，或其過半數之董事由金融控股公司直接、間接選任或指派之其他公司。

五、負責人範圍

包括董事、監察人、總經理、副總經理、協理、經理或與其職責相當之人。另基於法人代表人與其所指派法人為一元性之本質，對於金融控股

公司法人股東以法人身分或推由其代表人當選董事、監察人時,除該法人外,並包括其董事長及依法指定代表執行職務之自然人與代表法人當選為董事、監察人之代表人❹。至於由金融控股公司負責人及大股東擔任負責人之企業,係指控股公司之負責人及大股東,依公司法第 8 條規定擔任負責人之企業。

六、有利害關係之第三人之範圍

包括其配偶、二親等以內之血親及以本人或配偶擔任董事、監察人或總經理之企業。

七、額度之限制

依金融控股公司法第 45 條第 3 項規定,金融控股公司之銀行子公司與利害關係人為授信以外之交易時,其與單一關係人交易金額不得超過銀行子公司淨值之 10%,與所有利害關係人之交易總額不得超過銀行子公司淨值之 20%。但利害關係人為行政院開發基金管理委員會者,不受此一限額之限制❽。

八、額度之計算

交易限額採餘額計算,並依下列規定辦理:

㈠金融控股公司之銀行子公司與所屬金融控股公司及該金融控股公司依金融控股公司法第 36 條第 2 項第 1 款至第 7 款所指事業,辦理授信以外之交易,僅下列交易須計入限額:

  1.不動產買賣、租賃及地上權設定,依取得成本計算;但視同符合金

---

❹ 同 ❸。

❽ 參閱原財政部 93 年 2 月 2 日臺財融㈠字第 0938010075 號令。由於利害關係人對象複雜、交易型態亦多所變化,就交易額之計算及採用之基礎亦宜視實際情況而有差異化之管理,因此可於修法時,考量賦予主管機關訂定子法彈性規範。在法律未修正前,本函令已由主管機關直接發布施行。

融控股公司法第 45 條第 1 項規定之交易，不在此限。

2.為自己持有之有價證券，依取得成本計算；但視同符合金融控股公司法第 45 條第 1 項規定之交易及依金融控股公司法第 31 條規定所為組織或股權調整所生之股權交易，不在此限。

㈡金融控股公司之銀行子公司，與金融控股公司及該金融控股公司依金融控股公司法第 36 條第 2 項第 1 款至第 7 款所指事業以外之其他利害關係人所辦理之交易，除下列交易得不計入外，其餘交易應計入限額：

1.視同符合金融控股公司法第 45 條第 1 項規定之交易。

2.依金融控股公司法第 31 條規定所為組織或股權調整所生之股權交易。

㈢衍生性金融商品之交易限額，採交易對手信用風險之未來潛在曝險額計算，且銀行子公司對於計算交易限額時所提之額度，不得低於銀行自有資本與風險性資產計算方法，或票券金融公司自有資本與風險性資產計算方法中所規定應計提之資本。至於短期票券及債券交易餘額之計算，參照「票券商買賣持有特定企業發行短期票券或債券標準」第 7 條規定，依庫存自有部位加計附買回條件交易賣出之短期票券及債券帳列成本計算❹❾。

九、所有利害關係人範圍

第 45 條第 4 項所稱所有利害關係人，係指前述包括金融控股公司法第 45 條第 1 項第 1 款至第 4 款之對象及第 45 條第 2 項第 6 款所稱有利害關係之第三人，但因其涵蓋層面太廣，不易認定，已如前述。

第四目　大額曝險之申報公告

一、申報公告之規範

為有效控制對同一人或同一利害關係人授信之風險，及充分揭露予社

---

❹❾　參閱原財政部 92 年 7 月 28 日臺財融㈠字第 0928011158 號令。

會投資大眾與主管機關知悉，金融控股公司所有子公司對同一人、同一關係人或同一關係企業為授信、背書或其他交易行為之加計總額或比率，應於每營業年度第二季及第四季終了一個月內，向主管機關申報並以公告、網際網路或主管機關指定之方式予以揭露。而金融控股公司法第 46 條有關大額曝險之規定，旨在預告風險，俾供股東、債權人，甚至主管機關等知悉，與前述同法第 45 條之風險控管立法目的尚有些許差異，故原則上應是對於具有風險項目始予列入計算，已不具風險者，如已出售不動產或債券交易等，因已賣斷風險隔離，應無必要再予列入。❺⓿

二、依規定應申報及公告之範圍❺①

　　為踐行金融控股公司法第 46 條規定之大額曝險，金融控股公司應將所有子公司對同一人、同一關係人或同一關係企業為授信、背書或其他交易行為之總額達金融控股公司淨值 5% 或新臺幣 30 億元二者孰低者，於每營業年度第二季及第四季終了一個月內，向主管機關申報，並於金融控股公司網站揭露，並應至少於網站保留至下一次更新資料為止。

三、其他交易行為之範圍

　　應予曝險之項目，包括授信、背書或其他交易之行為，所稱其他交易行為，係指金融控股公司所有子公司與同一人、同一關係人或同一關係企業（以下稱該等關係人）進行下列交易❺②：

　　㈠投資或購買該等關係人為發行人之有價證券，但不包括銀行子公司發行之可轉讓定期存單。

---

❺⓿　故有業者提議，應以明文列舉規定應曝險之項目較為明確，包括授信、短期票券之保證、背書、票券及債券之附買回交易、投資或購買關係人所發行之有價證券從事衍生性商品交易等項目。

❺①　參閱原財政部 91 年 3 月 12 日臺財融㈠字第 0911000056 號令發布之金融控股公司所有子公司對同一人、同一關係人或同一關係企業為授信、背書或其他交易行為之總額申報、揭露之門檻。

❺②　同❺⓿。

㈡購買該等關係人之不動產或其他資產。

㈢出售有價證券、不動產或其他資產予該等關係人。

㈣與該等關係人簽訂給付金錢或提供勞務之契約。

㈤擔任金融控股公司或其子公司之代理人、經紀人或提供其他收取佣金或費用之服務行為。

㈥與該等關係人有利害關係之第三人進行上揭交易，或與第三人進行有該等關係人參與之交易。

四、加計總額或比率之申報及揭露總額計算

金融控股公司所有子公司應於每營業年度第二季及第四季終了一個月內向主管機關申報並揭露對同一人、同一關係人或同一關係企業為授信、背書或其他交易行為之加計總額或比率，其申報及揭露總額採餘額計算❺❸。

五、申報表內容

金融控股公司依前述二、三、規定申報時，得區分同一人、同一關係人及同一關係企業三項分別列示，其中同一關係人及同一關係企業二項，得以歸戶主體名稱申報並揭露；惟金融控股公司須備妥該等關係人交易之明細名單及交易金額，以隨時提供主管機關查核之需要。

第六節　金融控股公司負責人兼任之規範

一、董、監事之兼任

金融控股公司因控制性持股之關係，得持有子公司之股份，其持有已發行有表決權股份總數或資本總額從超過 25%，或直接、間接選任或指派子公司過半數之董事，至完全控股之 100% 持有，在金融控股公司持有子

---

❺❸　參閱原財政部 92 年 5 月 14 日臺財融㈠字第 0921000195 號令。

公司已發行全部股份或資本總額時，子公司已經成為一人持有股票之股份有限公司，因此金融控股公司法第 15 條規定，不受公司法第 2 條第 1 項第 4 款及第 128 條第 1 項，有關股份有限公司股東與發起人人數之限制。準此該子公司之股東會職權由子公司之董事會行使，但子公司之董事由母公司指派，故實質上乃由金融控股公司之董事會行使，故不適用公司法有關股東會之規定，且該子公司之董事及監察人，既然由金融控股公司指派，金融控股公司之董事及監察人，得為第 1 項子公司之董事及監察人。此際即產生母子公司之董事、監察人兼任之情形，因此金融控股公司法第 17 條第 2 項規定，金融控股公司負責人因投資關係兼任子公司職務，不受證券交易法第 51 條規定之限制。而董、監事兼任在管理上是否有利弊，有不同看法，從利益衝突、專心致力於本業、可能聯合壟斷及實務運作等理由，其正、反兩面見解如下：

㈠否定說

認為董事、監察人之兼任，將使董、監事分心，無法專心致力於本業，且可能產生利益衝突或聯合壟斷之行為，故限制金融控股集團間董事、監察人兼任，以避免造成聯合行為 (Collusive Activity)，包括壟斷定價 (Price Fixing)、市場切割 (Market Division)、競爭資訊之交換 (Exchange of Competitive Information) 及其他有利益衝突之行為，同時也使兼任之董事、監察人在處理公司事務時失卻其客觀性，無法盡其忠誠義務 (Disloyalty)，或演變成違反受託人之義務 (Fiduciary Duty)。甚至無實際發生聯合行為，未存在不法的情事時，兼任仍可能建構一違法的橋樑 (Unlawful Bridge)，使危害發生的機率大增[54]。

㈡肯定說

美國聯準會認為董事與職員得兼任之規定，目的在維持子公司之獨立性，以提高業務兼營之效率。前主席 Arthur Burns 認為董事的兼任並不當然有害，兼任可能有益相關的公司及其客戶，因為兼任可以增進不同環境

---

[54] 參閱戴銘昇，《金融控股公司之經營規範》，中正大學財經法律學研究所碩士論文，92 年 3 月，第 143 頁。

中之董事，其意見、想法及經驗之交流，而使董事會提高其執行效率。經濟學者 David Bunting 亦主張人員的兼任可以提昇公司有限人才的運用，有助於資訊的交流 (Raw Data and Managerial Advice)，此「資訊理論」(Information Theory) 係假設公司的人才是缺乏的，且專家意見的獲得必須付出極高的成本代價，因此贊成使用兼任的方式❺。

　　我國金融控股公司法第 17 條第 2 項規定，金融控股公司負責人因投資關係，得兼任子公司職務，不受證券交易法第 51 條規定之限制。顯係採行肯定說，而且對於金融控股集團之聯合管理 (Management Interlock) 及董事、監察人兼任 (Director Interlock) 之開放，認為是集團體企業集中其競爭及經濟力量之方法，銀行與和銀行有競爭關係之公司（如保險公司）間之聯合管理將使信用市場 (Credit Market) 競爭更具整體性、效率性及可減省投資報酬等之開支。

二、金融控股公司法有關競業禁止之規定

　　金融控股公司法第 17 條第 2 項規定，雖容許金融控股公司之董事、監察人、經理人等之負責人，得兼任子公司職務，不受證券交易法第 51 條有關證券商或公開發行公司董事、監察人及經理人兼任禁止規定之限制，但各子公司與子公司間是否兼任或有無競業禁止之適用，則未有進一步之規範，前 94 年 3 月發生中華開發金融控股公司擬併購統一證券公司、中信證券之三合一方案，中華開發董事之一中國商業銀行股份有限公司，質疑出價是否過高乙節，引發兆豐金融控股公司旗下之中國商業銀行股份有限公司指派其董事在中華開發金融控股公司擔任董事，是否與競業禁止或兼任禁止之規定相違之一連申討論，其中並涉及公司法第 209 條有關競業禁止是否須經股東會輕度特別決議及所得利益介入權之行使等相關問題，茲進一步分析如後。

㈠金融控股公司及其子公司之競業禁止規範

　　1.立法院財政委員會於 94 年 4 月 7 日作成附帶決議，認為目前國內各

---

❺　同前註第 144 頁。

金控公司及其子公司及其他金融同業常有相互投資交叉持股，易造成公司重要機密業務資料外洩，且違反公司法第 209 條「不競業義務」之規定，故主管機關應加強督導各銀行及金控公司董事為自己或他人屬於公司營業範圍內之行為，應對股東會說明其行為之重要內涵，並取得其許可，以符合公司法之規定。就此一決議而言，顯然立法院財政委員會認為金融控股公司及其子公司，應有公司法第 209 條有關競業禁止規範之適用。

　　2.依公司法第 209 條規定，董事為自己或他人為屬於公司營業範圍內之行為，應對股東會說明其行為之重要內容並取得其許可。股東會為許可之決議，應有代表已發行股份總數三分之二以上股東之出席，以出席股東表決權過半數之同意行之。公開發行股票之公司，出席股東之股份總數不足定額者，得以有代表已發行股份總數過半數股東之出席，出席股東表決權三分之二以上之同意行之。董事違反前述競業禁止之規定，為自己或他人為該行為時，股東會得以決議，將該行為之所得視為公司之所得。但自所得產生後逾一年者，不在此限。

　　3.此一問題關鍵在於金融控股公司之董事兼任子公司之董事是否為屬於公司營業範圍內之行為，實務之見解有兩種不同之看法，其內容如下：

　　(1)否定說

　　有認為所謂「屬於公司營業範圍內之行為」，係指章程所載公司所營事業中公司實際上所進行之業務而言。故金融控股公司之子公司為銀行，銀行依銀行法之規定，其經營之業務，包括收受存款、辦理放款、辦理國內外匯兌等業務項目，與金融控股公司依金融控股公司法第 36 條規定所定之業務，得以投資及對被投資事業之管理為限。二者之營業範圍與性質，就章程之記載及實際進行之業務觀之，都顯不相同，故認為金融控股公司子公司之董事，其被指派代表該子公司擔任金融控股公司之董事，並無公司法第 209 條之適用 ❺❻。

　　(2)肯定說

　　認為金融控股公司雖以投資及對被投資事業之管理為業務，但既然可

---

❺❻　參見經濟部 79 年 12 月 17 日第 224690 號函。

對被投資之子公司為管理，金融控股公司對子銀行業務，自然有控制監督關係，實際上仍會影響子銀行業務之經營，故就實質有無利害關係或利益衝突之角度而言，金融控股公司與子公司之銀行在業務經營上之關係，仍可認為屬同一營業範圍內之行為，而應有公司法第209條規定之適用，立法院財政委員會之附帶決議即採此一見解。

㈡兩種見解評論

以上兩種見解各有其論據，然從金融控股公司法第17條第2項之規範意旨而言，已明文規定金融控股公司負責人因投資關係，得兼任子公司之職務，此一職務當然包括董事在內，因此當屬於特別法之規定，再者其排除證券交易法第51條規定外，在解釋上亦應優於公司法第209條之適用，且公司法第209條之規範目的，在防止利害衝突及營業上機密外洩，違反時，得由股東會行使介（歸）入權，為民事責任之規定，如有爭議，係由司法機關認定。

另銀行法第35條之1規定，銀行負責人及職員不得兼任其他銀行任何職務，但因投資關係，並經中央主管機關核准者，得兼任被投資銀行之董事或監察人，其立法目的在賦予主管機關得審核銀行負責人兼任之資格，屬行政監督事項，又依保險業負責人應具備資格條件準則第3條第1項第13款所為核准，與銀行法第35條之1相同，故依金融控股公司法第17條第2項規定，及適用銀行法第35條之1及保險業負責人應具備資格條件準則第3條第1項第13款所為核准，應屬公司法第209條之特別規範，至於此一排除適用公司法第209條規定之結果，是否無法杜絕利益衝突之情事而有立法防範之必要，則應以法律明定為宜。甚至行政機關在核准個案時，可以其他方式督促業者注意利益衝突之防範，但此屬行政督導之範疇。❺❼

---

❺❼　實務上亦常見金融控股公司之董事長或董事兼任很多家子公司之董事，並坐領高額之報酬，除是否能專心致力於本業經營之角度言，恐有所不妥外，對於公司之其他股東或債權人而言，亦宜有適當之節制。

三、金融控股公司監察人得否兼任子公司董事

由於公司法第 222 條規定，監察人不得兼任公司董事、經理人或其他職員，其目的在維持監察人能以獨立超然立場行使職權，以發揮制衡之功能。另依「金融控股公司負責人資格條件及兼任子公司職務辦法」第 3 條及第 13 條規定，金融控股公司之董事、監察人係屬負責人範圍，其兼任行為應以確保本職及兼任職務之有效執行、不得有利益衝突之情事，並應兼顧集團內管理之制衡機制，故法令上雖未明文禁止，但宜由公司內部控制制度防範利益衝突之發生。

第七節　金融控股公司之稅制

第一目　連結稅制

一、意　義

金融控股公司或金融機構、非金融機構之各子公司可透過營業讓與、股份轉換、合併或分割等方式，組成金融控股集團 (Affiliated Group)，在整合之過程中，涉及財產之移轉，由於母子或兄弟姊妹方式之集團分子，皆為個別獨立之課稅主體，但集團企業之各子公司與母公司間因存在有財產之重疊關係，子公司從實質上而言，應是集團中之組成部分，故成員間之交易，僅是左右手之交換，從控股公司而言，其本身財產權並不影響或改變，因此對於具有緊密結合關係之公司得選擇定其應納稅額及合併申報，在相當的程度內，將子公司視為母公司的一部分，子公司得將其虧損減抵母公司之盈餘，且母子公司間財產之移轉，並不會成為應稅的客體，此即所謂連結稅制，在通常關係企業合併財務報表 (Combined Report)。連結稅

制有其賦稅上之優惠，在未有法律明文規定適用時，其財務報表係由每個集團的成員提出各自的納稅申報單 (Tax Return)，並繳交集團總收入中一定比率的稅額。但若有法律明文規定可採行連結稅制 (Consolidated Tax Return)，則整個集團僅提出一個納稅申報單即可。

連結稅制係考量在經濟上為同一實體之母子公司或兄弟姊妹公司，與公司內部部門無異，避免因稅捐稽徵之設計，使增加租稅負擔之懲罰，有違租稅中立之原則，同時也為鼓勵優惠金融控股公司組成之特定政策性目的所設計，透過稅制上的例外規定與特別規定，實行的租稅減輕措施與優惠措施，此種以經濟政策目的之誘因手段，雖從外觀上而言有認為犧牲租稅公平原則，但從鼓勵整體金融機構之統合上而言，則有其必要。

二、法令之依據

依現行金融控股公司法第 49 條規定，金融控股公司持有本國子公司股份，達已發行股份總數 90% 者，得自其持有期間在一個課稅年度內滿十二個月之年度起，選擇以金融控股公司為納稅義務人，依所得稅法相關規定合併辦理營利事業所得稅結算申報，及未分配盈餘加徵 10% 營利事業所得稅申報；其他有關稅務事項，應由金融控股公司及本國子公司分別辦理。

三、持股時點之認定 [58]

金融控股公司擬依金融控股公司法第 49 條規定選擇合併申報營利事業所得稅者，於計算其持有本國子公司股份之持有期間時，其持股時點之認定，如依同法第 24 條規定以營業讓與方式轉換設立者，以營業讓與基準日認定之；其依同法第 26 條規定以股份轉換方式轉換設立者，則以股份轉換基準日認定之。

---

[58]　參閱原財政部 92 年 1 月 7 日臺財融㈠字第 0910053806 號令發布之金融控股公司第 49 條規定持股時點之認定。

第二目　防止不當規避稅制

一、所得稅額或應納稅額之調整

金融控股公司與其子公司相互間、金融控股公司或其子公司與國內、外其他個人、營利事業或教育、文化、公益、慈善機構或團體相互間以有關收入、成本、費用及損益之攤計，可能透過不合交易常規之安排，而有不當規避或減少營利事業所得稅課徵之情形，或藉由帳面有大量虧損之金融機構或公司之股權收購、財產之轉移或其他虛偽之安排，不當為他人或自己規避或減少納稅義務，破壞金融控股公司法引入連結稅制之美意，故參照所得稅法第 43 條之 1 及第 66 條之 8 規定，於金融控股公司法第 50 條第 1 項規定稽徵機關為正確計算相關納稅義務人之所得額及應納稅額，得報經主管機關核准，按交易常規或依查得資料予以調整。

二、例外規定

對於金融控股公司與其持有達已發行股份總數 90% 之本國子公司間之交易，由於該本國子公司股份已幾乎為金融控股公司所持有，故不適用於前述調整規定。

三、經調整者不適用連結稅制

金融控股公司或其子公司經稽徵機關依前開規定調整其所得額及應納稅額者，當年度不得適用合併申報營利事業所得稅之連結稅制規定。

第八節　母子公司交叉持股之規定

依公司法第 13 條規定，公司得轉投資其他公司，除以投資為專業或經

股東會之特別決議外，原則上其投資總額不得超過實收資本額之 40%，但轉投資為一套資本作兩公司之運用，例如一家實收資本額新臺幣 10 億元之公司，其轉投資子公司新臺幣 4 億元，表面上兩家公司資本額是新臺幣 14 億元，但其實質之資本額兩家合計僅為新臺幣 10 億元，尤其在子公司又以其新臺幣四億元購買母公司股票之循環損桿操作時，若未有適當之規範，很容易陷入過度膨脹之泡沫化，因此母子公司交叉持股在實務運作上雖有利於策略聯盟之進行，鞏固經營權等正面效果，但亦不得不考慮其負面效果，故宜以適當規範。

第一目　母子公司交叉持股應予規範之理由

㈠依股份回籠禁止之原則，公司買回自己之股票，公司法第 167 條採行原則上禁止之規範，旨在維持公司資本實在性以保護公司債權人之權益，故依公司法第 167 條之例外規定，及證券交易法第 28 條之 2 所規定有關庫藏股制度之相關規範，亦遵守例外從嚴之原則，規定必須配合較為嚴謹之程序與條件，始能買回自家股票，但原規定對於子公司可否買進母公司之股票並未規定，因此若放任子公司無限制得買回母公司之股票，用以規避公司法第 167 條之適用，則造成資本重複計算，不僅對公司債權人不利，亦可能損及股東，並影響有關證券交易法第 28 條之 2 庫藏股制度之立法規範。

㈡子公司持有母公司股票，於母公司辦理現金增資時，子公司如參與認購實無外部資金注入，與公司資本充實原則有違。

㈢母公司若將資金以投資及借款等方式轉移至子公司，從事非本業之股票投資業務，甚至再由母公司提供資產作為轉投資子公司借款之擔保或以母公司信用進行背書保證等，此種借款或保證本非因應子公司與母公司業務往來之所需，母公司將因所提供擔保之資產或信用保證之金額擔負連帶責任，不但大幅增加母公司之財務風險，並形同母公司以其資金買回自家股票。

㈣多數發行公司轉投資之子公司常屬於未經公開發行股票之公司，外界及公司股東可獲得資訊甚少，資訊透明度及公眾監督力量薄弱。且子公司若專靠買賣股票獲利，一旦股市反轉為跌，將使公司產生鉅額虧損，損害該公司繼續經營能力，並危及資本市場之穩定性，同時易有掏空公司資產、內線交易及炒作情事發生，妨害市場交易秩序及公平正義原則。

㈤若有企業負責人透過子公司買回母公司股票，掌握母公司經營權，將其持股成本及風險轉嫁於母公司，致子公司因持續買回母公司股票，當股價下跌時子公司持股之跌價損失，不但損及母公司獲利，並損及母公司股東權益。

第二目　各國關於交叉持股限制規定之比較

比較世界各國在公司法或在其他法令上有對於母公司交叉持股做進一步規範者，茲表列如下：

表 5–1

德國	相互參與之企業表決權以四分之一為限（公司法第 328 條）。
美國	如母公司持有子公司股權過半數時，子公司所持有母公司之股份無表決權。
英國	禁止「股權為母公司持有過半數」之子公司持有該公司之股份。
法國	如母公司持有子公司 10% 以上股權，禁止子公司取得該母公司之股份。
日本	原則禁止「股權為母公司持有過半數之子公司」持有該公司股票（商法第 211 條之 2）。

第三目　公司法股份回籠禁止之原則

依原公司法第 167 條第 1 項之規定，公司除依第 158 條、第 186 條及第 317 條規定外，不得自將股份收回、收買或收為質物。此乃股份回籠禁

止之規定，以維持公司資本之實在性及對公司債權人權益之保障，惟從屬之子公司若以交叉持股等方式買回控制之母公司股份，是否為現行公司法所禁止，若未予合理規範可能衍生哪些弊端及應如何加以合理之規範，亦為健全現行經濟體制之重要課題。

一、子公司買回母公司股份實務解釋之沿革

子公司買回母公司之股份在實務上從原為禁止到開放之歷史過程如下：

㈠子公司不得買回母公司股份

依法務部 76 年 6 月 15 日法(76)參 6934 函復經濟部之洽詢，略以：「查公司法第 167 條第 1 項之規定，其立法意旨在求公司資本之充實與不變，以保障公司債權人及投資大眾之權益。股份有限公司轉投資其他股份有限公司，而具有實質控制關係時，居於控制地位之公司透過轉投資之公司買回控制公司之股份，與公司買回自己之股份無異，有違前開立法意旨，似應我公司法所不許。」，經濟部於 76 年 6 月 29 日以日商 31726 號函釋通函各界，請依法務部意見辦理。

㈡子公司得買回母公司股份

1.關於公司透過轉投資之公司買回本公司之股份，是否涉嫌違反公司法第 167 條第 1 項規定疑義，茲有個案前經臺灣臺北地方法院檢察署為不起訴處分，其理由略以：公司及其轉投資之公司係分別依據公司法成立之公司法人，各有其獨立人格，兩家公司雖為關係企業，但當時我國並無關係企業法加以規範，是以公司透過轉投資之公司買回自己之股份，但因二公司人格各自獨立，是否即可擴張解釋為「公司自將股份收回」，自有可疑，基於罪刑法定主義之精神，尚不得以該法相繩。

2.參照前開不起訴處分書之理由，基於罪刑法定主義之精神，公司透過轉投資之公司買回本公司之股份，並不違反公司法第 167 條第 1 項之規定，經濟部於 81 年 10 月 16 日以日商 226656 號函釋，認為該部 76 年 6 月 29 日商 31726 號函釋與前述說明不符，不再援用。

二、修正後公司法第 167 條之規定

　　公司法經參採前開理由，原經決議禁止子公司購買母公司股票之交叉持股行為，並採對違反者從原為一年以下有期徒刑之刑事責任予以除罪化，改課予行政罰鍰，惟行政罰鍰之部分於立法院討論時改為民事之損害賠償，經過多次行政及立法之調整，90 年 11 月 12 日修正後之公司法第 167 條第 3 項至第 5 項之規定內容如下：

　　㈠被持有已發行有表決權之股份總數或資本總額超過半數之從屬公司，不得將控制公司之股份收買或收為質物。

　　㈡控制公司及其從屬公司直接或間接持有他公司已發行有表決權之股份總數或資本總額合計超過半數者，他公司亦不得將控制公司及其從屬公司之股份收買或收為質物。

　　㈢公司負責人違反規定，將股份收回、收買或收為質物，或抬高價格抵償債務或抑低價格出售時，應負賠償責任。❺❾

第四目　　金融控股公司法之規定

　　金融控股公司之子公司再持有母公司之股份，亦有前述母子公司交叉持股可能產生之弊端，故金融控股公司法第 38 條規定，金融控股公司之子公司或子公司持有已發行有表決權股份總數 20% 以上或控制性持股之投資事業，不得持有金融控股公司之股份，至於收買或將金融控股公司之股份收為質物，參照公司法第 167 條規定，在解釋上亦應列入禁止之範圍。此一規定已較公司法為嚴格，為特別法之規範，準此可進一步分析如後：

---

❺❾　由於民事之損害賠償，必須由股東、債權人或利害關係人舉證，且主觀之構成要件、因果關係及損害額如何計算，未有明文規定，在實務上欲落實執行有其困難度，故其立法禁止之效果有限，且實質上等於立法開放子公司得為置回母公司之股份。

一、交叉持股之子公司之範圍

(一)金融控股公司之子公司，應依金融控股公司法第 4 條第 4 款之規定

　　1.銀行子公司：指金融控股公司有控制性持股（持有已發行有表決權股份總數或資本總額超過 25%）之銀行。

　　2.保險子公司：指金融控股公司有控制性持股（持有已發行有表決權股份總數或資本總額超過 25%）之保險公司。

　　3.證券子公司：指金融控股公司有控制性持股（持有已發行有表決權股份總數或資本總額超過 25%）之證券商。

　　4.金融控股公司持有已發行有表決權股份總數或資本總額超過 50%，或其過半數之董事由金融控股公司直接、間接選任或指派之其他公司。

(二)子公司持有已發行有表決權股份總數 20% 以上之投資事業

　　由於子公司之範圍，已如前述，但子公司持有已發行有表決權股份總數 20% 以上之投資事業，可能由一家子公司持有，亦有可能由金融控股公司所屬多家子公司共同持有超過 20%，甚或由母公司與子公司交叉共同持有 20% 以上，由於法條之規定有不同之解釋空間，從規範之意旨及公司法第 167 條第 4 項之規定而言，應涵蓋前開三種情形在內。

(三)子公司有控制性持股之投資事業

　　由於法律規定將「持股超過已發行有表決權股份總數之 20%」或「控制性持股」並列，持股超過有表決權股份總數之 20% 以上應異於控制性持股規定之 25%，故此之控制性持股，應係指金融控股公司法第 4 條第 1 款後段「或直接、間接選任或指派一銀行、保險公司或證券商過半數之董事」或各子公司持股加總之數量達 25% 以上，因此，金融控股公司法第 38 條之規定，係指金融控股公司之子公司或子公司直接或間接持有已發行有表決權股份總數 20% 以上，或其選任或指派一銀行、保險公司或證券商過半數之董事之投資事業，不得持有金融控股公司之股份。

㈣例外之情形

1.因轉換而持有

轉換前之相互投資，而依金融控股公司法規定之轉換，導致子公司持有金融控股公司股份者，依金融控股公司法第 31 條第 2 項規定，得於三年內轉讓所持有股份予金融控股公司或其子公司之員工，或準用證券交易法第 28 條之 2 第 1 項第 2 款有關庫藏股之規定作為股權轉換之用，或於證券集中市場或證券商營業處所賣出，不受金融控股公司之子公司交叉持股之限制。屆期未轉讓或未賣出者，視為金融控股公司未發行股份，並應辦理變更登記。

2.因實施庫藏股而持有

原上市、上櫃之金融機構於轉換成立金融控股公司子公司前，已依證券交易法第 28 條之 2 第 1 項第 1 款及第 2 款規定買回公司股份者，仍應予以緩衝期間，故該等股份於轉換為金融機構之子公司後仍持有金融控股公司股份，得予最長三年之調整期，逾期未轉讓者，視為金融控股公司未發行股份，並應辦理變更登記註銷。又金融控股公司之公司因前揭情形而持有之金融控股公司股份，仍屬子公司之庫藏股，應遵守證券交易法第 28 條之 2 對庫藏股之相關規定，該股份在未轉讓前，不得享有股東權利❻⓪。

3.發行 ETFs 之需要

指數股票型基金 (Exchange Traded Funds, ETFs) 是以追蹤一籃子股票指數變化之證券投資信託基金❻①，由於一籃子股票組合中可能包括金融控股公司在內，因此其子公司買賣 ETFs 或進行創造贖回時，可能因而買回母公司之成分股，在開放 ETF 交易之際，為推動 ETF 之順利上市掛牌交易，在解釋上認為其買賣 ETF 是另一種新的基金商品，且為該商品運作之機制

---

❻⓪　參閱原財政部證券暨期貨管理委員會 91 年 4 月 8 日⑼⑴臺財證㈢字第 1018164 號函。

❻①　國內開放第一檔 ETFs 之運作，為寶來證券投資信託股份有限公司之「臺灣 50 指數 ETF」，請參考寶來證券投資信託公司編印，《臺灣 50 指數 ETF 投資實務》，富翁情報股份有限公司出版，92 年 1 月。

所需,故得以排除金融控股公司法第 38 條及公司法第 167 條有關交叉持股禁止之適用, 但以解釋方式排除法律適用, 是否妥適, 值得商榷, 為求明確應以法律明文訂定排除, 或授權主管機關視實際之情形, 是否有害於公司之財務之健全及債權人、股東之權益而為彈性豁免規定為宜。❷

二、交叉持股之法律效果

依金融控股公司法第 38 條之規定, 金融控股公司之子公司、持子公司持有 20% 以上或具有控制性持股之孫公司, 不得持有金融控股公司之股份, 因此除非有法令規定之例外情形, 其違反之法律效果為何, 由於金融控股公司法並未明文規定, 因此應以取締規定視之, 不宜直接認定無效。至於行政機關可依法命其改善或處分以符合規定, 民事上若造成公司之損害, 其負責人自應負賠償責任。

第九節　風險控管與財務支援

金融控股公司既然以投資或管理被投資公司之經營為業務, 對於各子公司或轉投資公司之財務, 自應為適當之風險控管, 然由於金融控股公司轉投資之子公司涵蓋金融機構與非金融機構, 經營之業務性質亦各有所不同, 其風險高低差異性大, 從風險小且較為穩定之存放款業務, 到風險相對較高之期貨業務或創業投資業務, 如何調度資金與控管經營風險, 除法令規範外, 公司內控內稽制度之自我檢視亦顯相當重要, 也因此主管機關對於金融控股公司在各子公司間之風險區隔與財務相互支援上有嚴格之規範, 除平時要求應設置防火牆之規定外, 對於在有顯著事實可見風險事故

❷ 參照原財政部 92 年 6 月 23 日臺財融㈠字第 0928011000 號令, 對於金融控股公司之子公司或子公司持有已發行有表決權股份總數 20% 以上或控制性持股之投資事業, 因投資指數股票型基金 (ETFs), 執行 ETFs 實物申購買回機制而持有該金融控股公司之股份時, 得不適用金融控股公司法第 38 條之規定。

即將發生之緊急時刻，應有斷然之處置措施，以消弭整體集團系統風險發生之危機。

第一目　財務支援

由於金融控股公司之各子公司業務之進行，涉及存款人、被保險人、受益人及投資人之權益，金融控股公司在業務管理上對銀行子公司、保險子公司或證券子公司或其他轉投資公司，應協力維持其正常營運，金融控股公司之責任在於對於整體集團之財務業務健全之調配。而其能穩健營運之條件是建構在金融控股公司母公司企業之資本規模，因此，金融控股公司法第 56 條規定，金融控股公司之銀行子公司、保險子公司或證券子公司未達主管機關規定之最低資本適足性比率，或發生業務或財務狀況顯著惡化，以致不能支付其債務或有損及存款人利益之虞時，金融控股公司應協助其回復正常營運。

銀行子公司、保險子公司或證券子公司有財務業務顯著惡化之情形時，主管機關為確保公共利益或穩定金融市場之必要，得命金融控股公司履行增資或減持子公司之義務，或於一定期間內處分該金融控股公司持有其他投資事業之一部或全部之股份、營業或資產，所得款項，應用於改善銀行子公司、保險子公司或證券子公司之財務狀況。

第二目　風險控管

依美國聯邦準備理事規則之規定，當聯邦準備理事會 (Fed) 相信銀行控股公司之行為，或其控制非銀行之子公司之行為，嚴重危及銀行控股公司之銀行子公司之財務安全、健全經營及穩定，且不符銀行控股公司法或金融機構監督法之健全經營銀行業務原則時，得依據該國銀行控股公司法第 5 (e) 條之規定命其停止該行為或終止對非銀行子公司之控管，這種由銀行控股公司協力切割風險，並維持銀行子公司財務與業務管理實力處理之

方式，目的在維護存款人之利益，此乃為所謂之「實力本源原則」(Source of Strength Doctrine)。

我國金融控股公司法第 55 條規定，金融控股公司之投資事業，如有顯著危及銀行子公司、保險子公司或證券子公司之健全經營之虞者，主管機關得令金融控股公司於一定期間內處分所持有該投資事業之股份，或令金融控股公司降低其對銀行子公司、保險子公司或證券子公司持有之已發行有表決權股份或資本額，及直接、間接選任或指派之董事人數至不符控制性持股之規定，金融控股公司逾期為處分之股份，主管機關亦得依行政執行法第 27 條規定，委由第三人代為處分，或指定第三人強制代為管理至金融控股公司處分完畢為止，其費用，由金融控股公司負擔。

第三目　主管機關之行政行為

主管機關基於金融控股公司必須援助子公司之業務正常運作之需要，而必須適時以主動之行政行為方式介入金融控股公司之經營，然其發動行政行為之時機如何掌握，由於各子公司或被投資公司在調整其資源配置時，必然會因其處分資產或持股而造成股價之波動，或緊急處理時可能之損失，因此必須審慎為之。然此種行政行為是否為行政處分或行政指導，在法律規範上並不明確，若為行政處分，受處分對象之金融控股公司不得拒絕，由於是其行政權之作為並可能影響處分對象之金融控股公司之權益，其若有不服者，自可提出行政救濟之程序，然若將此種作為界定為行政指導，其為主管機關在職權或所掌理之事務範圍內，所為之協助、勸告、建議者，受命令之相對人得明確拒絕，主管機關並不得因此為不利相對人之處置，在解釋上，為適時阻斷金融危機之發生，並賦予主管機關之緊急處理權限，宜以行政處分視之。但主管機關在處分時，應注意行政程序法上所要求之平等及比例原則等之適用，以避免濫用。

第十節　金融控股公司內部治理機制

　　金融控股公司之內部治理機制,可透過自律方式防範違規事項於未然,而內部治理機制包括設立獨立之董、監事、建立內部控制、內部稽核與法律遵循制度等,其中獨立公益之董、監事可站在金融控股公司之投資股東或國家社會公益之立場監督公司業務之執行,法律遵循制度可事先諮詢,以過濾及防範違反法令之行為發生,而內部控制及稽核制度,可架構完整之運作體制,並能在定期不定期稽核下,發揮事後糾舉及糾正之導正效果,以確保該制度得以持續有效執行,健全公司經營,進而可保障整體金融控股集團之穩定經營,維護金融秩序與安全,故金融控股公司法第51條規定金融控股公司應建立內部控制及稽核制度,並授權主管機關訂定辦法作具體規範。準此,主管機關依授權配合於90年10月30日訂定發布金融控股公司內部控制及稽核制度實施辦法,以資為我國金融控股公司內部控制內部稽核及公司治理之依據。由於金融控股公司通常亦為公開發行股票公司或上市公司,公開發行有價證券之公司,其內控內稽為依證券交易法第14條之1所為授權訂定之子法,但金融控股公司具有業務之特殊性,故金融控股公司法就此規定應為證券交易法之特別法,應優先適用。

第一目　內部控制之目的與原則

一、目　的

　　內部控制之基本目的在於促進金融控股公司健全經營,並應由其董事會、管理階層及所有從業人員共同遵行,以達成促進金融控股公司營運效率、維護金融控股公司及其子公司資產安全、確保財務及管理資訊可靠性與完整性及遵守相關法令規章之目標❽。

二、內部控制之原則

金融控股公司內部控制制度應包括下列原則：

㈠由董事會應負責核准並定期覆核整體經營策略與重大政策，並對確保建立維持適當有效之內部控制制度負有最終責任之監督與控管文化。

㈡應建立有效可辨識且能持續評估對金融控股公司及其子公司整體目標之達成可能產生負面影響之重大風險制度。

㈢應設立完善之控制架構及訂定各層級之內控程序，以有效控制應有適當之職務分工及避免員工責任相互衝突之情事。

㈣金融控股公司應保有完整之財務、營運及遵行法令資訊，資訊應具備可靠性、及時性與容易取得之特性，並應建立有效之溝通管道。

㈤金融控股公司應持續監督內部控制之有效性，其發現之內部控制缺失應即時向適當層級報告，若屬金融控股公司及其子公司發生重大內部控制缺失應立即向高階管理階層及董事會報告，並應迅速採取改正措施。

第二目　內部稽核之目的與執行

一、目　的

內部稽核為事後之稽查追蹤，其在評估內部控制制度是否有效運作，及衡量營運之效率，並適時提供改進建議，以確保內部控制制度得以持續有效實施，協助董事會及管理階層確實履行其責任。

二、內部稽核之執行

㈠金融控股公司應訂定內部稽核之組織、編制與執掌，編撰內部稽核工作手冊及工作底稿，其內容至少應包括對內部控制制度各項規定與業務流程進行評估，以判斷現行規定、程序是否具有適當之內部控制，各單位

---

❻❸　參閱金融控股公司內部控制及稽核制度實施辦法第 3 條。

是否切實執行內部控制及執行內部控制之效益是否合理等，隨時提出改進意見。

㈡金融控股公司稽核單位應擬定年度稽核計畫，每年至少應辦理一次一般業務查核及一次專案業務查核。金融控股公司辦理一般業務查核，其內部稽核報告內容至少應揭露下列項目：

1.查核範圍、投資業務、股權管理、財務狀況、資本適足性、資產品質、重要法令規章之遵循、內部控制、利害關係人交易、金融控股公司所有子公司對同一人或同一關係人或同一關係企業授信、背書或其他交易風險之控管、共同行銷與客戶資料保密管理、資訊管理等。

2.金融檢查機關及內部稽核單位所提列之檢查意見或查核缺失，及內部控制聲明書所列應加強辦理改善事項之改善辦理情形。前述稽核報告應於查核結束日起二個月內函送主管機關。內部稽核報告、工作底稿及相關資料，至少應留存五年備查。

㈢金融控股公司應規劃金融控股公司及其子公司整體經營策略、風險管理政策與指導原則，各子公司應據以擬定相關業務之經營計畫、風險管理程序及執行準則。金融控股公司之銀行、證券及保險子公司應向金融控股公司呈報稽核計畫、董事會會議記錄、內部稽核報告所提重大缺失事項及改善辦理情形、會計師查核報告、金融檢查機關檢查報告或其他有關資料，由金融控股公司予以審核，並督導子公司改善辦理。

㈣金融控股公司每年應對金融控股公司及其子公司之財務及業務辦理一次全面性一般業務查核，並應出具金融控股公司及其子公司之合併內部稽核報告於查核結束日起二個月內函送主管機關，稽核報告及工作底稿至少應留存五年備查。金融控股公司之總稽核應定期對子公司內部稽核作業之成效加以考核，經報告董事會考核結果後，將其結果送子公司董事會作為人事考評之依據。

㈤金融控股公司稽核人員及遵守法令主管，對內部控制重大缺失或違法違規情事所提改進建議不為管理階層採納，將肇致金融控股公司重大損失者，均應立即通報主管機關。

第六章　金融資產與不動產證券化條例

第一節　前　言

　　資產證券化 (Asset Securitization)，證券大眾化，為直接向社會投資大眾籌集資金之重要管道，我國傳統之金融體系，乃以透過金融機構之中介參與，以收受存款、同業拆借、發行金融債券等方式，籌措資金，然後再間接提供予資金之需求者，並創造金融之流通，但金融中介機構在遇有清償期較長之借貸，加上提供存款之儲蓄者可能提前要求贖回或提領，因此可能導致流動性不足，甚至有擠兌發生之風險，為因應可能產生之經營風險，以致對金融之穩定性造成之隱憂，必須有相對之措施，故有需要藉由證券化之架構，將長期融資出去之債權，透過組裝分割為小單位之證券商品，經證券化之金融商品後，出售予社會上之一般投資人以籌集資金，預先回收債權，以增加流動性，再用以出借，就此一證券化之方式，投資人可選擇較高於一般存款利息報酬之證券化商品從事投資，金融機構於回收資金後，雖然以較高之利息或花費其他成本予以證券化組裝，其取得之報酬較低，但卻可先期取回債權之資金，作更有利之運用，並可改善資金結構，可謂兩蒙其利，同時也將固有金融機構運作之間接金融，與從資本市場取得資金之直接金融管道打通。我國金融資產證券化條例業於 91 年 6 月 20 日經立法院三讀通過，該法案之通過，象徵著傳統以銀行為主之間接金融，如今已可以與直接金融接軌，而將資產組合、包裝，發行證券化商品，暢通資金運用之流程。

　　另自民國 80 年房地產高峰期以來，近十餘年來國內不動產市場景氣欠佳，不僅對不動產業者產生衝擊，亦連帶影響相關產業，對國內經濟發展產生不利影響。於是迭有推動不動產證券化之建議，並列為 90 年經發會之共識，希望透過大眾化之資金籌措，以挹注不動產市場之活絡繁榮，惟欲於國內推動不動產證券化，除涉及證券化架構及機制建立外，尚需調整或補充現行證券交易法、民法、土地法及相關稅法等有關規定相當繁多，為

予以通盤解決，乃有制定專法之必要。

　　行政院財經小組於 90 年 12 月 13 日第 37 次會議決議，請經建會召集財政部、內政部等相關部會研議建立不動產證券化之法制後，經建會旋即委託理律法律事務所擬具「不動產證券化條例」草案，並於 91 年 2、3 月間，邀集相關政府單位及業者，就該草案密集召開 10 餘次會議。並於 91 年 3 月中旬將該草案函報行政院，並經行政院於 4 月 22 日以華總一義字第 09200134060 號令送請立法院審議，經立法院於 92 年 7 月 9 日三讀通過，並經總統於同月 23 日發布在案，惟當時考量避免有圖利特定人之疑慮，並將草案有關「開發」部分刪除，將尚待開發之不動產排除於證券化之列❶。

第二節　證券化之意義

第一目　金融資產證券化之定義

　　所謂金融資產證券化，係指金融機構將其可為證券化之汽車貸款債權、房屋貸款債權或其擔保物權、租賃債權、信託契約所生之受益權及其他經核定之債權等標的，透過重新包裝組合並細分為較小單位後，以發行有價證券方式出售之流程，金融資產證券化之過程，係由銀行、保險公司或證券業等其他金融機構，將本身所持有的住宅抵押貸款、汽車貸款、信用卡及應收帳款等多項貸款債權中，挑選出信用品質易於瞭解或具有標準特性，

---

❶　立法院當時考量開發型之不動產或不動產權利風險較高，發展初期不宜納入，同時也避免專為特定人解決不動產開發所需資金之困難而立法之疑慮，爰刪除開發部分之規定，然本條例實施至 93 年底以來，為活絡不動產市場及因應都市更新或其他不動產開發專案之需要，且不動產證券化市場已漸趨穩定成熟，故在各界期盼下乃有將積極開發型態之證券化列入開放及規範，該修正草案已於 94 年 6 月送行政院審議中。

而且可產生未來現金流量 (Cash Flow) 的資產，移轉或信託予受託機構（信託業）或特殊目的公司，將該資產重新包裝組合成為單位化、小額化之證券形式，發行各種不同種類或期限的受益證券或資產基礎證券，向受益人銷售以籌募資金，而此一證券化投資標的之不動產，包括土地、建築改良物、道路、橋樑、隧道、軌道、碼頭、停車場及其他具有經濟價值之土地定著物等，換言之即以募集或私募投資信託基金從事投資該標的；或將該標的及其所屬權利予以信託並細分為受益證券，向社會大眾募集或私募資金之投資方式。

第二目　不動產證券化之定義

而不動產證券化，則由受託機構之銀行、信託業或證券投資信託事業，依法令規定成立不動產投資信託或不動產資產信託，由受託人募集或私募受益證券成立基金，以從事投資不動產或不動產相關權利、不動產相關有價證券，或由委託人移轉其不動產或不動產相關權利予受託機構，並由受託機構發行用以表彰不動產資產信託權益之受益證券，向不特定人或特定公開招募或私募所需之資金，而此一證券化投資標的之不動產，包括土地、建築改良物、橋樑、隧道、軌道、碼頭、停車場及其他具有經濟價值之土地定著物等，換言之。即以募集或私募投資信託基金從事投資該標的；或該標的及其所屬權利予以信託並細分為受益證券，向社會大眾募集或私募資金之投資方式。

第三節　金融資產證券化條例之立法

第一目　金融資產證券化條例之立法

金融資產證券化條例之規範內容共分總則、特殊目的信託、特殊目的

公司、信用評等及信用增強、監督、罰則及附則等 7 章，共計 119 條條文。在我國金融資產證券化條例所規範之架構下，允許由受託機構之特殊目的信託 (Special Purpose Trust, SPT) 及特殊目的公司 (Special Purpose Company, SPC) 擔任受益證券及資產基礎證券之發行機構，並引進信用評等及信用增強制度，以保護投資人權益。同時為考量有效之監督，對於發行主體之受託人為信託業者，對涉及受益人重大權益事項得由信託監察人負責召集受益人會議並執行受益人會議決議，也賦予受託人得為訴訟上或訴訟外行為之權限；另外對於發行主體為特殊目的公司，由於其屬於發行之導管體，故需設立監督機構，負責監督特殊目的公司，並檢查特殊目的公司及服務機構之財務與業務事宜，監督機構亦得為訴訟上或訴訟外之行為並召集持有人會議及執行持有人會議決議等。

第二目　金融資產證券化條例之立法目的

金融資產證券化對整體之金融環境及投資而言，可以提高金融資產之流動性，促進金融市場資金運用之效率，並可增加新的金融商品提供投資人投資選擇之商品，對於金融機構而言，則可改善負債管理，分散資產風險，提高自有資本比率，降低資金成本，增加資金來源管道，以促進金融機構之專業分工，茲分述如下：

一、提高自有資本比率

依銀行主管機關對金融機構之資本適足性 (Capital Adequacy Requirement)、存款保險 (Deposit Insurance) 及存款準備 (Reserve Requirement) 等要求，為符合風險性資本 (Risked-Based Capital) 作為資本計算基礎之規定，金融機構為維持該項資本適足性之標準，必須提高其自有資本。而當金融機構透過證券化方式，將金融機構之債權等資產自其資產負債表中移出後，可增加自有資本之比率，符合各項條件要求之標準。

二、提高資產之流動性 (Liquidity)

金融資產證券化，係將原資產所隸屬之創始機構 (Originator) 之債權人得以將房屋貸款、汽車貸款、信用貸款等，依還款期程長而缺乏流動性之資產，加以組群化並分割後，透過證券市場由機構投資者或一般投資大眾持有，預先取回出借之資金加以運用，而無須等待期限屆至方能獲得償還，將可增加該資產之流動性。

三、提高金融市場及資金運用之效率

資產證券化，可透過將該資產與原債權人隔離 (Isolation of Assets) 之方式，降低投資人對原債權人信用風險之疑慮，使企業或其他之債權人得以運用資產證券化之方式，以較低成本取得融資，由於證券化之設計將該資產與原債權人分離，並由信用評等公司 (Rating Agency) 就該資產本身之品質優劣進行評估，透過信用增強之機制，可使該資產本身獲得較佳之信用評等，有利於企業自資本市場籌措之資金。另對於較低流動性之債權或催收較困難之不良債權，亦可透過資產證券化以私募方式出售予機構法人或專業投資人以改善逾放等之問題。

四、改善其資產負債管理 (Assets and Liabilities Management)

金融機構在收受存款或辦理放款之過程中，由於常以短期資金支應長期貸款，故在其資產負債結構中，存在有貸款之平均期限遠高於存款平均期限之缺口 (Maturity Gap)，另一方面貸款利率之調整，其機動性亦不如存款利率，形成所謂利率缺口 (Interest Gap)。故若存款到期提領，未再有其他資金回存時，易使銀行面對資金周轉不靈之窘境，而需拆借，當利率上升時，銀行將產生利息損失，而當利息下跌時，借款人將借新還舊，造成預期現金收益損失，準此，透過資產證券化將可使其中長期之放款減少，縮短資產負債間平均存續期間之差距，可降低金融機構之流動性風險，同

時可將因利率波動所產生之提前還本風險轉由投資大眾分擔，解決其資產與負債不平衡之現象 (Mismatch The Assets And Liabilities)，進而改善其資產與負債之管理。

第四節　金融資產證券化商品對證券市場之影響

謹分析金融資產證券化商品推行後，對證券市場可能產生的影響有下列五項：

一、促進證券市場多元化

以國外為例，除不良貸款證券化商品（Non-Performing Loan，簡稱 NPL）外，金融資產證券化商品一般均具有收益穩定且適合較長時間持有等特性。是以預計商品推出後，將增加投資人投資管道，使投資人投資組合更為穩健。

二、創造證券業業務多樣化

由於證券商可為創始機構、特殊目的公司、承銷商及投資者，故金融資產證券化商品推出後，不僅使投資人更多可選擇之投資工具外，亦可創造證券商業務之多樣化，並將迫使證券商提升承銷業務及投資分析能力，有助於競爭力之發揮。

三、法人資金之挹注

以國外為例，金融資產證券化商品主要投資者係以法人為主，而目前我國證券市場主要投資人為散戶。而金融資產證券化後，由於投資單位細分，可同時迎合自然人與法人之需求，是以預計本商品推行後，將有助於法人資金投入證券市場，如保險資金及退撫資金等。

四、提升證券市場專業服務重要性

由於金融資產證券化商品較為複雜，一般散戶對其產品內容及操作較不易瞭解，故未來可能使投資人更為仰賴證券市場專業服務機構之分析報告，甚至有助於投信事業及投顧事業全權委託業務之擴展。

五、提供金融相關行業籌措資金之好的資本市場

過去金融相關行業主要籌措資金管道為貸款或於資本市場增資，前者可能提高金融事業之資金成本，而後者可能產生股權稀釋之效果。金融資產證券化商品乃將資產未來應收現金流量結構化，經過組群、包裝及重組以及適當的信用增強後，以發行資產擔保證券的方式，劃分為標準的單位於初級市場出售，使得創始機構無需等到債權資產清償，即可先行回收資金，並降低持有資產之風險。此外，金融資產證券化將原本流動性較差的債權資產轉化為流動性高的證券型資產，可使受益證券或資產基礎證券發行人的資產負債管理靈活度加大，資金的流動性也增高。

第五節　金融資產證券化之外國立法例

事實上，金融資產證券化商品，或有將其連結 (Linked) 其他衍生性之商品稱之為結構性金融 (Structural Finance)，在國外已行之多年，甚至其發行量與流通市值規模在許多國家均高於國庫券、政府債券及公司債。以美國市場為例，於 2001 年金融資產證券化商品之發行量逾 2 兆美元，流通市值逾 5 兆美元；同期間政府國庫券及債券，發行量約 1.6 兆美元，流通市值約 6.8 兆美元；公司債發行量約 0.88 兆美元，流通市值約 3.8 兆美元。是以，金融資產證券化商品潛力很大，且為未來金融等行業資金運用暨理財之最佳工具之一。

美國早在 1970 年即發行了多項證券化之商品，其中以住宅抵押貸款債

權證券（Mortgage Backed Securities，簡稱 MBS）最具代表性，惟當時發行量及市場交易量均不大。直到 1980 年代，金融機構為了因應國際清算銀行之規制及企業為尋求資金多元化、低成本化，遂又發行了資產擔保證券（Asset Backed Securities，簡稱 ABS），促使金融資本市場之資金幾乎皆以證券型態募集。日本受到美國之影響發行此類金融商品，英國、澳洲於 1985 年開始實行住宅抵押貸款債權證券，甚至香港也於 1994 年首次發行住宅抵押貸款債權證券。由國際情勢觀之，證券化之潮流，實已邁向全球化。尤其在利率走低的情況下，更對資產證券化商品有推波助瀾之效果。

第六節　金融資產證券化之主要規範內容

　　金融資產證券化，係由擁有債權或權益之原始授信或資產創始機構 (Originator)，將其資產信託與特殊目的之受託機構 (Special Purpose Trust, SPT) 或讓與特殊目的公司 (Special Purpose Company, SPC)，透過金融中介機構或導管體的設計，將原來創始機構之應收債權和創始機構之破產風險加以隔離，然後再由受託機構或特殊目的公司以形式上發行人之角色，就原來之債權或權益篩選出未來會產生現金流量、信用品質易於預測或具有一定規格，如類似之期限、利率、債務人之屬性等加以分割及標準化，細分為單位化、小額化之有價證券方式，就信託資產細分為受益證券；或就受讓之資產細分為資產基礎證券，並透過證券市場募集、私募銷售予一般社會大眾之投資人或特定之專業投資者，而整個證券化之基本過程，為將金融資產轉化為有價證券之步驟，通常可分為六個程序來加以說明，即資產創始、組合包裝、信用增強、銷售、交易及事務處理或服務，謹分別就各步驟對證券市場的影響加以分析如後。

第一目　資產創始 (Origination)

依金融資產證券化條例規定金融業、保險業及證券業均得擔任創始機構，惟實務上，金融業及保險業由於業務性質之關係較具可預期現金流量之資產，並將其以證券化方式銷售予他人，而證券業在承銷、自營及經紀之業務，其是否需將長期債權轉化成流動性較佳之資金，較不具急迫性，故擔任創始機構之可能性較低。若以銀行業為例，其將資產加以包裝組合成證券化商品並加以出售後，可使原本屬較中、長期之資產轉為立即可使用之資金，而取得之資金又可進一步貸放出去，有助於資金之靈活運用，所以金融資產證券化商品之產生,將使銀行及保險業之資產更能靈活運用，並發揮最大資金效能，其流程及內容如下：

一、創始機構 (Originator)

創始機構為金融資產原持有之金融機構，其將金融資產信託與受託機構或讓與特殊目的公司，由受託機構或特殊目的公司以該資產為基礎，發行受益證券或資產基礎證券之金融機構或其他經主管機關核定之機構❷。而所謂之金融機構，指下列機構：

㈠銀行法所稱之銀行、信用卡業務機構及票券金融管理法所稱之票券金融公司。

㈡依保險法以股份有限公司組織設立之保險業。

㈢證券商：指依證券交易法設立之證券商。

㈣其他經主管機關核定之金融相關機構❸。

---

❷　參照金融資產證券化條例第 4 條第 1 項第 1 款規定。

❸　對於證券金融事業、證券投資信託事業或依其他法律所定之金融機構，若有需要透過證券化籌集資金，得依本規定依個案申請主管機關核定。

二、金融資產 (Financial Asset)

由於前述之證券化包括以金融資產信託或轉讓之方式，並以發行信託之受益證券或資產基礎證券來達到細分之證券化籌措資金之目的，故債權得為證券化，其他之財產權甚至非財產權而能以評價者皆得為證券化之標的，至於是否以現金流量 (Cash flow) 之資產為限，國外對於無現金流量之權益證券 (Equity) 亦有認為可以證券化，我國在證券化方行開放之初，原則上仍以現金流量之債權為限，依金融資產證券化條例第 4 條第 1 項第 2 款之規定，對於金融資產，係以由創始機構且有收益及處分權限之下列資產為限：

㈠汽車貸款債權或其他動產擔保貸款債權及其擔保物權。
㈡房屋貸款債權或其他不動產擔保貸款債權及其擔保物權。
㈢租賃債權、信用卡債權、應收帳款債權或其他金錢債權。
㈣創始機構以前三目所定資產與信託業成立信託契約所生之受益權。
㈤其他經主管機關核定之債權❹。

第二目　組織架構

由於金融資產證券化條例同時採用公司型態及信託型態之創設及隔離風險之樣態，包括特殊目的之受託機構 (SPT) 及特殊目的公司 (SPC) 兩架

❹ 證券化標的之商品是否必須以債權為限，由於國外立法例有以股權 (Equity) 商品為標的者，例如具有固定收益可贖回、不可轉換、無盈餘分配權利之特別股亦可加以證券化，我國若要開放此類商品之證券化，宜以透過主管機關之認定或修法將其範圍擴大。行政院金管會於 95 年 1 月 20 日以金管銀㈣字第 09585000910 號令，發布符合一定條件之債權，可作為本款由主管機關認定之債權，包括國內公司債、國內金融債券、金融證券化條款之受益證券及資產基礎證券、不動產證券化條例之不動產資產信託受益證券、國內特別股、外國政府債券、外國公司債、外國證券化債券及外國保本型連動債券、但國內公司債、金融債券及外國公司債不得包含股權連結者。

構，而特殊目的公司需由金融業組成，亦可由第三人設立，故銀行、保險及證券業均得申請籌設特殊目的公司，發行資產基礎證券。而特殊目的之受託機構則由金融機構之信託業者擔任，將其主要任務、業務內容及對投資人之保護等說明如下。

一、特殊目的公司

(一)主要任務

特殊目的公司為經主管機關許可設立，以經營資產流動化業務為目的之股份有限公司,其主要任務為受讓金融資產以隔離創始機構之經營風險，並發行資產基礎證券以取得資金，而資產基礎證券除短期票券之外，為證券交易法第 6 條之有價證券，其為公開募集發行之資產基礎證券者，應向證券主管機關申請核准，惟該有價證券欲申請上市上櫃，必須先依規定公開募集,但其應募人只限制向特殊專業機構投資者或符合特定條件之 35 人以下者，則為私募情形，無論公開招募或向特定人私募，皆應遵守金融資產證券化條例之規定，惟其仍為證券交易法第 6 條所定之有價證券，故若有涉及在集中市場為詐欺或炒作等行為者，由於該有價證券上市上櫃，所以證券交易法第 20 條、第 155 條、第 171 條及第 174 條之規定亦有適用。

(二)業務內容

特殊目的公司在原設計上係以導管體之角色，將創始機構之債權區隔風險，透過信用增強或信用評等機制，將金融資產轉化為有價證券，故業務之內容上宜盡量單純化，以降低特殊目的公司之經營風險，在國外有認為僅是導管體而已，募集或私募完成後，可隨同消滅，也因此 SPC 應將金融資產委由信託業或他人為管理處分，且不得辦理資產證券化業務以外之其他業務，同時為控管風險，所以限制閒置資金之運用，且原則上不得借入款項，而在國外案例通常一家 SPC 僅能進行一項資產證券化計畫，但我國允許其得發行不同種類及期間之資產基礎證券。

(三)投資人保護機制

特殊目的公司為金融資產在管理、處分及保管之暫時存放機構，為保

護資產基礎證券之持有人權益，故應設置資產基礎證券監督機構，並規定該機構之監督權限，SPC 應就資產之管理及處分情形，定期向資產基礎證券監督機構作成報告書並公告，同時 SPC 每年應編製年報及財務報告。另外基於特殊目的公司導管體之特質，必須賦予監督機構有較堅強之監督機能，故監督機構得召集持有人會議、得請求資產基礎證券發行者之 SPC 報告其業務及財務狀況、得請求閱覽、影印或抄錄 SPC 編製之報告書及財務報告。

二、特殊目的信託

㈠主要任務

　　所謂特殊目的信託 (SPT)，係以資產證券化業務為目的而成立之信託，在功能上透過信託之受託機構使受託資產以隔離創始機構之經營風險，其以金融資產為信託財產，發行受益證券，該受益證券為證券交易法第 6 條之有價證券，受託機構應向主管機關申請辦理特殊目的信託及發行受益證券，受託機構得發行不同種類或期間之受益證券，至於受益證券之募集與發行亦準用 SPC 資產基礎證券相關之無實體發行、公開募集及私募之申請程序等規定。

㈡業務內容

　　受託機構辦理證券化應向主管機關申請核准，而對於金融資產信託後，該信託財產限制閒置資金之運用。且原則上不得借入款項，然為考量創始機構對業務較為熟稔，故受託機構得將資產委由創始機構等機構為服務機構，並為資產之管理處分。

㈢投資人保護機制

　　受託機構得選任或經由受益人會議選任特殊目的信託監察人，為受益人之權益，行使權利及履行義務，少數受益人得請求召集受益人會議、得請求特殊目的信託監察人行使其權利、得向受託機構請求閱覽、抄錄或影印相關文書及表冊，反對資產信託證券化計畫變動之受益人得請求受託機構以公正價格收買其受益權。

第三目　資產之選定與申請或申報

一、資產之選定

　　證券化係將類似債權或標的之貸款資產，包括存續期限、利率、債務人屬性、貸款占擔保品價值之比率、提前還本或逾期機率等之條件，予以篩選、分類、彙整並予以分割及標準化，而選定這些相類似之證券化標的稱之為群組 (Pool)，在選擇之過程中由於群組牽涉現金流量的分析，通常會有專業機構提供精算與安排，故有所謂規劃安排機構 (Arranger) 之參與協助，安排機構可由銀行、證券商等具有專業經驗之金融機構擔任。規劃安排機構並可提供後續的發行結構、銷售、法律及稅務等專業之諮詢。在此一階段之行為中，涉及證券化計畫之提出與金融資產之移轉。

二、募集與發行之申請核准或申報生效

　　由於證券化後之受益證券或資產基礎證券，在募集過程係向不特定社會大眾為公開勸誘買賣，為使投資人有充分揭露之訊息可資為投資判斷與決定之參考，因此參照證券交易法第 22 條規定有價證券募集之程序，除必須準備公開說明書件外，並應先取得主管機關之核准，或向主管機關申報生效後始得為之❺，各該提出之書件，需先由主管機關、專家及公正人士之審查及過濾，以保護投資人之權益，故現行金融資產證券化條例第 9 條、第 10 條、第 73 條及第 74 條規定必須踐行之法定程序如下。

㈠申請核准或申報生效

　　受託機構或特殊目的公司公開募集發行受益證券或資產基礎證券，應分別依金融資產證券化條例第 9 條及第 73 條規定檢具申請書或申報書及

---

❺　證券交易法第 22 條第 1 項之規定，於 95 年 1 月 11 日修正後，已採單一之申報生效制，但金融資產證券化及不動產證券化條例並未一併調整，仍採行申報生效與核准制之折衷制。

下列文件，載明有關事項，向主管機關申請核准或申報生效❻，非經申請核准或申請生效，不得發行：

　　1.資產或資產信託證券化計畫。

　　2.特殊目的信託契約書、受讓資產之契約書或其他證明文件。

　　3.特殊目的公司之名稱、公司章程、所在地、董事之姓名及住所、董事會決議之日期及其證明文件等。

　　4.其為信託移轉者，信託財產之管理及處分方法說明書。如委任服務機構管理及處分信託財產時，該委任契約書或其他證明文件。

　　5.受讓資產之管理及處分方法說明書。如委任或信託與服務機構管理及處分受讓資產時，該委任或信託契約書或其他證明文件。

　　6.有關之避險計畫與文件。

　　7.其他經主管機關規定之文件。

㈡證券化計畫之提出

　　金融資產信託證券化之進行，應依金融資產證券化條例第 10 條及第 74 條規定擬訂計畫，明定各參與者 (Participant) 與其相互間之權利義務，並規劃其相關執行之細節，該計畫應記載下列事項：

　　1.創始機構之名稱、地址。

　　2.特殊目的信託契約之存續期間。

　　3.信託財產或受讓資產之種類、名稱、數量、價額、平均收益率、期限及信託或受讓時期。

　　4.資產證券化計畫之執行期間及相關事項。

　　5.與受益證券有關之下列事項：

---

❻　行政院金管會於 95 年 1 月 26 日決議通過修正，將原隸屬於金融局及證期會依金融資產證券化條例第 17 條及第 101 條規定，授權訂定之「受託機構發行受益證券特殊目的公司發行資產基礎證券處理準則」與「受託機構公開招募受益證券特殊目的公司公開招募資產基礎證券處理準則」，合併為「受託機構發行受益證券特殊目的公司發行資產基礎證券處理準則」，並採單一受理窗口。該準則於 95 年 3 月 6 日以金管銀㈣字第 09500030020 號令發布。

⑴信託財產本金或其所生利益、孳息及其他收益分配之方法。

⑵發行各種種類或期間之受益證券，其本金持分、收益持分、受償順位及期間等事項。

6.資產基礎證券之總金額、票面利率或權利內容，以及本金、利益、孳息或其他收益償還或配發之時期及方法。如有發行不同種類或期間之資產基礎證券者，其就特殊目的公司所受讓之資產或其所生之利益、孳息或其他收益，所得受償之順位。

7.信託財產或受讓財產管理處分之方法，與受委任管理及處分該財產之服務機構。

8.受託機構、信託監察人或監督機構之名稱、職權及義務。

9.為處理特殊目的信託事務或經營資產證券化計畫業務，所為借入款項及費用負擔之相關事項。

10.如有信用評等或信用增強者，其有關證明文件。

11.信託財產或受讓財產之評價方法、基本假設及專家意見。

12.為發行資產基礎證券所支出之必要費用及其攤銷方式。

13.其他主管機關規定之事項。

第四目　資產之移轉

在選定證券化資產完成證券化計畫，及申請主管機關核准或申報生效後，即可進行證券化標的資產之移轉，而經證券化資產自創始機構原所有資產中分攤，以達成所謂破產隔離之目的，此一過程通稱為真實出售 (True Sale)，其目的在將原資產持有人本身之風險與該資產分離，使得證券化後商品之信用風險不受創始機構的影響，投資人為證券化後商品之有價證券持有者 (Securities Holders)，對能產生現金流量之證券化標的資產，取得優先之受償權 (A Claim of the Highest Priority Against the Assets)。準此，創始機構需將該資產移轉給第三者之受託機構或特殊目的公司，以有效區隔原資產擁有者發生破產或財務面臨問題時 (Bankruptcy or Insolvency) 的風

險。

一、真實出售

　　證券化標的之金融資產信託或讓與給受託機構或特殊目的公司，證券化後資產則由受託機構或特殊目的公司實質支配、控制，至於該資產之經營已脫離原創始機構，故得以排除創始機構之債權人對於該資產的請求或主張。對於以特殊目的信託方式進行證券化時，依一般信託之概念，受託人將財產權移轉或為其他處分，受託人有依信託本旨，為管理或處分信託財產，所以信託財產無論在形式上之名義上，或實質之處分運用權限方面，已經移轉給受託機構，可達到移轉之效果，但對於特殊目的公司方式在進行證券化之財產移轉過渡期間，其是否已真實買賣在認定上較不容易，為避免虛偽詐欺之情事發生，故金融資產證券化條例有必要作進一步之規範，依第 83 條第 1 項規定,創始機構與特殊目的公司應於資產證券化計畫所載之受讓期間內，辦理資產之移轉手續，不得有拖延或虛偽之行為，同條第 2 項及第 3 項規定，前述資產之移轉，其會計處理應符合一般公認會計原則，及對於依證券化計畫取得資產讓與之對價者，推定為具有真實買賣性質。

　　另有關信託財產之登記過戶依各該標的之公示登記法令規定，公開發行公司公司債信託之公示登記，得以載明委託人之創始機構與受託機構就公司債為信託轉讓合意之本旨，信託關係人包括委託人、受託人、受益人、信託監察人等及信託財產之名稱、編號、數量等重要明細以簡式之信託契約代替即可。

二、債權之移轉

　　債權人對於債權之讓與，通常由於不影響債務人之權利義務，故原則上僅需通知債務人即生效力，依民法第 297 條第 1 項規定，債權之讓與，除法令另有規定外，非經讓與人或受讓人通知債務人，對於債務人不生效力。準此，金融資產之債權為信託或讓與時，若依民法之規定尚須一一通

知債務人，其讓與始對債務人發生效力，惟證券化標的之債權可能分散於眾多之債務人，若要先行一一通知債務人始生效力，則其作業繁複將導致證券化成本增加，並不利證券化運作之執行，因此金融資產證券化條例於第 5 條及第 6 條規定，其得以公告方式代替通知，其內容如下：

(一)對第三人之公告

創始機構應於主管機關核准或申報生效後，資產信託或讓與前，將其依規定信託與受託機構或讓與特殊目的公司之主要資產之種類、數量及內容，於其本機構所在地日報或依主管機關規定之格式、內容及方式連續公告三日。創始機構不依前述規定公告或公告不符主管機關之規定者，不得以其信託或讓與對抗第三人。

(二)對債務人之公告

創始機構依規定將資產信託與受託機構或讓與特殊目的公司時，債權之讓與，除有下列情形外，非通知債務人或向債務人寄發已為前述(一)所定公告之證明書，對於債務人不生效力：

1.創始機構仍受受託機構或特殊目的公司委任或信託擔任服務機構，向債務人收取債權，並已依前述(一)規定為公告者。

2.創始機構與債務人於契約中約定得以其他方式，取代通知或寄發前述(一)所定公告之證明書者。

3.創始機構將資產信託與受託機構或讓與特殊目的公司時，若其中之債權約定，第三人得承擔其債務人之債務者，由於須經債權人之承認，故對於民法第 301 條所定之承認，創始機構與債務人得於契約中約定以其他方式代之。

(三)擔保物權之移轉

擔保債務履行之物權或附隨權利在證券化之過程，其債權信託移轉予受託機關或轉讓予特殊目的公司之際，依民法第 295 條規定，讓與債權時，該債權之擔保及其他從屬之權利，隨同移轉於受讓人，對於未支付之利息，推定隨同原本移轉於受讓人。因此金融資產證券化條例施行細則第 17 條及第 19 條明定,對於擔保物之保險及最高限額抵押權亦隨同移轉予受託機構

或特殊目的公司❼。

1.擔保物之保險

依資產信託證券化計畫或資產證券化計畫，就所信託或讓與資產中之擔保物權，其擔保標的物附有保險者，該創始機構享有該保險之利益隨同擔保物權信託移轉或讓與變更為受託機構或特殊目的公司，無須保險契約當事人之同意。惟受託機構或特殊目的公司應將此一移轉通知保險人。

2.最高限額抵押權

創始機構將最高限額抵押權所擔保之債權，依資產信託證券化計畫或資產證券化計畫之信託或讓與，檢具主管機關之證明、債權額決算確定證明書及相關契約文件者，其最高限額抵押權即轉為一般抵押權，隨同移轉予受託機構或特殊目的公司，無須債務人或抵押人同意或會同申請移轉登記，另外依動產擔保交易法第 16 條第 2 項所定之動產抵押契約❽，亦同。

第五目　金融資產之包裝與分割

對於選定進行證券化之標的後，必須就該金融資產移轉，而移轉為透過資產之分割為真實出售 (True Sale)，以隔離創始機構之破產風險 (Bankruptcy Remote)，使原創始機構可能因其他債務不能清償或發生破產時，證券化持有該受益證券或資產基礎證券之投資人，在資產隔離後，不至於因證券化標的之金融資產被列入，創始機構之破產財團而被追償分配，投資人由於權益受安全保障，方有信心從事投資，移轉後之金融資產要進入架構與包裝 (Structuring) 之程序，由受託機構 (Trustee) 或規劃安排機構 (Ar-

---

❼　尤其對於最高限額抵押權部分，對於尚未發生或確定之債權，於將來確定或發生時，產生擔保之效果，明定隨同移轉，此一規定固然對於金融資產證券化之順利推展有所幫助，但其以施行細則規範權利義務事項似有所不妥，宜以法律明文於修法時增訂之。

❽　動產抵押契約，若訂定以一定期間內所發生之債權作為擔保之債權者，其依契約所載明擔保債權之金額，應為原本及利息之最高金額。類似不動產物權之最高限額抵押權。

ranger) 就資產池 (Pool) 中之資產群組內容或其他主客觀因素加以設計，細分為有價證券，並對於證券化商品之證券種類、等級、清償期限、付款條件、計息方式或違約風險等加以規劃計算。

第七節　金融資產證券化之參與者

從前述證券化之流程，可知金融資產證券化從創始機構對金融資產之選定，移轉金融資產與受託機構或特殊目的公司，再由規劃安排機構之參與組裝分割，為有價證券或短期票券，經由信用增強或信用評等機構為信用評等，再交由簽證機構簽證，並由承銷商之包銷、代銷，或由證券商、銀行等為銷售機構，將證券化之商品出售予投資人持有，甚至對於證券化有關債權債務收取本息、執行催收、對帳等提供服務之服務機構 (Servicer) 等，透過一連串之過程交織而成，其參與者眾多，而金融資產證券化條例對於各參與者所扮演之角色與功能皆有進一步之規範，於此加以說明如後。

第一目　創始機構

創始機構 (Originator) 為證券化標的之原始金融資產提供者，並將該資產真實出售 (True Sale)，故金融資產證券化條例第 4 條第 1 項第 1 款規定，稱創始機構指依規定將金融資產信託與受託機構或讓與特殊目的公司，由受託機構或特殊目的公司以該資產為基礎，發行受益證券或資產基礎證券之金融機構或其他經主管機關核定之機構，因此係以金融機構及其他經核定擁有金融資產之機構，而所謂之金融機構，依同條項第 12 款規定，包括銀行法所稱之銀行、信用卡業務機構及票券金融管理法所稱之票券金融公司；依保險法以股份有限公司組織設立之保險業；依證券交易法設立之證券商及其他經主管機關核定之金融相關機構，而創始機構在證券化之過程中其應配合事項及有關之權利義務如下：

一、資產移轉之公告

創始機構應於資產信託或讓與前，將其依規定信託與受託機構或讓與特殊目的公司之主要資產之種類、數量及內容，於其本機構所在地日報或依主管機關規定之方式連續公告三日。而公告為對抗第三人之要件，故創始機構不為公告或公告不符主管機關之規定者，不得以其信託或讓與對抗第三人。

二、通知債務人或寄發已為公告之證明書

創始機構將資產信託與受託機構或移轉讓與特殊目的公司時，該債權之讓與，除創始機構仍受委任或信託為服務機構，或與債務人於契約中另有約定外，非通知債務人或向債務人寄發已為公告周知之證明書者，對於債務人不生效力。

三、提供受託機構或監督機構相關資料

創始機構有依證券化計畫,提供信託財產或受讓資產相關資料之義務，其對債務人之客戶相關資料之提供，不受銀行法有關保守秘密之限制，但應僅限於證券化所必要者，故受託機構、特殊目的公司、信託監察人、監督機構、服務機構及其負責人或職員，就所知悉之客戶往來、交易或其他相關資料，除法律或主管機關另有規定者外，應保守秘密。

四、利益衝突之防範與迴避

由於創始機構是提供金融資產為證券化者，其資產之好壞知之最稔，為避免以不良資產充當證券化之標的，並為虛偽隱匿，予以證券化轉為投資人持有，造成欺騙投資人之情事發生，故在金融資產證券化條例第 9 條第 4 項、第 5 項及同法第 73 條第 4 項、第 5 項規定，創始機構與受託機構、特殊目的公司，不得為同一關係企業，且創始機構應將信託或受讓財產相關書件及資料，提供受託機構或特殊目的公司，不得有虛偽或隱匿之情事，

違反者，對於證券取得人或受讓人所受之損害，應負賠償之責任，另外對於特殊目的信託之架構中，其設有信託監察人者，其創始機構不得擔任信託監察人。

五、配合移轉資產之義務

受託機構或特殊目的公司於發行受益證券或資產基礎證券後，創始機構應於資產證券化計畫所載之受讓期間內，辦理資產之移轉手續，不得有拖延或虛偽之行為，在計畫執行期間內，並應陸續依規定將資產移轉受託機構或特殊目的公司。

第二目　特殊目的信託之受託機構

為證券化而設計之特殊目的信託與特殊目的公司，本為證券化標的資產由創始機構分散移轉於投資人導管體 (Corduil)，同時投資人應募之資金亦經此一導管體交付與創始機構，而特殊目的信託之所以有別於一般之信託或信託業法所定之信託，乃考量證券化過程中該受託機構必須擔負有特殊之功能，其法律定位及權利義務可分述如下：

一、受託機構之資格條件

受託機構就所接受移轉之信託財產，依證券化計畫及契約之本旨為管理、處分及運用，由於證券化為專業服務，故依金融資產證券化條例第 4 條第 2 項規定，受託機構必須以信託業法所稱之信託業，並經主管機關認可之信用評等機構評等達一定等級以上者始得為之。至於所稱信用評等機構及信用評等達一定等級以上規定如下：

(一)金融資產證券化條例第 4 條第 2 項及第 102 條所稱「經主管機關認可之信用評等機構」如下 ❾：

1. Standard & Poor's Corporation。

---

❾　參閱原財政部 92 年 10 月 30 日臺財融㈣字第 0924000966 號令。

2. Moody's Investors Service。

3. Fitch Ratings Ltd.。

4.中華信用評等股份有限公司。

5.英商惠譽國際信用評等股份有限公司臺灣分公司。

6.穆迪信用評等股份有限公司。

㈡金融資產證券化條例第 4 條第 2 項所稱「一定等級以上」，指信託業之信用評等等級符合下列情形之一：

1.經 Standard & Poor's Corporation 評定，長期債務信用評等達 BBB–級以上，短期債務信用評等達 A–3 級以上。

2.經 Moody's Investors Service 評定，長期債務信用評等達 Baa3 級以上，短期債務信用評等達 P–3 級以上。

3.經 Fitch Ratings Ltd. 評定，長期債務信用評等達 BBB– 級以上，短期債務信用評等達 F3 級以上。

4.經中華信用評等股份有限公司評定，長期債務信用評等達 twBBB–級以上，短期債務信用評等達 twA–3 級以上。

5.經英商惠譽國際信用評等股份有限公司臺灣分公司評定，長期債務信用評等達 BBB– (twn) 級以上，短期債務信用評等達 F3 (twn) 級以上。

6.經穆迪信用評等股份有限公司評定，長期債務信用評等達 Baa3.tw級以上，短期債務信用評等達 TW–3 級以上。

㈢金融資產證券化條例第 14 條第 3 項第 4 款及第 87 條第 4 款所稱「一定評等等級以上」及「一定等級以上」，指商業票據（票券金融管理法第 4 條第 1 款第 3 目所稱之本票或匯票）之保證銀行、承兌銀行、發行人或該商業票據之信用評等等級符合下列情形之一：

1.經 Standard & Poor's Corporation 評定，短期債務信用評等達 A–3 級以上。

2.經 Moody's Investors Service 評定，短期債務信用評等達 P–3 級以上。

3.經 Fitch Ratings Ltd. 評定，短期債務信用評等達 F3 級以上。

4.經中華信用評等股份有限公司評定，短期債務信用評等達 twA–3 級以上。

5.經英商惠譽國際信用評等股份有限公司臺灣分公司評定，短期債務信用評等達 F3 (twn) 級以上。

6.經穆迪信用評等股份有限公司評定，短期債務信用評等達 TW–3 級以上。

二、受託機構應遵守之規定

㈠不得任意變更資產信託證券化計畫

信託證券化之計畫事關證券化後投資人之權益，不得任意變更，故金融資產證券化條例第 11 條第 1 項規定，受託機構於發行受益證券後，非經受益人會議決議及申經主管機關核准或向主管機關申報生效，不得變更資產信託證券化計畫。但其變更對受益人之權益無重大影響者，申經主管機關核准或向主管機關申報生效後即得變更之。

㈡不得以信託財產借入款項

為確保能依證券化計畫進行及避免擴大財務槓桿之運用以加大操作之風險，故金融資產證券化條例第 14 條規定，除非資產信託證券化計畫另有規定者外，受託機構不得以信託財產借入款項。而依資產信託證券化計畫所定借入款項之目的，應以配發利益、孳息或其他收益為限。另對於特殊目的信託中屬於信託財產之閒置資金，其運用範圍並明定以下列各款規定為限：

1.銀行存款。

2.購買政府債券或金融債券。

3.購買國庫券或銀行可轉讓定期存單。

4.購買經主管機關規定一定評等等級以上銀行之保證、承兌或一定等級以上信用評等之商業票據。

5.經主管機關核准之其他運用方式。

㈢備置信託契約及相關書件以供閱覽

受託機構於證券化後，其委託人實質上已轉化為有價證券所持有之受益人，因此為踐行充分揭露相關資訊之必要，故金融資產證券化條例第 34 條規定，其應於本機構備置特殊目的信託契約書之副本或謄本及受益人名冊，且就各受益人、信託監察人或因受託機構處理特殊目的信託事務所生債務之債權人，得請求閱覽、抄錄或影印前項之文書。

(四)編製相關報表

為提供受益證券持有人有關財務業務進行之參考資訊，金融資產證券化條例第 36 條規定,受託機構應分別於每營業年度終了及資產信託證券化計畫執行完成後四個月內，就特殊目的信託之信託財產作成下列書表，向信託監察人報告，並通知各受益人：

1. 資產負債表。
2. 損益表。
3. 信託財產管理及運用之報告書。

(五)不得任意解任

受託機構雖僅是導管體，但其為形式上之受益證券發行人，必須擔負保護受益人權益之責任，依金融資產證券化條例第 47 條規定，受託機構非經受益人會議之決議不得辭任，但有不得已之事由時，得聲請法院許可其辭任。但受託機構行為不當或違反法令、特殊目的信託契約、違背其職務或有其他重大事由時，受益人會議得決議將其解任；法院亦得因持有本金持分總數十分之一以上受益人之聲請將其解任。但因其解任必須考量證券化後受益人之權益，故除特殊目的信託契約另有約定外，受益人會議得指定新受託機構；法院亦得因持有本金持分總數十分之一以上受益人之聲請，選任新受託機構。前開決議應有表決權總數二分之一以上受益人之出席，出席受益人表決權三分之二以上之同意行之。

第三目　特殊目的公司

特殊目的公司 (Special Purpose Company, SPC) 亦為金融資產證券化之

導管體，創始機構將其金融資產移轉讓與特殊目的公司，並以特殊目的公司為發行主體 (Legal Entity) 發行資產基礎證券，而資產基礎證券之持有人對於證券化標的之資產，該資產雖形式上所有權由特殊目的公司所擁有，然特殊目的公司本身並無經理人員及資產管理之功能，故須再由特殊目的公司將該資產信託予創始機構以外之服務機構代為管理及處分❿，但其為證券持有投資人之最大擔保，也由於資產基礎證券之性質並非該特殊目的公司之股份，而屬於債券 (Bond) 性質，故其持有人為債權人並非公司股東，對證券持有之投資人較有保障，所以金融資產證券化條例第 4 條第 1 項第 2 款第 5 目在定義特殊目的公司時，以其為經主管機關許可設立，以經營資產證券化業務為目的之股份有限公司，以別於有限公司設立以營利為目的且以股東利益為主之規定。基於此一導管體之特性，金融資產證券化條例對於特殊目的公司之設立及權利義務之規範，可簡要說明如下：

一、特殊目的公司之設立

㈠資本額、發起人之限制

特殊目的公司以專業經營資產證券化業務為目的，由於業務單純，其資產風險及責任亦與創始機構隔離，其違約之損害自由證券持有人負擔，故其實收資本額為新臺幣 10 萬元，發起人之出資以現金為限，而其組織型態為股份有限公司，其章程所載之股份總數不得分次發行，股東人數以一人為限，並以金融機構組織設立，以股東有限責任方式，切斷與金融機構之風險，同時為考量利益衝突之迴避，參與轉投資設立特殊目的公司之金融機構，其不得與創始機構為同一關係企業。

㈡以單一證券化案件為限

特殊目的公司為過渡性之導管體，故為配合經營證券化之業務，應以單一資產證券化計畫為限，且在證券化計畫執行完成後，即可解散。惟同一金融機構為考量其證券化之需要，得設立不同之特殊目的公司。

❿　依金融資產證券化條例施行細則第 22 條規定，特殊目的公司不得將受讓資產之管理及處分，信託創始機構代為處理。

(三)設立之程序

　　特殊目的公司為許可事業，必須經主管機關之許可始得營業，至於其設立之程序，則與其他許可行業同，必須先擬具營業計畫書件與取得籌設許可，再辦理公司登記，然後申請營業許可證照，於取得證照後始得為營業。

(四)排除部分公司法之適用

1.政府或法人當選董監事之規定

　　公司法第 27 條規定政府或法人為股東時，得以政府或法人身分當選董、監事，然後再指派自然人代表行使職務，亦得以指派自然人代表分別當選為董事或監察人，政府或法人並得隨時改派之，特殊目的公司本身業務較為單純，故無此一規定適用之必要。

2.授權資本制及募集設立

　　特殊目的公司僅為證券化過程之導管體，業務較為簡單且資本額小，故不適用公司法第 130 條、第 131 條第 1 項、第 132 條至第 139 條、第 141 條至第 149 條、第 151 條至第 153 條有關章程應行記載事項，及公開募集設立與授權資本制之相關規定❶。

3.有關股票之印製、過戶等股務事項

　　由於特殊目的公司為資產證券化之導管體，其股份並無發行股票之必要，同時亦無發行特別股之實益，故公司法上有關特別股、股份之共有、股票之發行及製作、股票之過戶、無記名股票之發行等規定，自無適用之餘地，故金融資產證券化條例第 61 條規定，公司法第 156 條第 1 項後段「一部分得為特別股；其種類，由章程定之」、第 2 項至第 7 項、第 157 條至第 169 條之規定，於特殊目的公司，不適用之，另第 5 章第 7 節及第 8 節有關公司債及發行新股之規定亦不適用之。

4.有關董事、監察人之選任事項

　　由於特殊目的公司為一人公司，故公司法第 5 章第 3 節有關股東會之規定不適用之，且在證券化過程中又有監督機構之設置，故公司法有關董

---

❶　參見金融資產證券化條例第 58 條規定。

事、監察人之相關規定自應予以排除，依金融資產證券化條例第 67 條及第 71 條規定，公司法第 192 條第 1 項、第 2 項、第 193 條至第 201 條、第 203 條至第 212 條、第 214 條及第 215 條之規定，於特殊目的公司之董事，不適用之；第 216 條第 1 項、第 2 項、第 217 條、第 217 條之 1、第 218 條之 2、第 227 條所定有關第 214 條之規定，於特殊目的公司之監察人，不適用之。

二、特殊目的公司財務業務之管理

特殊目的公司經營之好壞，會影響到資產基礎證券之持有人權益，故在財務業務之管理上儘量讓其單純化，避免財務操作之擴大信用可能產生之風險，金融資產證券化條例規定其管理要項如下：

㈠不得兼營他業

特殊目的公司除得經營證券化業務外，不得兼營他業，亦不得由他業兼營。

㈡不得借入款項及提供擔保

特殊目的公司除法律或資產證券化計畫另有規定者外，特殊目的公司不得借入款項。但其例外情形需借入款項者，應以依資產證券化計畫配發或償還利益、本金、利息或其他收益為限，並經全體董事同意後為之。另外特殊目的公司亦不得為任何人保證或背書❶❷。

㈢分別設帳管理

特殊目的公司應按資產證券化計畫，就不同種類或期間資產基礎證券之發行條件，分別設置帳簿，就所受讓資產之管理及處分情形作成紀錄，計算其損益及分配金額，並應定期就受讓資產之帳面餘額、已收回之本金或其他利益、待催收與呆帳情形及其他重大訊息，作成報告書，向監督機構報告，並通知各資產基礎證券持有人❶❸。

㈣申報相關報表

---

❶❷　參見金融資產證券化條例第 88 條及第 89 條規定。

❶❸　參見金融資產證券化條例第 91 條規定。

特殊目的公司並非公開發行股票公司，但其可能公開發行或私募資產基礎證券，因此應比照公開發行股票公司編製相關報表，依金融資產證券化條例第 92 條第 1 項及第 2 項規定，特殊目的公司每會計年度終了，應編年報，並應將經監察人查核之營業報告書及財務報告，於董事決議通過後十五日內，向主管機關申報及送交監督機構。特殊目的公司公開招募資產基礎證券者，並應適用證券交易法第 36 條之規定辦理申報及公告。

第八節　信用增強 (Credit Enhancement)

第一目　意義與規範

金融資產證券化之標的，於創始機構真實出售 (True Sale) 移轉於受託機構或特殊目的公司後，該資產與創始機構產生破產隔離，雖該破產隔離有保護證券化後證券持有人之權益，免於證券化標的之金融資產被列入創始機構破產時之破產財團被分配，但卻也讓在信用可能較強之創始機構脫卸資產品質擔保之責任，因此證券化後證券商品持有人在受託機構及特殊目的公司亦為導管體，不可能擔負太大責任之情況下，如何尋求有利之保障，則為證券化得否順利推動與建立投資人信心之關鍵，於此只有仰仗信用增強制度。

通常信用增強制度可分為內部信用增強與外部信用增強，而其方法包括超額擔保 (Over-Collateralization)、主從架構 (Senior/Subordinated Class)、現金準備帳戶 (Cash Reserve Account)、利差帳戶 (Spread Account)、金融機構之保證，或保險及創始機構有限度的追索權 (With Recourse) 等，而其增強亦可分為對創始機構、受託機構及對商品之增強，我國金融資產證券化條例第 103 條及第 104 條對信用增強制度之規範，可分述如下：

一、外部信用增強之信用評等

特殊目的公司或受託機構對非特定人公開招募之資產基礎證券或受益證券，應經主管機關認可之信用評等機構評定其評等等級。

二、內部信用增強之方法

受託機構或特殊目的公司發行之受益證券或資產基礎證券，得依資產信託證券化計畫或資產證券化計畫之規定，由創始機構或金融機構以擔保、信用保險、超額資產、更換部分資產或其他方式，以增強其信用。

第二目　信用增強之種類

信用增強可依其證券本身架構的改變或現金流量調整方式之內部增強制度，及由第三者提供擔保或信託評等之外部增強機制，茲分述如下：

一、內部信用增強

內部信用增強機制，通常有下列三種方式：

(一)超額利差 (Excess Spread)

超額利差為資產群組在證券化存續期間內所產生的收益扣除證券票息、服務費及預期壞帳損失等總合後的差額。該差額可另設獨立帳戶，平時將其列入準備，供金融資金遇有信用損失時，可提列補足證券化之投資人。

(二)提存準備或現金擔保 (Cash Reserve Account or Cash-Collateral Account)

為擔保證券化投資人因金融資產之違約而損及其權益，故由發行機構或約定第三者以金融資產擔保提供並以準備金或擔保帳戶方式提列，一般稱之利差帳戶 (Spread Account)。於超額利差無法支應時，始予以動用。

(三)發行順位不同憑證之方式

發行人發行多種憑證之有價證券，順位在前之優先證券 (Senior Security)，在清償及分配上優於順位在後之證券 (Subordinate Security)，甚至最後順位之證券由創始機構或受託機構承購，以擔保前面順位投資人之權益。

二、外部信用增強

㈠開立擔保信用狀或保證

為求達到投資人認購之信心，並使發行證券符合高水準的信用等級，經約定由債信評等較高之金融機構開具擔保信用狀或為保證，就證券化商品依約定條件無法支應之短缺部分 (Shortfall in Cash) 提供擔保，因此在金融資產之債權違約或壞帳升高、估計錯誤或因詐欺舞弊時，擔保由開狀或保證之金融機構支應原發行條件之履行。

㈡保險 (Insurance)

為考量在違約事件 (Credit Events) 發生時之履約可能，故設計以投保方式，由保險公司提供償付。

第三目　信用評等 (Rating)

一般而言風險 (Risk) 與報酬 (Return) 是成正比的，高風險則高報酬，而風險之高低，除投資人自我評估外，有賴專業機構來加以評估，因此信用評等機構之參與評等等級，可提供投資人有利之參考，並可督促受評者必須依規定並嚴格執行所應盡之責任與義務。證券化商品之結構較一般證券複雜，為方便投資人辨識受益證券或資產基礎證券之償還能力，以確認其承擔之風險程度，並判斷其報酬率是否值得投資，故對非特定人公開招募之受益證券或資產基礎證券，必須強制規定應接受信用評等，藉以揭露基礎資產之品質，而信用評等通常是由評等機構就其接受信用評等標的或機構之信用品質，在經過假設最壞情況 (Worst Case) 下之分析，包括報酬率、各種風險發生之機率、損失機率等加以評估，並由受評單位支付費用，受託機構或特殊目的公司發行之受益證券或資產基礎證券，其經信用評等

機構評定其等級或增強其信用之情形者，應於公開說明書、投資說明書或主管機關規定之其他文件，說明其信用評等之結果及信用增強之方式，不得有虛偽或隱匿之情事。至於私募之證券，由於應募人為具有較高承擔風險能力之特定人，故並未強制要求必須對於該證券本身作信用評等。

第九節　其他服務與監督機制

創始機構就原始之金融資產移轉並真實出售予受託機構或特殊目的公司，以達破產隔離之目的，然破產隔離雖是設置一道創始機構破產風險侵蝕證券化標的資產之防火牆，但卻也給予創始機構脫免金融資產本身存在瑕疵或違約等之風險與責任，尤其在有虛偽隱匿時更形嚴重，而形式上發行人之受託機構及特殊目的公司又被設計為導管體，因此能擔負之責任又極為有限，故以金融資產為基礎所發行之受益證券或資產基礎證券持有人之保障，除以該資產為範圍外，必須有嚴格之監督機制，並依賴內部與外部之信用增強，始能保護投資人之權益，至於對金融資產證券化後，其相對應 (Underlying) 資產之管理處分，亦應持續進行，原創始機構對該資產池之群組知之最稔，所以金融資產證券化條例明定得委託原創始機構為服務機構 (Servicer)，而服務機構與創始機構如為同一之情況，是否有利益衝突之情事，亦應有監督機制防範。準此本節擬進一步敘述。

第一目　信託監察人

為保護投資人之權益，在特殊目的信託之架構之證券化，得依特殊目的信託契約之約定，選任信託監察人，因此信託監察人為任意並非必設之機構，其代表受益人行使權利並監督受託機構業務之執行。而信託監察人之設置是源自信託法之規定,依信託法第 52 條第 1 項規定,受益人不特定、尚未存在或其他為保護受益人之利益認有必要時，法院得因利害關係人或

檢察官之聲請，選任一人或數人為信託監察人。但信託行為定有信託監察人或其選任方法者，從其所定。金融資產證券化之信託監察人則為依信託行為之約定而來。

一、信託監察人之資格條件

信託監察人之資格條件並未有積極之規定，信託法第 53 條規定，未成年人、禁治產人及破產人，不得為信託監察人，而金融資產證券化條例第 23 條第 2 項規定，受益人會議得經決議，選任信託監察人，另同法第 30 條規定，為考量監督者與被監督者之利益迴避，故明定受託機構之利害關係人、職員、受僱人或創始機構，不得擔任信託監察人，至於利害關係人之範圍，包括承銷商、簽證機構、關係企業或受託機構之董、監事等。

二、信託監察人之權利義務

㈠執行受益人會議之決議

對於受託機構責任之解除、辭任之同意、新受託機構之指定、信託契約之變更等應經受益人之會議決議，並委由信託監察人或受益人會議所選定之人執行。

㈡為受益人及委託人為訴訟上或訴訟外之行為

信託監察人得以自己名義，為受益人及委託人為有關訴訟上或訴訟外之行為，但法律另有規定者不在此限，而所謂之法律另有規定，如金融資產證券化條例第 28 條第 2 項但書所定之解除受託機構責任、變更或終止信託契約、同意或聲請法院解任受託機構、指定或聲請法院選任受託機構及其他契約不得為之行為。

㈢應受益人之請求行使受益人之權利

對於持有信託資產本金持分總額 3% 以上受益人，得為受益人共同利益事項，以書面請求信託監察人行使權利，信託監察人除權利之行使有礙特殊目的信託事業之執行、損害受益人之共同利益或其他正當事由外，不得拒絕。

㈣應盡善良管理之注意義務

信託監察人執行職務，應以小心謹慎之善良管理人之注意為之，並負有忠實 (Fiducary Duty) 義務，信託監察人有數人時，除契約另有約定或受益人會議另有決議外，以過半數決議之。但就信託財產之保存行為，其有利於受益人者得單獨為之。

㈤違法或不當行為制止權

信託監察人對於受託機構行為違反法令或特殊目的信託契約，致有損害信託財產之虞慮時，信託監察人得為信託財產之利益，請求受託機構停止其行為。

㈥聽取財務報告並通知受益人

信託監察人對於受託機構於每營業年度終了及資產信託證券化計畫執行完成後四個月內，就特殊目的信託之信託財產作成之資產負債表、損益表、信託財產管理及運用之報告書等，有聽取報告之權利，並負查核監督之責任。

㈦報酬及費用請求權

信託監察人為受委任為他人處理事務，故信託監察人可請求報酬，因處理事務所支出之必要費用及非可歸責於自己事由所受損害之補償，而此為信託財產所負擔，並得由受託機構以信託財產充之。

第二目　受益人及持有人會議

金融資產移轉予受託機構後，其資產脫離與創始機構之關係，而受託機構及特殊目的公司又僅為導管體，故金融資產在證券化後已轉化為受益人資產基礎證券持有人所實質持分，因此基礎證券持有人與受益人有類似股東，而股東必須透過股東會來凝聚股東之意思轉化為公司之意思，基礎證券持有人會議或受益人會議則為形成所有人與受益人集體意思之機制，為最高之意思機關,而金融資產證券化條例雖未參照公司法第 202 條規定，就股東會與董事會決議事項作權責之劃分，但原則上亦應持相同之看法，

亦即法律未明定之事項，則由受託機構決定與處理，至於應經受益人會議決議之事項，可說明如下：

一、應經受益人會議決議之重大事項

　　㈠特殊目的信託契約之變更。

　　㈡免除受託機構依特殊目的信託契約所負之責任。

　　㈢同意受託機構之辭任。

　　㈣解任受託機構指定新任受託機構。

　　㈤終止特殊目的信託契約。

二、受益人及持有人會議決議方法

　　依金融資產證券化條例第 25 條規定，受益人會議之決議，除依該條例第 26 條第 1 項有關資產信託證券化計畫有區分各種種類受益權時，受益人會議之決議有損害其權利時，其決議應經該特定種類受益人會議以表決權數二分之一以上出席，出席三分之二以上通過同意，或特殊目的信託契約另有約定外，應有表決權總數二分之一以上受益人之出席，出席受益人表決權過半數之同意行之。至於其他事項之規範，公司法就股東會決議可包括輕或重度重大決議，金融資產證券化條例並未對決議方法有進一步區分之規定，故就受益人決議為應有表決權總數二分之一以上受益人出席，出席受益人表決權過半數同意行之。而依金融資產證券化條例第 79 條規定，對於資產基礎證券持有人會議，應有持有單位總數三分之二以上持有人出席，以出席持有人表決權單位二分之一以上同意行之。其決議並經法院認可並公告後始生效力。其決議方式尚有不同，且無論是受益人會議或資產基礎持有人會議，亦皆未如證券投資信託基金之受益人會議，依法律規定得以書面方式為之。

第三目　特殊目的公司之監督機制

特殊目的公司為由金融機構組織設立一人股東之股份有限公司，既然為一人股東之公司，其公司之董事、監察人，依公司法第 128 條之 1 之規定，由法人股東之金融機構所指派。但監察人為監督董事行使職權，除金融資產證券化條例有關監察人之規範外，尚應遵守公司法之規定，然監察人除對董事違反法令章程之糾正制止外，其係為公司股東之利益而設置，特殊目的公司僅為導管體之設計，其與證券化後之資產基礎證券持有人與股東之利益不見得完全相同，因此另有設置監督機構監督證券化執行之必要，因此金融資產證券化條例第 77 條規定，特殊目的公司發行資產基礎證券時，為保護資產基礎證券持有人之權益，應依資產證券化計畫之規定，選任監督機構，並簽訂監督契約。但不得選任該資產證券化計畫所載之創始機構或服務機構為監督機構。基於此一規定，茲就監督機構之權利義務敘述如下：

一、監督機構之資格條件

㈠銀行或信託業

監督機構為監督特殊目的公司依資產證券化計畫之執行，應為專業之機構，以銀行或信託業為限。

㈡利益衝突之迴避

對於創始機構或原轉投資特殊目的公司之金融機構，為避免利益衝突，不宜再擔任對於所投資之特殊目的公司為監督機構。

二、監督機構之義務

監督機構依計畫受選任職同監督導正特殊目的公司業務進行，其受委任並收報酬，故應依法令規定踐行以下之義務：

㈠善良管理人與忠實義務

依金融資產證券化條例第 78 條第 2 項規定,監督機構應以善良管理人之注意義務, 為資產基礎證券持有人之利益, 依本條例之規定行使權限及履行義務, 並負忠實義務。

㈡為依計畫監督之義務

監督機構得以自己名義, 為資產基礎證券持有人為訴訟上或訴訟外之行為。但監督機構非經資產基礎證券持有人會議決議, 並經法院認可, 不得為免除或減輕特殊目的公司依資產證券化計畫所應負之給付責任及義務, 或與特殊目的公司為訴訟上或訴訟外之和解。監督機構為前述訴訟上或訴訟外之行為時, 應公告及通知各資產基礎證券持有人。

㈢查核財務業務之義務

監督機構得隨時查核特殊目的公司及服務機構關於資產證券化之業務、財務狀況及其簿冊文件, 並得請求特殊目的公司之董事提出報告, 亦得應持有同次資產基礎證券單位總數 3% 以上持有人之請求檢查特殊目的公司之財務業務狀況。

㈣應請求召集持有人會議之義務

依金融資產證券化條例第 79 條第 1 項規定,監督機構持有同次資產基礎證券單位總數 3% 以上之持有人或特殊目的公司, 得為資產基礎證券持有人之共同利益事項, 召集同次資產基礎證券持有人會議。

㈤依持有人會議決議執行之義務

資產基礎證券持有人會議之決議, 經申報特殊目的公司所在地之法院認可並公告後, 由監督機構負責執行。

㈥聽取會計及其他相關之報告義務

監督機構有義務就資產證券化計畫之執行, 包括受讓資產之管理及處分情形、損益及分配金額、受讓資產之帳面餘額、已收回之本金或其他利益、待催收與呆帳情形及其他重大訊息, 聽取特殊目的公司報告, 並予以監督之義務, 另外對於特殊目的公司每會計年度終了, 應編之年報、營業報告書及財務報告有核閱監督之義務。

三、監督機構之權利

就特殊目的公司對外募集資產基礎證券後，則資產基礎證券持有人之人數恐非少數，特別是以公開募集方式募集與發行資產基礎證券時，資產基礎證券持有人更可能為散戶投資人，故有設置資產基礎證券監督機構，以保護資產基礎證券持有人之必要。而監督機構受選任為履行監督之任務，其為依民法有關委任契約關係之授權，其受任之監督機構，就監督事務之進行，得為一切必要之行為，並得依民法第 545 條規定及證券化計畫所訂契約之約定請求報酬及相關之費用，包括必要費用及有益之費用[14]。

四、信用增強機構之監督

信用增強乃為降低發行證券之信用風險的方式，其目的為提高證券化相關商品之信用等級、促使發行利率的下降以及提高證券的流動性。一般而言，信用增強機構可能為創始機構或其母公司，或由第三者擔任，例如保險公司及專業保證公司。對於創始機構而言，可以使用附加償還請求權以及超額擔保的方式予以信用增強；對於第三者而言，其可以使用擔保信用狀以及提供保證等方式。而該信用增強機制之提供者，亦有監督該證券化過程之功能。

五、承銷商之輔導監督

金融資產證券化商品若採向不特定大眾公開招募，須經由承銷商辦理對外銷售事宜，若採私募方式亦可洽請承銷商協助評估規劃，故證券承銷商將在銷售及通路上，扮演極重大角色。

六、專業機構法人之監督

未來銀行、保險公司、退休基金、證券商、證金事業、投信基金均可

---

[14] 參閱鄭玉波著，《民法概要》，第 231 頁，東大圖書股份有限公司，91 年 2 月修訂 7 版 4 刷。

能為金融資產證券化商品之投資者。此外，未來證券投資信託事業、投資顧問事業或其他兼營事項辦理全權委託投資業務時，應發揮理性監督制衡之機制，各該機構法人更應增加僱用對此商品具充分瞭解之專業人士，以協助客戶建立完整且能規避風險之投資組合。

七、事務處理或服務

此部分係指擔任債權管理服務機構，其可為創始機構、受託機構、特殊目的公司或其他專業服務公司等，其主要的工作為參與證券化資產之管理與處分服務，如從事債權利息之收取、支付受託機構費用、支付信用增強機構費用及其他相關費用、支付受益證券本金利息給投資人、帳單寄送及郵務等相關之管理服務工作，並從中賺取提供服務之手續費。

第十節　公開招募之規範

金融資產證券化過程涉及複雜的財務結構、未來經濟情勢對壞帳率、抵押品出售損失及提前清償假設的預估及相關參與者的角色及權責之釐清等。而由於商品性質特殊，故在適用對不特定之大眾進行公開招募時，自應有較慎密之規範。以下分為公開揭露原則 (Full Disclouse) 及外部監督兩部分加以說明：

一、公開揭露原則

㈠強化專家意見之揭露

證券化商品因資產差異性高，專業性要求亦有所不同，故專家意見之揭露扮演極重大之角色。所稱專家包括律師、會計師、信用評等機構及承銷商等意見，以確保資產信託證券化計畫或資產證券化計畫之品質。

㈡資產來源資訊之揭露

為保護投資人，金融資產證券化商品之資產來源資訊，其揭露應愈詳

細愈好，以提高此類商品之資訊透明度，因此無論是受託機構或特殊目的公司皆應依法令規定，集中市場及店頭市場所要求之規範，踐行對財務及業務資訊之定期或不定期公開揭露。

二、外部監督

㈠信用評等機構評定之評等等級

依金融資產證券化條例第 102 條規定，特殊目的公司或受託機構對非特定人公開招募之資產基礎證券或受益證券，應經主管機關認可之信用評等機構評定其評等等級。信用評等機構評估金融資產品質、風險集中程度、參與者等等面向，可提供投資者及主管機關監督上一項具有參考價值之指標。

㈡臺灣證券交易所或財團法人中華民國證券櫃檯買賣中心先核發上市或上櫃同意函

為確保公開招募金融資產證券化商品具有公開且可流通的市場，故金融資產證券化商品之上市上櫃有其必要性，且透過專業人士的審查，可提供主管機關在管理監督上一項具有參考價值之資訊。

㈢律師出具之法律意見

資產證券化架構及過程、相關契約之簽訂、是否符合真實出售原則、相關參與者權利義務關係等等，以及是否有違反法令致影響受益證券或資產基礎證券之公開招募的情況，都需要律師之專業意見。

㈣受託機構或特殊目的公司等參與者過去經驗及紀錄

除了受託機構公開招募受益證券或特殊目的公司公開招募資產基礎證券之消極條件外，例如：曾經主管機關退回、撤銷、廢止、不予核准者，或創始機構、受託機構或特殊目的公司於最近三年內有違反法令或相關規定而經各業別主管機關作成一定處分以上紀錄者，可能適用申請核准等例外管理的機制。

三、小　結

　　金融資產證券化創新受益證券及資產基礎證券之金融商品，而此兩種新金融商品之推動都須考慮供給及需求兩方之配合，資金供給者之投資人，與資金需求者之創始機構，必須皆能各取所需互蒙其利，此一商品之推動始能成功，而如何健全金融資產證券化商品之發行面與交易面規範，並使市場之安穩，法令規範與實務運作必須有效結合之工作。尤其金融資產證券化商品對國內而言仍屬新開發的產品，故除創始機構需提供好的資產，受託機構及特殊目的公司擬訂好的資產信託證券化計畫或資產證券化計畫外，信用評等機構、承銷商、律師、會計師暨各種服務機構亦占極重要的角色，才能竟其功。

第十一節　金融資產證券化之案例

　　金融資產證券化條例自公布實施以來，已有很多公募及私募之案例，為期能更進一步探討，茲舉二案例並說明有關證券化之過程與包裝分割之規劃如下。

一、萬泰銀行現金卡債權為基礎資產 (ABS) 之證券化[15]

　　本案為原財政部於 2003 年 11 月 21 日核准萬泰銀行將美金 3 億 4 千萬元之 George & Mary 現金卡現在及將來債權，信託予德商德意志銀行之證券化案例，並以私募方式銷售予國內投資人之案例，其內容分述如下：

(一)資產群組之構成

　　本案交易的基礎資產為現金卡卡戶之應收帳款債權，為符合金融資產

---

[15]　參見儲蓉著《金融資產證券化理論與案例分析》，所引案例第 340 頁至第 343 頁，財團法人臺灣金融研訓院，93 年 8 月。另參見李宜豐著，《不動產金融商品理論與實務》，第 479 頁至第 490 頁，福茂鑑價顧問公司出版，93 年 12 月。

證券化條例第 4 條第 1 項第 2 款第 3 目之信用卡債權、應收帳款債權或其他金錢債權之資產，其包含：

1.原始信託財產

為創始機構依信託契約之規定於轉帳日讓與受託機構之現金卡債權及其將來債權，共計約 92,483 筆債權（以發卡帳戶計算），流通在外本金餘額為新臺幣 11,879,814 千元，約相當於 349,406 千美元（以美元對新臺幣 1：34 之匯率換算），其中約 49,406 千美元之部分代表信託資產中最初之賣方受益證券之權益。

2.循環期間內追加之債權及其將來債權

現金卡債權可能因借貸人還款或動用信用額度,致債權餘額發生增減,故於循環期間內，自原始信託財產借款人收取之本金還款將不分配，用以購買於讓與日讓與之帳戶（即債務人與創始機構簽訂之現金卡貸款契約）中新產生之貸款債權，同時為確保有足夠之貸款債權以產生足夠之現金流量，受託機構於循環期間亦得將本金還款用於購買其他帳戶所產生之貸款債權。

3.其他受託機構因原始信託財產之管理、處分或其他事由取得之財產

㈡資產篩選之條件

1.於首次基準日或新增基準日時仍存續且已由服務機關送達，且該帳戶於基準日前已存續至少十四個月，於 2000 年 1 月 1 日以後開始。

2.自該貸款帳戶開設之日起，已至少產生三筆應收貸款，且借款人已於相關付款日支付至少三筆預定付款，於首次基準日、相關債權確定日、或新增基準日時，無應收貸款未支付，或有任何違約應收貸款之情形。

3.於首次基準日或新增基準日前 24 個曆月並未有二次以上應收貸款逾期超過 10 天以上之情形。

4.於首次基準日或新增基準日前 24 個曆月並未有應收貸款逾期超過 30 天以上之情形，且應收貸款每月本金最低付款金額至少為相關貸款帳戶未清償餘額之 3%。

5.將於轉帳日移轉之應收貸款帳戶，其貸款契約之利率至少為年利率

18.25%，於帳戶新增日移轉之應收貸款帳戶，其貸款契約之利率至少為年利率15%，且該等帳戶之貸款利率不能由相關借款人之決定而變更。

6.以新臺幣付款、借款人所提供之通訊地址於中華民國境內、借款人非創始機構之員工、由持有中華民國政府所發身分證之借款人開設、帳戶由非為公司組織之借款人所開設，且帳戶及任何應收貸款未被出售、設質、轉讓、信託或以其他方式讓與任何人（但依交易文件者不在此限）。

7.有額度之限制，且每一帳戶未清償餘額於首次基準日、相關債權確定日、或新增基準日或其後均未超過新臺幣50萬元。

8.非為未清償本金餘額等於或大於相關額度限度之貸款帳戶、非為依創始機構之催收或其他內部應取消或列為呆帳之貸款帳戶且非首次基準或新增基準日，經創始機構知悉為詐欺者，或金融卡已遺失但未補登者。

9.借款人非由創始機構或服務機構電腦系統所認定已進行破產或相類似程序之人，並非由創始機構或服務機構電腦系統所認定已死亡之人，另借款人於開設貸款帳戶時，非中華民國聯合徵信中心登記有違約或其他義務延遲超過31日未履行之記錄者。

10.由創始機構前所提議之其他交易中未被列為創始機構或黑名單之借款人所持有。

11.在開設該貸款帳戶時，月收入至少為新臺幣1萬元以上之借款人所持有。

12.於應收貸款之債權確定日符合創始機構當時之貸款標準，並於應收貸款之債權確定日符合當時有效之所有相關法規。

13.借款人於開設相關貸款帳戶時至少20歲，並於相關基準日時，年齡不大於50歲。

14.帳戶之權利義務依創始機構之標準文件，且於相關貸款帳戶開設後未經重新協商、免除、重行定齡、再提供資金或變更以避免滯納款項或違約。

15.借款人對創始機構責任無抵銷權。並未以不利於應收貸款信託之程序，自創始機構之貸款帳戶組合中隨機選取指定貸款帳戶。

16.相關貸款於創始機構另有貸款帳戶或其他借款（但房屋住宅貸款及信用卡貸款且信用卡貸款與現金卡貸款帳戶額度合計不超過新臺幣 50 萬元者，不在此限）。

17.如為新增帳戶，並非由其職業於創始機構之電腦系統中被分類為9001 類（或於交割日後本類別經重新指定之任何分類號碼）之借款人所持有。

(三)資產池相關資訊

經精算此次篩選出資產群組中的帳戶其持卡人大部分為男性，居住地區以大臺北地區為主，平均年齡為 25 至 35 歲，借款餘額約集中於 10 至 30 萬元，信用額度為 20 至 30 萬元，且全部持卡人帳戶年齡均大於 18 個月。由於此次所挑選出來的帳戶過去均無違約歷史，所以僅能以過去資產的狀況作為參考，平均每月收款率為 12.8%，毛收益率為 17.82%，違約率為 2.69%。

二、第一銀行房貸組合債權 (MBS) 證券化[16]

(一)資產群組構成

本案在受益證券發行日當天，一銀把一組固定房貸組合（共計新臺幣4,572,697,182 元）移轉予特殊目的信託。該房貸組合為根據一銀一貫的授信程序所承作之第一順位擔保房貸。本項資產證券化的擔保品由 2,026 件房貸組合而成，截至結算基準日（2004 年 1 月 9 日）止，總規模為新臺幣4,572,697,182 元。

(二)篩選之標準

本案該房貸組合中之房貸，將依一銀的基本放款利率或指數型房貸(ARM) 利率按月支付利息。指數型房貸之指標利率根據臺灣七家主要銀行一年期的定儲固定利率之平均數訂定。依一銀基放利率計息之放款，可轉換為指數型房貸利率，惟新的利率加碼不得少於 1.1%。指數型房貸的利率指標將以每年 1 月、4 月、7 月及 10 月之 15 日調整重設，且在下次利率調

---

[16]　同前註儲蓉著，第 143 至 145 頁；李宜豐著，第 480 頁至第 484 頁。

整日前均有效,其他篩選重點如下:

　　1.所有房貸均以位於臺灣北部地區的第一順位固定抵押權作為擔保。

　　2.就當時的貸款餘額論,約有 38% 的貸款係座落於臺北市,62% 位於臺灣北部,包括臺北縣、桃園縣市及新竹縣市。

　　3.就房貸組合的指標利率而論,其中依一銀基本放款利率計息者占 7.5%,屬指數型房貸者則占 92.5%。

　　4.所有貸款均為由一銀承作之個人貸款,其中並無任何由政府優惠補助之貸款。

　　5.該房貸組合的加權平均已貸放期間為 37 個月。

　　6.擔保房貸平均餘額為新臺幣 240 萬元。

　　7.擔保不動產的平均屋齡為 12.5 年。

　　8.就當時的貸款餘額論,僅繳付利息者(至多貸款前 5 年)占 15%。在本金寬限期結束後,這些貸款將自動轉為一般的本利攤還貸款。

　　9.當時的貸款餘額中,就單一郵遞區號而言,地理集中性低於 6%。

三、萬泰銀行現金卡證券化案例之分析

　　就前述資產群組為基礎,透過統計資產池流通在外本金金額、信用額度、帳戶壽命與持卡人年收入等指標加以分析,並考量信用增強、收益及本息分配之方式、比例與扣除相關之費用報酬等因素後,分割為下列四種之受益證券 (Certificate)。

㈠第一順位之投資人受益證券 (Investor Certificates)

　　票面利率為 LIBOR+93 bps,發行額度為 230,000,000 美元(以匯率 1:34 換算,約合新臺幣 7,820,000,000 元),發行期間為六年,信用評等之等級 S&P 及 Moody's 各為 AA 至 Aa3,此類受益證券將售予海外特殊目的公司,供其作為基礎資產發行以美元計價之債券,於海外銷售予特定海外投資人,其享有分配本金及利息之優先順位。

㈡第二順位之超額利差受益證券 (Excess Spread Rate Certificates)❶

票面利率為 2.2%，發行額度為 35,000,000 美元（以匯率 1：34 換算，約合新臺幣 1,190,000,000 元），發行期間為六年，信用評等之等級為 twA 及 twA1，此類證券僅得對信託財產之利息收益享有受益權，除於加速清償時間外，其對信託財產之本金收款無分配權，故其對信託財產不具本金持分。此證券將以私募方式銷售予國內投資人，超額利差受益證券得享有次於投資人受益證券分配利息收入之順位。

㈢第三順位之次順位賣方受益證券 (Subordinated Seller Certificates)

　　票面利率為 2.6%，發行額度為 70,000,000 美元（以匯率 1：34 換算，約合新臺幣 2,380,000,000 元），發行期間為六年，但得因投資人受益證券或超額利差受益證券之全數贖回，而由創始機構行使提前贖回權，本券無信用評等，且由創始機構以信用增強目的所持有。次順位賣方受益證券僅於投資人受益證券及超額利差受益證券受分配完畢後，方得享有分配本金及利息收入之權。

㈣與投資人受益證券順位相同之賣方受益證券 (Seller Certificates)

　　其無票面利率與面額，亦無信用評等，發行期間為六年，但仍得因投資人受益證券或超額利差受益證券之全數贖回而由創始機構行使提前贖回權。本券由創始機構所持有，用以調節原金融資產標的所持有表彰信託財產，因借款人（持卡人）動用信用額度，而使信託財產於循環期間內流通在外本金餘額超過 3 億美元部分之受益權，及過濾不在篩選標準應收貸款之受益權，而於循環期間後，則表彰超過投資人受益證券及次順位賣方受益證券之本金持分部分之信託財產，及不適格應收貸款之受益權。

---

❼　所謂之超額利差，係指資產池中資產群組所取得之收益，於扣除證券票息，服務費及預期壞帳損失總額後之差額。超額利差在遇有證券化標的之資產品質逐漸不良時，由於可能造成證券持有之投資人損失，故可將差額利差另外提存，以備未來對證券持有人有多一層之保障。

四、第一銀行住宅抵押貸款證券化案例之分析

本案為私募型之抵押貸款受益證券 (MBS)，以第一銀行之住宅抵押貸款債權為證券化之標的，依其貸款群組之指標利率，包括第一銀行之基本放款利率或指數型房貸利率，並依相同之到期日及還本付息方式加以組合設計，經按信用評等之等級順序分割為下列四種受益證券：

(一) A 券

票面利率為指數型房貸指標利率 +0.25%，發行金額為新臺幣 3,910,000,000元，每月付息，其經中華信用評等等級為 twAAA。

(二) B 券

票面利率為指數型房貸指標利率 +0.55%，發行金額為新臺幣 220,000,000元，每月付息，其信用評等之等級為 twAA。

(三) C 券

票面利率為指數型房貸指標利率 +0.65%，發行金額為新臺幣 150,000,000元，每月付息，其信用評等之等級為 twA。

(四) D 券

本券無票面利率亦無信用評等，發行額度為新臺幣 292,690,000 元。其取得最後剩餘利息之分配，而此一設計主要目的在吸收房貸組合中最先出現之損失，通常稱之為殘值受益證券，用以擔保較優先順位還本利息之信用。

(五) 現金流量支付順序

前開從房貸組合中之房貸收取而來的利息，在扣除稅款及其他應優先支付的費用（優先費用）後，將用來償還受益證券所應付之利息。剩餘金額將先用來補充準備金帳戶之不足，其次（若有必要）則用來支付受託機構之較低順位費用，與支付一銀擔任服務機構的費用，最後剩餘部分則分配給 D 券受益證券以為利息。而就本金方面而言，則先償還 A 券受益證券之本金，直到本金全數償還，再償付 B 券受益證券之本金，依此類推。若房貸組合產生任何損失，則損失部分將由反向順序分配至各級受益證券，

亦即從 D 券受益證券開始承受。

第十二節　不動產證券化條例之規範

第一目　不動產證券化之意義、目的、效益與類型

一、不動產證券化之意義、目的及效益

㈠不動產證券化之意義

　　所謂不動產證券化，係指將原本持有不動產土地或建築物之財產權，經標準化後切割分為較小單位，轉換成有價證券來表彰其權利。經此處理，龐大而不流通的不動產，轉化成為流動性之有價證券發行給社會大眾之投資人。如此結合不動產市場和資本市場的特性，加強其變現性與流通性，透過金融手段解決不動產流通性的問題。亦即不動產證券化係指發起人(受託人) 發行有價證券對大眾（委託人兼受益人）募集資金以進行不動產有關之投資，將不動產物權轉化為不動產管理運用處分之受益權。就是將變現性低、流動性較差的不動產，透過細分為小單位化並發行有價證券予廣大投資人的一種方式。

㈡不動產證券化之目的

　　藉由不動產證券化後，投資經營者可於資本市場取得資金，除可促進資金的有效流通外，且不動產本身也可在資金充裕的條件下達到有效的開發與利用。因此不動產證券化的主要目的可分為積極與消極兩方面說明如下：

1.積極目的

⑴促進不動產之有效利用

藉由所有與經營分離的運作，在專業知識與資金充裕配合的情況下，

使不動產達到有效的利用。

(2)促進資金之有效利用

不動產投資經營者，經由證券形式自資本市場取得資金，除可擴大投資參與層面外，證券本身即具有變現性、流通性，如此融資方式，即可促進資金的循環，達到資金有效的利用。

(3)對建築開發業之益處

不動產證券化對投資開發業者的好處，包括可增加不動產的籌資管道，不動產開發所需龐大的資金，條例通過後突破過去業者在開發階段僅能以股東自有資金或借款籌資開發之限制，而得以對投資大眾募集資金，進行開發免除土地增值稅、降低不動產開發資金成本、提高資金之運用效率、擴大不動產開發經營規模、提升不動產經營管理能力及國際競爭力等。

(4)對金融機構之益處

營建業是所有產業之龍頭，其不景氣，將連帶影響金融業因抵押擔保資產價值縮水。金融資產證券化條例與不動產證券化條例通過後，銀行內有固定收益的擔保品，可以透過證券化制度的建立，強化其流動性。

(5)一般民眾投資不動產受益證券之益處

對一般投資大眾而言，不動產證券化的好處，係以小額資金參與大面積且金額龐大之不動產投資，由受託機構運用專業能力，為投資人選擇適當不動產標的，加以管理、運用或處分，以增加收益。同時還能擁有變現性與流通性、增加投資管道及選擇性、保有穩定長期之收益。

2.消極目的

(1)避免土地資源為財團把持，形成市場的壟斷

藉由證券化的運作，可擴大不動產市場參與層面，增加其競爭性，使大多數人能分享土地資源的創造收益，而避免市場為少數財團所壟斷的現象發生。

(2)藉由運作的透明化與有關管制措施的配合防止土地投機

於不動產證券化的運作過程，由於財務狀況需對投資大眾公開，因此有助於政府部門對此事業的管理，再加上對所募集資金於不動產投資運作

的限制配合，可防止土地投機炒作行為的發生。

　　⑶透過專家經營的方式，健全市場的機能

　　不動產的投資經營透過專家的操作，可使市場趨於穩健，有助於健全市場機能。

　　⑷提供多樣化的投資管道，分散投資風險

　　對投資者而言，直接投入不動產的資金，相對的投資於不同的有價證券，可藉由適當的投資組合而降低投資風險。

　　⑸經營者得以證券形式募集資金，解決融資問題

　　藉由不動產證券化的運作，經營者可以發行有價證券形式自資本市場取得經營所需資金，而不必完全依賴銀行的抵押貸款建築融資方式，因此有助於經營上資金融通問題的解決。

　　⑹公共建設順利推動，減輕政府財政負擔

　　引入民間資金與經營能力，並可以公民營合資 BOT 方式並發行有價證券籌資。

㈢不動產證券化之特性與效益

　　不動產經由證券化後，從實質的觀點可歸納下列幾點特性：

　　1.流通性：由於持有之股票或受益憑證等，具有移轉交易的自由，使不動產的價值，由固定資本型態，轉化為流動的資本性證券，有助於投資者資金的流通。

　　2.變現性：由於不動產移轉需時甚久，且手續繁雜，變現性差，藉由證券化的運作後，可縮短移轉交易的時間，而提高其變現性。

　　3.公平性：證券每單位的認購金額小，故便於小額投資人投資，因此可擴大市場參與層面，提高個人參與不動產市場的機會，使市場免於被壟斷。

　　4.專業化：不動產的經營管理由具有專業知識的人員來提供服務，投資者不必參與經營，透過此專業化的運作，可提高經營的績效。

　　5.分散風險：對個別投資者而言，由於不動產的投資往往需要大筆金額，因而形成風險的過度集中，經由證券化後，透過資金聚合的大數法則

原理可以達到個人財力難及的風險分散。

二、不動產證券化之類型

不動產證券化標的可分為不動產資產信託 (Real Estate Assets Trusts, REATs) 及不動產投資信託 (Real Estate Investment Trusts, REITs) 等二大類。不動產資產信託 (REATs) 是指委託人將不動產移轉給受託機構，再由受託機構發行受益證券向大眾募集資金，以從事不動產開發。不動產投資信託 (REITs) 則是先發行受益證券向大眾募集資金，再將所募集資金投資不動產、不動產證券或不動產抵押債券憑證等標的，再分配收益予投資者。

目前我國不動產證券化制度，分為「資產運用型」（即先發行受益證券募集資金再投資不動產）之「不動產投資信託」制度，以及「資產流動型」（即先將不動產信託再據以發行受益證券募集資金）之「不動產資產信託」制度兩種（如圖 6–1 所示）。

㈠不動產資產信託 (REATs)

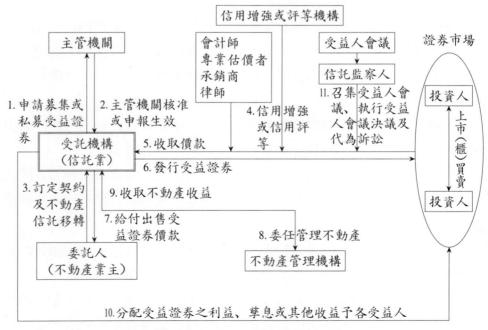

圖 6–1　不動產資產信託流程圖

㈡不動產投資信託 (REITs)

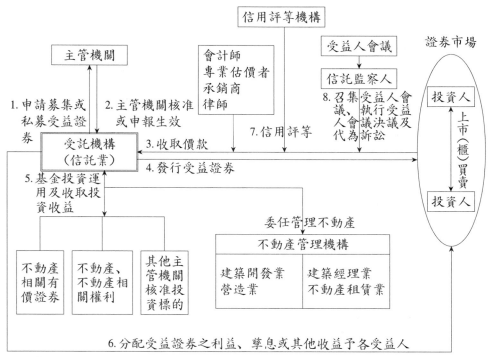

資料來源：行政院金融監督管理委員會銀行局網站。

圖 6-2　不動產投資信託流程圖

第二目　不動產證券化條例之規範內容

一、主管機關

主管機關於 93 年 7 月 1 日為配合行政院金融監督管理委員會組織法之施行及因應金檢一元化之需求，本條例之主管機關為行政院金融監督管理委員會，但就不動產證券化涉及目的事業主管機關職掌者，例如土地及不動產之登記及鑑價事項，則由主管機關會同目的事業主管機關辦理。

二、受託機構

受託機構係指得受託管理及處分信託財產，並募集或私募受益證券之機構，而得發行受益證券之受託機構以達一定資格之條件信託業為限，而所謂一定資格條件係以合法設立之信託業，且其設立滿三年以上者，並應經信用評等應符合下列情形之一：

㈠經 Standard & Poor's Corp. 評定，長期債務信用評等達 BBB− 級以上，短期債務信用評等達 A−3 級以上。

㈡經 Moody's Investors Service 評定，長期債務信用評等達 Baa3 級以上，短期債務信用評等達 P−3 級以上。

㈢經 Fitch Ratings Ltd. 評定，長期債務信用評等達 BBB− 級以上，短期債務信用評等達 F3 級以上。

㈣經中華信用評等股份有限公司評定，長期債務信用評等達 twBBB− 級以上，短期債務信用評等達 twA−3 級以上。

㈤經英商惠譽國際信用評等股份有限公司臺灣分公司評定，長期債務信用評等達 BBB− (twn) 級以上，短期債務信用評等達 F3 (twn) 級以上。

㈥經穆迪信用評等股份有限公司評定，長期債務信用評等達 Baa3.tw 級以上，短期債務信用評等達 TW−3 級以上。

三、證券化標的之受益證券

證券化之功能在將所表彰之權利規格化、標準化後分割為小的投資單位，以方便向特定人或社會大眾籌資，依不動產證券化條例第 5 條規定，就其依規定募集或私募之受益證券為證券交易法第 6 條所稱之有價證券，其公開招募之受益證券並得依證券相關法令申請上市或上櫃買賣。

四、申請（報）流程

不動產證券化條例之主管機關，在立法院討論時，就其隸屬曾有激烈之討論，由於事涉不動產登記、估價、稅捐徵收、受託機構之信託業務以

及運用證券市場之募集、私募、發行及交易等，曾討論由內政部、財政部、經建會或原財政部證期會等不同之主管機關規定，經協商後明定為原財政部（金融局），準此為方便業者之申請（報），乃採「單一窗口、合併審查」，由受託機構向主管機關申請核准或申報生效募集或私募受益證券；若為公開招募者，主管機關並應洽經證券主管機關核准。

五、不動產投資信託

　　參考美國不動產投資信託制度與我國「共同信託基金管理辦法」及「金融資產證券化條例」部分規定，引入「資產運用型」之「不動產投資信託」制度。該業務屬信託業法第 16 條「金錢之信託」業務，但可能藉由實物出資，含「不動產之信託」或「地上權之信託」，至於不動產投資信託，涉及共同基金之操作運用，可否由證券投資信託事業擔任，依現行規定尚屬未開放，但證券投資信託事業可公開募集 REITs 基金之組合來達到相同之效果。

六、不動產資產信託

　　另參考日本特定目的信託制度，引入「資產流動型」之「不動產資產信託」(REATs) 制度。並就不動產信託契約有關財產權信託移轉、抵押權塗銷、不動產估價等作進一步規範，該業務屬信託業法第 16 條「不動產之信託」或「地上權之信託」等業務而不動產資產信託契約移轉之財產權，以已有穩定收入不動產及不動產相關權利為限，且該財產權上有抵押權者，原則上委託人應予塗銷；另該信託之委託人應提供相關書件予受託機構，供投資人辨識可能承擔之風險 ❸。另外為防範利益之衝突，就不動產資產信託之委託人不得為受託機構之利害關係人，但委託人有數人，且具有利害關係之委託人就信託財產所占持分及持有擔保物權持分之合計比率未達 20% 時，不在此限 ❹。

---

❸　參照不動產證券化條例第 30 條規定。

❹　參照不動產證券化條例第 35 條規定。

七、基金型態

對於不動產投資信託所募集或私募之不動產投資信託基金，由於不動產流動性低，故原則上為封閉型基金，限制基金持有人之不定期贖回，但經主管機關核准者，亦得為具有一定限制條件，包括為附期限、數量或其他條件之開放型基金，至於此種半開放式基金是否可在交易所或櫃檯買賣中心掛牌，國外亦有此一立法例。

八、不動產投資信託基金之主要投資或運用標的

不動產投資信託基金為因應贖回之需求，其投資或運用標的，通常限於已有穩定收入之不動產及不動產相關權利。且為保持流動性，其投資或運用於現金、政府債券、不動產、不動產相關權利及不動產相關有價證券之最低比率、投資於有價證券之比率及金額上限與流動性資產之範圍及比率，均授權主管機關定之。依現行規定不動產資產信託基金投資或運用於現金、政府債券及不動產證券化條例第 17 條第 1 項第 1 款至第 3 款投資標的金額，合計不得低於該基金淨資產價值之 75%，前揭運用於現金之範圍，包括銀行存款[20]。

九、對投資人之保護機制

不動產證券化之商品由於流動性較低，且不動產估價之公平、公正性亦較難客觀具體，持有該受益證券之風險性較高，因此需有周延之投資人保護機制，方能使投資人有信心願意參與投資，而不動產證券化條例之保護機制規定如下：

㈠信用評等及信用增強

依不動產證券化條例第 43 條及第 44 條規定，強制公開募集之不動產資產信託受益證券應接受信評。另信用評等之結果及信用增強之方式，可於公開說明書或投資說明書充分揭露。而所謂信用增強之方式，包括由國

---

[20] 參見原財政部 92 年 9 月 2 日臺財融㈣字第 0924000790 號令。

內外金融機構或法人以保證、承諾、更換部分資產或其他方式為之。

㈡由公正、獨立性專家出具審查意見

對信託財產預期收益出具意見之專家，包括會計師、律師、不動產估價師及其他經主管機關核定人員，但其不得與受託機構及不動產所有人有財務會計準則公報第 6 號所定之關係人或實質關係人之情事。

㈢強化受益人權益保障

透過自律機構自我約束之機能，明定由信託業商業同業公會應訂定定型化契約範本，受託機構募集不動產投資信託基金或不動產資產信託，其契約之訂定或修改，就受益人權益保障之程度，不得低於定型化契約範本。

㈣資訊揭露之強化

對於公開招募或私募受益證券應提供公開說明書或投資說明書予投資人。其為借入款項或投資一定金額之不動產，應於契約生效日起二日內公告，並應於每一營業日公告淨資產價值。另不動產資產信託之委託人，若有提供虛偽隱匿之資料致投資人遭受損害者，應負賠償責任。

㈤專業之估價機制

不動產證券化對於資產之鑑價事涉投資人權益之保護，因此應由公會訂自律規範，對於不動產交易或信託前應經專業估價者估價，且專業估價者不得為交易當事人之關係人或實質關係人。

㈥資產會計獨立

至少每三個月評審信託財產一次並公告之；受託機構募集或私募之各個不動產投資信託基金彼此間會計獨立，且該基金與受託機構之自有財產或其他信託財產間不得相互流用，又不動產資產信託之財產上有抵押權者，委託人應予塗銷，故各該資產信託原則上應為不具抵押權標的，其因故未塗銷者，委託人應檢具抵押權人於信託契約存續期間不實行抵押權之法院公證同意書；委託人應提供債務明細之書面文件予受託機構，並定一個月以上之期限，公告債權人於期限內聲明異議，並將聲明異議之文件予受託機構。

㈦租稅優惠

為促進不動產市場之活絡，擴大資金之流動性，並使投資人有更多選擇投資之商品，故不動產證券化條例有諸多稅賦優惠之鼓勵措施，茲分述如下：

1. 受益證券免徵證券交易稅，且其經受託機構買回或收回者亦同。

2. 信託利益應每年分配，為受益人之所得，按利息所得分離課稅。

3. 地價稅按基本稅率千分之十計徵，無需累積合併計算。

4. 不動產資產信託未約定信託土地於信託終止後必須返還委託人者，應於信託行為成立移轉土地時，以委託人為納稅義務人，課徵土地增值稅。

5. 投資之建築物折舊年限得依法定耐用年數延長二分之一計算每年之折舊費用。

第十三節　不動產證券化商品之現況與修正

一、不動產證券化之投資風險

投資人應瞭解，任何投資都具有風險性，因此如果是流動性佳、低風險、高報酬的資產，業者本身是否願意將其利潤分享給大眾；若是體質不佳、高風險、低報酬的資產，投資人更應謹慎地進行不動產證券投資決策，於投資前對相關產品之公開說明書內容詳細瞭解，才能達到以小額投資，增加固定收益之目的。又依照「受託機構募集不動產投資信託或資產信託受益證券公開說明書應行記載事項準則」第16條規定，不動產證券化商品公募之受益證券應揭露相關投資風險，因此投資人投資前應詳讀公開說明書中有關之風險揭露，例如不動產市場流動性不足之風險、不動產相關有價證券市場流動性不足之風險、受益證券市場流動性不足之風險、信託財產預期收益變動之風險等，另尚須考量下列風險：

㈠受益證券與創始機構之存款或其他負債無關，亦不受中央存款保險

公司存款保險之保障。

　　㈡受託機構不保證信託財產之價值。

　　㈢不動產證券化商品之生效（核准），並不表示受益證券絕無風險，受託機構及創始機構不得藉以作為證實申請事項或保證證券價值之宣傳。

　　㈣信託財產原債務人提前還款之風險。

　　㈤信託財產原債務人違約之風險。

　　㈥信託財產過度集中之風險。

　　㈦利率變動之風險。

　　㈧再投資之風險。

　　公開說明書之內容如有虛偽或隱匿之情事者，應由受託機構及其負責人與其他曾在公開說明書上簽名或蓋章者依法負責。創始機構提供受託機構之書件如有虛偽或隱匿之情事者，應由創始機構及其負責人依法負責，另行政院金融監督管理委員會銀行局依不動產證券化條例第 15 條或第 36 條準用第 15 條規定，認為提供之公開說明書或投資說明書應記載之主要內容如有虛偽不實或隱匿之情事，依同條例第 59 條第 1 款負刑事責任之行為負責人，僅限於實際提供虛偽不實資訊或隱匿資訊之人。於資訊由發起人、委託人或其他機構所提供，而非受託機構提供之情形，除受託機構之負責人知情並參與提供虛偽不實資訊或隱匿資訊外，受託機構之負責人不成立同條例第 59 條第 1 款規定之行為負責人。又前揭依規定提供之投資說明書應記載之主要內容有虛偽不實或隱匿之情事者，對於善意之相對人，因而所受之損害，得依不動產投資信託或不動產資產信託契約之約定，僅就其實際提供之受託機構相關資訊、或受託機構所從事活動相關資訊，有虛偽不實或隱匿之情事部分，負賠償責任。但受託機構辦理不動產投資信託，並自行管理及處分信託財產者，不在此限。

二、美、日及新加坡現況

　　美國不動產證券化已有 45 年之歷史，截至 2005 年底公募案件約有 180 檔掛牌的 REITs 基金，其中 139 檔在紐約交易所，34 檔在美國交易所

及 7 檔在那斯達克掛牌，另有約 800 檔以上的私募的 REITs 基金，規模達 3、4 千億美元。在亞洲、日本及新加坡均從 2001 年開始推出不動產證券化商品，目前新加坡有 5 檔基金，規模大約是 32 億新臺幣，日本則為 140 億美元。

三、國內已發行不動產證券化現況

㈠不動產資產信託證券化相關商品彙總表

表 6-1

商品	受託人	信託財產基礎	發行總金額 (新臺幣：億元)		參考利率
1.收益型不動產資產信託			優先順位	次順位	
商業不動產信託受益證券	嘉新國際公司	萬國商業大樓*	21.3	22.8	2.3% 至 2.6%
	中欣實業公司	忠孝東路大樓	4.2	1.8	3.5% 至 4%
	全億建設	宏泰世紀大樓*	21.3	23.1	2.8%
	新光人壽公司	中山大樓*	12.2	15.8	2.7%
	遠雄人壽	大都市國際大樓	3.8	1.5	4.05%
	全坤興業	郭峰大樓及時代金融廣場	6		–
住宅抵押貸款	第一商業銀行	–	54.8		浮動計息
	台新商業銀行	–	57		浮動計息
	中國信託商業銀行	–	55		浮動計息
2.收益型不動產投資信託					
	名稱		發行規模		
	富邦一號不動產投資信託	富邦人壽、天母富邦、中山北路全球人壽大樓	58.3		

註：*屬公開募集受益證券。
資料來源：公開募集受益證券之公開說明書及今周刊，第 428 期，94 年 3 月 7 日，第 114 頁。

㈡不動產資產信託證券化商品

國內第一檔不動產投資信託基金 (REITs)，為富邦一號不動產投資信託基金屬封閉型基金，於 94 年 1 月 24 日獲金管會核准，發行總額：最低

新臺幣 45 億元、最高新臺幣 58.3 億元，發行受益權單位總數：最低 4.5 億萬單位、最高 5.83 億單位，受益證券面額：每單位受益權新臺幣 10 元，每張受益證券表彰 1,000 個受益權單位，面額為新臺幣 10,000 元。於 4 天認購期間共獲得超過 5 億單位的超額認購，金額達 3 百億元，其中散戶比重達 6 成。富邦一號不動產投資信託基金的資產組合係包括敦南富邦人壽大樓 (67%)、富邦中山大樓 (14%) 及天母富邦大樓，由於出租達 100%，依其公開說明書具有下列特點：

1. 每年配息固定：扣除管理成本後之淨收益，100% 分配予投資人。
2. 免徵證券交易稅。
3. 於櫃檯買賣中心 (OTC) 掛牌，具有流通性。
4. 適合小額投資人投資：每單位受益權新臺幣 10 元，每張受益證券表彰 1,000 個受益權單位，面額為新臺幣 10,000 元。

富邦一號不動產投資信託基金為國內首檔不動產投資信託基金，其募集結果順利，惟其運作是否果真能為投資人帶來公開說明書所評估之報酬，投資人必須了解仍可能面臨之投資風險。

四、不動產證券化條例部分條文修正

立法院於 92 年 7 月 9 日三讀通過不動產證券化條例時，鑑於開發型不動產或不動產相關權利之風險較高，於不動產證券化市場發展初期不宜納入，爰限定已有穩定收入之不動產或不動產相關權利始得成為不動產證券化之標的。惟當時立法院亦附帶決議，於不動產證券化條例通過後，視市場發展與成熟度，主管機關研議將不動產開發案涉及之法律條文納入條例中。鑑於該條例施行已兩年，不動產證券化市場已穩定發展中並漸趨成熟，為使不動產證券化商品更多元化，以活絡不動產證券化市場，提升資金運用效能，並為房地產市場注入新的動能，促進整體不動產市場之發展，再加上都市更新條例之修正，有建議納入開發型之證券化管道，爰依立法院上述決議，研擬相關配套措施後，修正相關條文，將開發型之不動產或不動產相關權利，納為不動產證券化之標的。本修正除了將開發型之不動產

或不動產相關權利納為不動產證券化之標的外，並增訂相關配套措施，以利不動產證券化穩健多元發展。

惟將開發型之不動產或不動產相關權利納為不動產證券化標的，由於開發型之標的不確定性及風險都高，因此必須審慎規範，爰訂定相關配套措施：

㈠就開發型之不動產或不動產相關權利予以定義，並允許其得成為證券化標的，惟公開招募之不動產投資信託基金投資於開發型之不動產或不動產相關權利，僅限於都市更新案件，且不得超過該基金信託財產價值之一定比率；至於不動產資產信託受益證券部分，則限於私募者始得將開發型之不動產或不動產相關權利納為證券化標的。

㈡由中央目的事業主管機關就不動產開發計畫出具可行性意見，以達專業分工目的。

㈢證券化標的包含開發型之不動產或不動產相關權利者，應於不動產投資信託計畫或不動產資產信託計畫中，記載不動產開發計畫等相關事項。

㈣私募之不動產投資信託基金已投資於開發型之不動產或不動產相關權利者，不得追加私募。

㈤不動產投資信託基金得借入款項之目的，增列不動產或不動產相關權利之取得及開發。

㈥不動產投資信託基金若投資於開發型之不動產或不動產相關權利，則受託機構應於開發階段作成書面控管報告，且其按季向董事會提出各階段之檢討報告，亦應將開發階段納入。

第十四節　受益證券及資產基礎證券之公開招募、私募與交易

證券化之目的在於籌措資金，經過分割及標準化之受益證券及資產基礎證券，必須具有變現性與流通性，才能吸引投資大眾申購與持有，因此，

證券化之交易市場與流通市場具有相同之重要性，而對於欲從事證券化之金融商品，其募集、發行、私募與交易之程序，由於證券交易法對於有價證券之募集、發行、私募及買賣交易已有完整之規範，因此除了就金融資產及不動產證券化具有特殊性之需要，於金融資產證券化條例與不動產證券化條例作特別性之規範外，其餘可歸依證券市場之規定辦理，以避免法令之重複規定及市場建置之雙重成本，準此，金融資產證券化條例第 7 條規定，受益證券及資產基礎證券，除經主管機關核定為短期票券者外❷，為證券交易法第 6 條規定，經主管機關核定之其他有價證券；不動產證券化條例第 5 條亦規定，對於依規定募集或私募之受益證券，為證券交易法第 6 條規定，經主管機關核定之其他有價證券。至於其募集、私募在金融資產之選定與群組包裝分割之過程前已有說明，以下僅就其在募集、私募及交易之規定與證券交易法上所規範一般有價證券內容不同之處加以分析。

第一目　公開招募

公開招募受益證券或資產基礎證券，由於應募人為一般社會大眾之投資人，其對證券化商品應予以有充分認識之機會，故法律上要求必須盡到公開揭露 (Full Disclosure) 原則，就商品設計及其內容、財務之狀況等，必須於公開說明書中載明，故金融資產證券化條例第 17 條第 1 項及第 2 項規定，受託機構依資產信託證券化計畫，對非特定人公開招募受益證券時，受託機構應依證券主管機關規定之方式，向應募人或購買人提供公開說明書。且受託機構辦理前述公開招募時，應向證券主管機關申請核准或申報生效後，始得為之，不動產證券化條例第 6 條第 1 項及第 29 條第 1 項，亦規定受託機構募集或私募不動產投資信託受益證券或不動產資產信託受益

---

❷　參閱原財政部於 92 年 1 月 10 日以臺財融字第 092002591 號令，核定發行期限在一年以內之受益證券及資產基礎證券，為依據金融資產證券化條例第 7 條及票券金融管理法第 4 條第 1 款第 4 目規定之短期票券。

證券，應檢具書件，向主管機關申請核准或申報生效，主管機關審核採單一窗口受理，再洽商其他中央目的事業主管機關意見，其屬募集受益證券者，並應洽經證券主管機關核准。

第二目 公開招募與上市上櫃

一、應經申請核准之案件

對於公開招募涉及投資大眾利益關係較密切者，宜以主管機關審慎之實質審查為之，故對於受託機構發行受益證券或特殊目的公司發行資產基礎證券有下列各款情形之一者，應填具申請書連同應檢附文件，申請主管機關核准，始得為之：

㈠受託機構首次申請發行受益證券或金融機構首次設立特殊目的公司申請發行資產基礎證券者。

㈡前次申請核准或申報生效遭主管機關或證券主管機關退回、不予核准、撤銷或廢止者。

㈢受託機構發行受益證券或特殊目的公司發行資產基礎證券，擬售予外國人供其發行證券者。

㈣受益證券或資產基礎證券經信用評等者，其等級未達主管機關準用本條例第 4 條第 2 項之規定所定等級以上，超過其發行總金額 25% 者。

㈤創始機構、受託機構、特殊目的公司股東、服務機構及備位服務機構於最近三年內有違反法令或相關規定而經各業別主管機關命令停止全部或一部主要業務之處分者。

㈥創始機構為金融機構以外之機構，其負債大於淨值二倍者。

㈦其他主管機關認為有必要者。

二、申請上市櫃

由於公開招募係由不特定社會大眾參與申購與買賣，為提供交易流通

之平臺，因此對於公開招募之受益證券或資產基礎證券，明定必須上市或上櫃，而其上市櫃之資格條件如下：

㈠上　　櫃

1. 金融資產證券化之有價證券

受託機構或特殊目的之公司對於公開招募之證券化商品，包括依金融資產證券化條例所發行之受益證券或資產基礎證券，欲申請在財團法人中華民國證券櫃檯買賣中心申請為櫃檯買賣時，必須達到相當之分數標準與規模，其應符合下列條件❷：

⑴需為經金融資產證券化條例主管機關申報生效或申請核准發行之受益證券或資產基礎證券。

⑵具有明確還本金額、存續期間、及擎息計付方式之定義與計算標準。

⑶自櫃檯買賣日起算，其到期日須達一年以上。

⑷發行總金額在 5 億元以上。

⑸持有受益證券或資產基礎證券之每一受益人或持有人，其持有數量不得超過該次發行總金額之 20%；如有分券發行者，則以分券後之發行金額計算之。

2. 不動產證券化之有價證券

受託機構申請其依不動產證券化條例所發行之不動產資產信託受益證券為櫃檯買賣者，應符合下列各款條件：❷

⑴發行總金額在新臺幣 5 億元以上者。

⑵自櫃檯買賣日起算，其到期日須一年以上。

⑶具有明確還本金額、存續期間、及擎息計付方式之定義與計算標準。

⑷受益人人數達五人以上，且任五受益人持有第一受償順位受益證券之總金額未超過該受益證券發行總金額 50%；如有分券者，則以分券後之發行金額計算之。但持有人為獨立專業投資者，不在此限。

---

❷　依財團法人中華民國證券櫃檯買賣中心證券商營業處所買賣有價證券審查準則第 7 條之 1 規定。

❷　同前註，第 7 條之 2 規定。

(5)該受益證券應經目的事業主管機關認可之信用評等機構進行評等。

㈡上　市

1. 金融資產證券化之有價證券

受託機構或特殊目的公司對於經奉准公開發行之受益證券或資產基礎證券欲申請在臺灣證券交易所股份有限公司上市者，必須合於下列各款條件，應由該受託機構或特殊目的公司申請上市❷：

(1)申請上市之受益證券或資產基礎證券發行總額達新臺幣 5 億元以上者。

(2)自上市買賣日起算，其到期日須滿一年以上。

(3)受益人或持有人人數達五人以上，且單一持有該受益證券或資產基礎證券之價金總額不得超過發行總額 20%。

(4)面額以新臺幣拾萬元為限。

2. 不動產證券化之不動產投資信託受益證券

受託機構經奉准成立之國內封閉式不動產投資信託基金所募集發行之不動產投資信託受益證券，合於下列各款條件，得由募集之受託機構申請上市❷

(1)發行總額達新臺幣 30 億元以上者。

(2)自上市買賣日起算，其契約存續期間須達一年以上。

(3)持有該受益權單位價金總額未超過新臺幣 100 萬元之受益人不少於五百人，且其所持有之受益權單位價金總額不少於新臺幣 2 億元者。

(4)任五受益人持有該受益權單位價金總額未超過該受益證券發行總金額 50% 以上。但持有人為獨立專業投資者，不在此限。

(5)每一受益證券應表彰一千個受益權單位，且面額以新臺幣 1 萬元為限。

(6)該基金所投資不動產之所有人或不動產相關權利之權利人，依「受託機構募集或私募不動產投資信託或資產信託受益證券處理辦法」第 6 條

❷　依臺灣證券交易所股份有限公司有價證券上市審查準則第 23 條之 1 規定。

❷　同前註第 23 條之 2 第 1 項規定。

第 1 項第 5 款規定，應將其因讓與不動產或不動產相關權利而持有之受益證券全數提交集中保管，且承諾自持有受益證券起一年內不予中途解除保管，所保管之受益證券及憑證不予轉讓或質押，於屆滿一年後始得全數領回。

3.**不動產證券化之資產信託受益證券**

受託機關經奉准募集發行之不動產資產信託受益證券，合於下列各款條件，由募集之受託機構申請上市❷：

(1)申請上市之不動產資產信託受益證券發行總額達新臺幣五億元以上者。

(2)自上市買賣日起算，迄到期日須達一年以上。

(3)受益人人數達五人以上，且任五受益人持有第一償還順位受益證券之總金額未超過該受益證券發行總金額 50%；如有分券者，則以分券後之發行金額計算之。但持有人為獨立專業投資者，不在此限。

(4)面額以新臺幣 10 萬元為限。

(5)申請上市之受益證券應經信用評等機構評等。

第三目　受益證券及資產基礎證券之私募

私募 (Private Placement) 制度與公募 (Public Offering) 同為募集資金之管道，可增加金融機構籌集資金之應用，就私募與公募之比較而言，私募程序簡便可降低籌集資金之成本，一般而言，證券交易法、金融資產證券化條例及不動產證券化條例中所規範公開招募之目的，主要在要求向社會投資大眾取得資金之發行人 (Issuer)，故應將相關之資訊充分公開揭露 (Full Disclosure)，並不得有虛偽、隱匿或誤導，使投資人得以判斷是否投資或繼續投資，然而公開發行者必須支付揭露之相當資訊成本，是在考量對投資人保護必要之前提下，若受勸募對象之投資者 (Investor) 本身已具備專業知識，對投資風險已能自我瞭解之特定人，或是投資人已不再是一般的廣大

❷　同前註第 23 條之 2 第 2 項規定。

社會大眾，而是少數之特定人，此時要求發行人準備同等資訊與耗費相同之成本，已較不需要，故美國最高法院在 SEC V. Ralston Purina Co. 乙案中，認為除了對於受要約之人數為特定之少數人可不須依照對一般投資大眾之資訊保護標準 (Needs Test) 外，其他還包括受要約者為具有經驗熟練 (Sophistication)，有承擔風險之能力 (Risk-Bearing Ability) 或與發行者具有內部人關係 (Relationship) 之資格者 (Offeree Qualification)，如其並非利用大眾傳播媒體為要約且未再分配予其他大眾者，前開受要約者亦得不適用嚴格公開發行程序中公開揭露之規定，而得適用較低度管理之程序，此即所謂私募制度 (Private Placement)，從募集者與應募者之資訊對稱性，專業能力，對投資人保護之必要性與發行人提供資訊之成本等各種因素考量而言，私募制度確實有其簡便可行而值得推動之優點。

而我國私募制度為參與外國立法例而來，依證券交易法第 43 條之 5 至第 43 條之 8、金融資產證券化條例第 17 條第 4 項及第 10 條之準用、不動產證券化條例第 6 條及第 29 條之規定，對於有價證券之私募制度，包括金融資產及不動產證券化之商品，有進一步規定及授權訂定相關要件，茲就日、美、英等國有關公募私募之分際之立法例說明如下❷：

一、日本（證券交易法、金融重整法）

㈠新發行有價證券

1.公開募集發行

⑴募集對象為特定多數人，且超過五十人，且非對合格法人投資機構為私募。

⑵募集對象少於五十人之不特定人，且無下列情況：

㈎向合格法人投資機構為私募。

㈏向少數人私募。

---

❷ 詳參拙著，〈未經登記公司之股份及發起人持有未滿一年股份之轉讓〉，收錄於賴源河主編，《商業法實例問題分析》，第 35 頁以下，五南圖書出版公司，2000 年 12 月初版。

2.私　募

⑴向合格法人投資機構要約：

㈠被要約人數無限制。

㈡較無再行銷售他人之可能。

⑵向少數人要約：

㈠被要約之人數少於五十人（六個月內就同一證券被要約總人數）。

㈡再行轉售之機會較小。

㈡已發行有價證券

1.公開發行：以同一條件向不少於五十人要約。

2.私募：法律未定義。

㈢合格法人投資機構

1.證券公司，外國證券公司之分公司。

2.保險公司，經認許之外國保險公司。

3.銀行，各種信用合作組織及投資顧問。

㈣較無再行銷售他人之可能

1.非股票或非與股票相關之有價證券（如可轉換公司債、認股權證、附認股權證公司債）。

2.該有價證券不得轉售予合格法人投資機構以外之人。

3.該有價證券在名稱上已反映前述二項特別限制。

4.轉售限制須清楚載明於表彰該有價證券之憑證。

㈤再行轉售之機會較小

1.該股票須未曾於日本上市、上櫃或公開募集。

2.非股票之有價證券，持有人轉售時只能一次將其持有之有價證券全部轉售予同一人。

3.轉售限制須清楚載明於表彰該有價證券之憑證。

二、美國（1933 年證券法、1934 年證券交易法、1940 年投資公司法）

美國 1933 年證券法第 5 條規定得排除第 3 條及第 4 條有關公開募集之適用，亦即得豁免對特定人之募集之發行，而免除依申報及關於公開說明之規定，其得豁免交易事項如下 ❷：

㈠在次級市場交易（初級市場係指發行市場，次級市場則為交易市場）。

㈡證券之私下發行。

㈢在美國境外之證券募集與銷售如符合一定條件者。

㈣發行人以其應分派之股息轉作資本，發放新股予現有股東，且現有股東未支付任何對價。

㈤私募：任何由發行人要約或出售而不涉及公開募集之證券，其資格由律師經驗認定與證管會解釋，而經律師發展出之認定方法包括下列事項：

1. 證券上已有附加註說明。

2. 停止轉讓及要求投資人最低購買數量。

3. 提供發行人多方面之承諾及證明。

㈥依規則 D 規定，無數量限制證券之發行與銷售，如符合下列條件，得豁免註冊登記：

1. 發行人不得就該次募集為一般促銷或廣告活動。

2. 發行人應於募集後一定時間內依規定向證管會申報。

3. 發行人需合理認為除合格投資人外，購買者不超過三十五人，且具有金融方面足夠知識和經驗。

4. 發行人需在出售證券前提供投資人特定資料。

5. 依規則 144A 向適格機構性質買受人為證券之要約與出售時，如發行人採取適當步驟告知投資人證券之募集係依規則 144A 處理；及發行人之特定資料可供投資人取得。

㈦小額發行（任何一年中之發行合計未逾 500 萬美元）。

---

❷　4 Louis Loss, Joel Seligman,, 354–396 (2001).

㈧規則 D：所謂合格投資人係指下列之對象❷：

1. 任何銀行、保險公司、投資公司或員工福利計畫。

2. 任何商業開發公司。

3. 任何慈善或教育機構，其資產逾 500 萬美元。

4. 任何發行人之董事、高級主管或一般合夥人。

5. 任何擁有淨資產達 100 萬美元之人。

6. 任何年收入達 20 萬美元之人（或與其配偶年收入達 30 萬美元）。

7. 任何由具經驗之人管理資產逾 500 萬美元之信託。

㈨公司合併及重整之證券發行。

㈩除涉及承銷商外之未涉及發行人者。

三、英國（1985 年公司法、1986 年金融服務法）❸

㈠金融服務暨市場法

　　金融服務法限制發行人在英國進行「投資促銷」，但經合法授權者，得進行投資促銷，依金融服務法得經合法授權從事證券業之銀行或其他金融機構，得對下列之人進行投資促銷不受限制：

　　1. 公司法人擁有二十名以上成員或擁有二十名以上成員控股公司之子公司,且該公司法人或任何其控股公司或子公司資本額或淨值在 50 萬鎊以上。

　　2. 不符前項條件之公司法人，其或任何其控股公司或子公司資本額或淨值在五百萬鎊以上。

　　3. 其他法人，其淨值在 500 萬英鎊以上。

㈡公司法之規定

　　1. 公開發行：將公司股份向任何大眾要約，不論該大眾係公司某一團

❷　參見劉連煜，〈證券私募制度之法律問題研究〉，《公司法理論與判決研究》㈡，1998 年 4 月版，第 132 頁至第 133 頁。

❸　參見余雪明，《證券交易法》，財團法人中華民國證券暨期貨市場發展基金會出版，2001 年 3 月 2 版，第 122 頁。

體之成員或公司債之持有人,或該大眾係發行人之客戶或以其他方式要約。

　　2.私募（仍構成投資促銷）：股份讓售之要約針對一特定層次之人,且該特定人有意願並有能力認購該等股份。

　　⑴不得放棄之基礎下,私募認購之人數不得超過三十人（或五十人）,且皆有意願以其自有資金認購該等股份。

　　⑵私募有價證券短期內不得於倫敦證券交易所上市或其他交易中心申請交易。

　　⑶若發行公司為外國公司,公司法對只向專業投資人為證券要約所發之公開說明書為豁免。

第四目　我國金融資產證券化條例之規定

　　由於金融資產證券化條例所規範之受益證券及資產基礎證券,其組群之設計與財務工程之規劃相當複雜,不易為一般非專業之散戶投資人所能理解,所以在國外通常以私募之方式由專業之投資人參與認購,我國金融資產證券化條例第 17 條第 3 項、第 4 項及第 101 條規定,對於特殊目的公司或受託機構向特定人私募資產基礎證券或受益證券時,特殊目的公司或受託機構應依主管機關規定之方式,向應募人或購買人提供投資說明書,並應於資產基礎證券或受益證券以明顯文字註記,於提供應募人或購買人之相關書面文件中載明,至於特定人之範圍、投資說明書之內容及受益證券轉讓之限制,則授權由主管機關定之。準此,主管機關訂定受益證券、資產基礎證券私募特定人範圍投資說明書內容及轉讓限制準則 ❸,茲分述其重點內容如下:

一、私募之對象

　　受託機構或特殊目的公司僅得對下列對象之特定人,進行受益證券或資產基礎證券之私募:

---

❸　參閱原財政部 91 年 9 月 24 日臺財融㈣字第 0914000830 號令。

㈠銀行業、票券業、信託業、保險業、證券業或其他經主管機關核定之法人、機構或基金。

㈡符合主管機關所定條件之自然人、法人或基金。對於信託業簽訂信託契約之信託財產超過新臺幣 5 千萬元及自然人個人每年總所得超過新臺幣 150 萬元，夫妻合計超過新臺幣 200 萬元，或個人擁有新臺幣 1 千萬元以上，夫妻合計超過新臺幣 1500 萬元以上者，係屬此一規定之對象。

㈢前述㈠、㈡之應募人總數，不得超過三十五人。

二、私募受益證券或資產基礎證券轉讓之限制

㈠受益證券或資產基礎證券之私募及再行賣出，不得為一般性廣告或公開勸誘之行為。違反前項規定者，視為對非特定人公開招募之行為。

㈡受益證券或資產基礎證券私募之應募人及購買人除有下列情形外，不得再行賣出：

1.特定人持有私募受益證券或資產基礎證券，而轉讓予其他特定人，惟該私募受益證券或資產基礎證券之轉讓，非經受託機構或特殊目的公司登記，不得轉讓。

2.基於法律規定所生效力之移轉。

3.其他經主管機關核准者。

㈢經核定為短期票券之私募受益證券及資產基礎證券，其轉讓不受前述㈡規定之限制。

三、私募之程序

美國證券交易法第 4 條第 2 項之規定，對於私募有價證券者得以豁免有關註冊等之程序[32]，我國公司法、證券交易法、金融資產證券化條例及不動產證券化條例有關證券私募之規定，其特點之一除證券化須事先報經核准或申報生效制度外，為採行事後報備之制度，便利企業之籌資及完全尊重業者之選擇，公司法第 248 條第 2 項之規定，祇要於發行後十五日內

---

[32]　Section 4 (2) exempts "transactions by an issuer not involving any public offering".

檢附相關資料,向管理機關報備即可,證券交易法第 43 條之 6 第 5 項規定,發行公司應於股款或公司債等有價證券之價款繳納完成日起十五日內, 檢附相關書件,向主管機關報請備查。然而申請核准及申報生效制度之精神,雖其繁簡程序不同,但主管機關總有置喙之機會,而事後報備之制度,則使主管機關無從插手,一般而言僅是知會主管機關而已,可是法律明文規定須檢附發行相關資料報備,何謂相關資料,就公司私募有價證券,例如價格之訂定、特定人為何、私募之理由等相關資料,使主管機關就股權管理、法令遵守、董監有無善盡職責等❸,有進一步勾稽之資訊,惟我國金融資產證券化條例對於私募之行為,由於在資產之債權移轉過程中,必須就其證券化計畫申請主管機關核准或申報生效,因此對於私募制度與證券交易法及公司法之規定尚有不同,係採行事先申請核准或申報生效之制度,其範圍內容主要如下:

(一)應先申請核准或申報生效

受託機構發行受益證券或特殊目的公司發行資產基礎證券, 包括其向特定人私募者,應檢具申請書或申報書向主管機關申請核准或申報生效❹。

(二)收取款項

受託機構私募受益證券或特殊目的公司私募資產基礎證券, 經申請核准或申報生效後,應於申請核准或申報生效通知到達之日起三十日內開始收取款項,並向應募人或購買人提供應募書或認購書及交付投資說明書。但有正當理由得報經主管機關展延,並以一次為限❺。

(三)函報備查

受託機構或特殊目的公司應於款項收足完成私募計畫後五個營業日內,檢附律師出具該次私募與受託機構或特殊目的公司申請核准或申報生

---

❸ 參閱原財政部證期會於 90 年 12 月 25 日以(辛)臺財證(一)字第 176305 號公告,轉知各私募公司應於電腦網路申報之資料內容及附表格式。

❹ 參閱原財政部 91 年 10 月 8 日臺財融(四)字第 091000905 號令發布之受託機構發行受益證券特殊目的公司發行資產基礎證券處理準則第 3 條第 1 項規定。

❺ 同前註第 9 條規定。

效時之證券化計畫書內容無重大差異之意見書及存款證明，函報主管機關備查 ❸⑥。

㈣交付證券

受託機構或特殊目的公司應於依前述㈢函報主管機關備查後三十日內，對應募人或購買人交付受益證券或資產基礎證券 ❸⑦。

第五目　主管機關對自然人、法人或基金所定之條件

對於前述私募符合主管機關所定條件之自然人、法人或基金，及所謂其他經主管機關核定之法人、機構或基金等之條件，經參考前述外國立法例及標準，主管機關所發布之資格條件如下：❸⑧

㈠對該公司財務業務有充分瞭解之國內外自然人，且於應募或受讓時符合下列情形之一者：

1. 本人淨資產超過新臺幣 1 千萬元或本人與配偶淨資產合計超過新臺幣 1500 萬元。

2. 最近兩年度，本人年度平均所得超過新臺幣 150 萬元，或本人與配偶之年度平均所得合計超過新臺幣 200 萬元。

㈡最近期經會計師查核簽證之財務報表總資產超過新臺幣五千萬元之法人或基金，或依信託業法簽訂信託契約之信託財產超過新臺幣五千萬元者，所稱淨資產指在中華民國境內外之資產市價減負債後之金額；所得指依我國所得稅法申報或經核定之綜合所得總額，加計其他可具體提出之國

---

❸⑥　同前註第 10 條第 4 項規定。

❸⑦　同前註第 11 條規定。

❸⑧　原財政部於 91 年 9 月 24 日以臺財融㈣字第 0914000834 號令，訂定對金融資產證券化條例所定私募對象之特定人條件及範圍。參閱行政院金管會編印，金融資產證券化條例及不動產證券化條例相關法令彙編，第 107 頁至第 108 頁，94 年 6 月版。

內外所得金額。

㈢證券投資信託事業募集之證券投資信託基金、信託業募集之共同信託基金、公務人員退休撫卹基金、勞工退休基金及勞工保險基金。❸❾

㈣前揭各符合條件之自然人、法人或基金，其資格應由該私募有價證券之公司盡合理調查之責任，並向應募人取得合理可信之佐證依據，應募人須配合提供之，但依證券交易法第 43 條之 8 第 1 項第 2 款規定轉讓者，其資格應由轉讓人盡合理調查之責任，並向受讓人取得合理可信之佐證依據，受讓人須配合提供之。

第十五節　證券化有關之法律爭議問題探討

第一目　概　況

資產證券化的發展，除了傳統依照公司法、證券交易法之規定，透過發行股票、公司債等有價證券之方式，可直接向投資人籌集營運所需之資金外，新近為了因應都市更新、提高金融資產之流動性與有效開發利用不動產等需要，結合了直接金融與間接金融的優點，而相繼立法通過都市更新條例❹⓿、金融資產證券化條例❹❶及不動產證券化條例❹❷，並配合訂定相關子法開放之依據，截至 2005 年 12 月底經核准或申報生效之證券化公募案件中，金融資產證券化有 27 件，不動產證券化有 10 件❹❸，合計金額達

---

❸❾　原財政部 92 年 9 月 3 日以台融㈣字第 0924000777 號令訂定不動產證券化條例所定私募對象之特定人條件及範圍。

❹⓿　87 年 11 月 11 日總統 (87) 華總㈠義字第 87000232460 號令公布。

❹❶　91 年 7 月 24 日總統 (91) 華總㈠義字第 09100145830 號令公布。

❹❷　92 年 7 月 23 日總統 (92) 華總㈠義字第 0920013060 號令公布。

新臺幣 2697 億餘元 ❹，而私募案件之金額更占絕多數 ❺，其他尚有多案在計畫送件申請中，顯見金融資產證券化及不動產證券化已逐漸為市場所接受，並為投資人投資理財之重要商品選擇，然而新的立法在實行之際，難免會有法律適用上爭議問題的發生，擬以現行證券化之相關法令在實行過程中所面臨及較值得討論之法律爭議問題，提出作進一步之探討。

第二目　有價證券所表彰債權之證券化

一、問題提出

一般所謂資產證券化 (Asset Securitization)，係指就性質相類似之資產加以群組 (Pool)，依其未來可能產生孳息之資產自創始機構或原始債權人 (Originator)，透過轉讓或信託移轉之分離程序 (True Sale)，出售或信託予受託機構，以隔離與原始債權人之信託風險，同時將該資產池可能產生之孳息加以組合包裝 (Package)，用以發行有價證券，並以該資產未來所產生之現金流量作為支付證券持有人之來源 ❻，依金融資產證券化條例第 4 條第 1 項第 2 款之規定，對於得由創始機構收益及處分之資產得以證券化，其資產範圍包括：汽車貸款債權或其他動產擔保貸款債權及其擔保物權；房屋貸款債權或其他不動產擔保貸款債權及其擔保物權；租賃債權、信用卡債權、應收帳款債權或其他金錢債權；創始機構以前三目所定資產與信託

❹　其中屬於商業不動產貸款、不動產相關權利及住宅抵押貸款之抵押貸款證券化者 (MBS)，計有 12 件；企業貸款、債券資產之金融資產證券化者 (ABS)，計有 22 件；而不動產及其相關權利之投資信託者 (REITs) 計有 3 件。

❹　此一金額金融資產證券化者為新臺幣 2222 億元；不動產證券化之 REITs 為新臺幣 164 億元，REITs 為 310 億元。

❺　詳參行政院金融監督管理委員會銀行局網站 http://www.boma.gov.tw。金管會銀行局所製作之臺灣資產證券化商品核准（或申報生效）統計表。

❻　參閱陳裕文，《金融資產證券化之研究》，輔仁大學碩士論文，92 年 8 月 8 日，第 26 頁至第 27 頁。

業成立信託契約所生之受益權；及其他經主管機關核定之債權。依前述資產證券化計畫所發行，尚可區分為依資產信託所表彰之受益權持分之受益證券 (Mortgage Backed Securities, MBS)，或表彰持有人對該受讓資產所享有權利之資產基礎證券 (Asset Backed Securities, ABS)，然對於得為證券化資產之債權，其範圍如何？則迭有爭議，例如可轉讓公司債、公司債、金融債券等可否為證券化之標的，則有進一步探討之必要。

二、可轉換公司債得否為金融資產證券化之標的

曾有綜合證券公司擬擔任金融資產證券化業務之創始機構，而依「受託機構發行受益證券特殊目的公司發行資產基礎證券處理準則」第 4 條第 1 項第 4 款所定「創始機構為特許事業者，應出具目的事業主管機關同意其信託或讓與資產之同意函」規定，向證券商主管機關申請同意函，故依規定應先確認證券商可否為創始機構，及符合金融資產證券化條例第 4 條所規範之資產範圍中第 5 目「其他經主管機關核定之債權」之範圍，該規定之所謂債權是否包括公司債或一般債[47]。可分述如下：

㈠依金融資產證券化條例第 4 條第 1 項第 1 款規定，金融機構得為創始機構，而依同條項第 12 款規定金融機構範圍包括證券商，故依法律之明文規定證券商應得擔任創始機構。

㈡另考量公司債為有價證券並已具相當之流動性，故未於該條例第 4 條第 1 項第 2 款所規範創始機構得透過證券化處分之金融資產範圍中明列，所以如認為該類資產確有證券化之需求及合理性，似可將可轉換公司債由主管機關核定得為證券化之標的資產。

㈢由於考量該標的之可轉換公司債於掛牌上櫃，其交易對象較未上市上櫃者廣，流動性亦較佳，且創始機構之證券商其資本適足比率與流動比率亦相當高，經衡量該公司應毋須以資產證券化方式提高其自有資本適足

---

[47] 有關貸款債權的直接金融資產須具備之特性，可參閱蔡政直，〈資產證券化內容研習報告〉，《華銀月刊》，82 年 6 月，第 20 頁；張國銘，〈美國資產證券化概論〉，《財稅研究》，80 年 9 月，第 185 頁。

比率及經營績效，故駁回其申請❽。

㈣然主管機關前述駁回申請之理由是否允當，容有討論之空間，由於創始機構持有他公司之可轉換公司債，其仍屬表彰債權之有價證券，該債權之存在毋庸置疑，至於其是否符合金融資產證券化條例第 4 條第 1 項第 2 款所列之應收帳款債權或其他金錢債權，創始機構原以投資購買或取得該有價證券所表彰之債權，與因借貸之法律關係而取得之債權，在原因上縱然不同，但債權到期日還本付息之內容並無差異，自不宜將其排除在外，甚至可由主管機關直接核定可為證券化之標的，但可轉換公司債在創始機構之財務報表上列為投資產業之項目，應非屬應收帳款或其他金錢借貸之債權，可轉換公司債持有人有依發行條件還本付息及可轉換為股票等之權利，其轉換後已轉成股票之有價證券，自非為債權之性質，已失去其流通性及債權證券化之本質，故不宜將其列為證券化之標的，此與主管機關前述認定其上市櫃之可轉換公司債比重新證券化後之受益證券，具有較強之流動性作為駁回之理由堅強。

三、政府債券、公司債及金融債券之證券化

㈠緣　起

鑑於我國金融資產證券化條例立法通過後，於參酌國外市場發展歷程，例如於 1990 年代初之美國，當時美國因經濟疲弱、高通貨膨脹率以及發生儲貸機構危機等事件，導致債券價值大幅滑落，因而發展出債券證券化之商品，將市場上已發行之債券重新組合包裝，藉由不同順位證券，使得投資人得以投資到收益較市場上相同等級產品為高，但又具有一定品質之產品，該商品引入我國市場，將為我國證券化市場之發展提供助力，並可增強投資人對證券化產品之認知。故有業者提出允許以債券發行證券化之商品 (Collateralized Bond Obligations, CBO)，以符合潛在創始機構與投資人之需求❾，雖債券並未明文列於金融資產證券化條例第 4 條第 1 項第 2 款所

---

❽　參見原財政部金融局 92 年 6 月 27 日以臺財證二字第 0920100124 號認為與金融資產證券化條例立法意旨不符，礙難同意。

列舉得證券化之金融資產中，但是否得援引同條例第 4 條第 1 項第 2 款第 5 目之規定，以主管機關直接核定債券為證券化標的 ❺⓪，則不無疑義。

㈡對於發行該 CBO 之商品對整體市場之好處

1.對創始機構而言

(1)透過對債券進行證券化以獲得融資，部分債券（含公債、高評等公司債或金融債）之流動性，可能因市場環境問題而較差，因此創始機構可能無法一次將此券出售完成而取得大量資金。

(2)可保留仍具投資價值之債券部位，創始機構可利用現有之債券部位再融資，但不需將債券部位完全處分。創始機構可透過握有金融資產證券化之次順位債券部位達到此目的，尤其對一些仍具投資價值之債券部位，創始機構可以此方式再融資，但仍能將其保留在投資組合中。

(3)降低融資成本：透過證券化結構設計，創始機構可提供一些高評等之債券以獲得更低的再融資成本，但仍同時保留原始資產之上檔利益或下檔風險，這對投資人或創始機構而言都具吸引力。

2.對投資人而言

(1)投資人面對低利率之投資環境,欲獲得具吸引力之收益已日益困難。因此有越來越多的投資人轉向結構性信用連結產品，並對投資資產證券化產品產生興趣。CBO 能使投資人在不同之風險偏好程度上獲得滿意的投資收益，因而對投資 CBO 產生興趣。

(2)投資人對高評等之 CBO 證券投資興趣大於證券化組合中的個別證券。

(3) CBO 的結構設計，可同時符合不同風險程度偏好之投資人，提供投

---

❹⑨ 92 年 10 月間，由摩根大通銀行 (J. P. Morgan Chase & Co.) 向原財政部簡報並提出建議。

❺⓪ 參閱金融局 92 年 4 月 1 日臺融局㈣字第 00920810461 號函，其說明二、認為金融資產證券化條例第 4 條第 1 項第 2 款並未明列公司債不得作為證券化之標的，惟於金融證券化導入初期，仍宜以現金流量之流動金融資產為證券化之標的。

資人更寬廣的投資產品。

(4)另外我國證券化市場可透過不同資產類同步證券化而持續發展；CBO 之發展，可使得握有新臺幣資產之投資人有更多的投資選擇。

(三)從管理面加以分析

1.關於政府債券之再證券化是否具必要性，有認為國外對於 CBO 之資產組合並無特別限制，惟實務上，因各國政府債券大多具流動性，且利率較低，故 CBO 較無誘因將政府債券納入。但亦有認為前開實務並不表示即無必要將政府債券核定為金融資產證券化條例之證券標的，實務上基於下列兩種原因，仍不乏將國家債務（即政府債券）列為證券化標的之實例：

(1)信用增強目的：由於政府債券評等較高，故有時證券化商品為了提高評等，而有將政府債券納入資產組合之情形。

(2)增加收益目的：由於新興市場國家的政府債券收益較高，故國外 CBO 偶有為增加收益目的而納入該類債券者，例如在亞洲，韓國、印尼、菲律賓等國政府債券，常被納入 CBO 之資產組合中。因此，認為將政府債券納為證券化標的，對於業者設計證券化商品時將更具彈性，且對於投資人將更有保障，而實務上因我國政府債券具有流動性，且利率較低，故即使將政府債券納入 CBO，其占群組資產之比例應不至於過高，對於標的政府債券之鎖碼效果應屬有限，惟對於證券化市場之發展，將有所助益。

2. CBO 商品之公開募集發行，是否會使公開市場可購買標的減少，有認為會納入私募 CBO 之群組資產，可能多為較不具流動性者，故希望透過 CBO 包裝後售出，因此即使將公開發行之債券納入私募 CBO 內，似對於公開交易市場之影響尚屬有限，反之增加該等債券之流動性，為促進資本市場之深度及廣度，故認為不宜限制 CBO 之公開募集。另外，有認為金融資產證券化之私募商品，均須經主管機關核准或申報生效，證券交易法之私募有價證券則採備查制，而兩者之投資人範圍及轉讓限制尚有不同。

3.綜上分析，從新產品之開發，若能滿足不同利率、流動性及風險偏好之投資人需求，且該有價證券又不失債權之性質，宜得讓市場以之為募集、私募之標的，惟為兼顧投資人權益之保護應有較高之信用評等等級。

第三目　受託機構就公開說明書及投資說明書之法律責任探討

一、緣　起

　　關於金融資產證券化條例第 17 條，及「受託機構公開招募受益證券特殊目的公司公開招募資產基礎證券處理準則」第 4 條規定，受託機構應檢具公開說明書及投資說明書稿本，向主管機關申請核准或申報生效，並將之提供予應募人。惟公開說明書及投資說明書之主要內容提供者並非受託機構，而係創始機構及其他機構（服務機構或承銷商等），因此同條例第 9 條第 4 項及第 5 項規定，創始機構提供受託機構之信託財產相關書件及資料，不得有虛偽或隱匿之情事，否則對於受益證券取得人或受讓人因而所受之損害，應負賠償責任。同條例第 109 條，亦將處罰之對象限縮為實際從事該項犯罪行為之行為負責人。就此規定業者對於此一法律責任之適用尚有疑義，爰提請探討其爭議點包括：

　　㈠受託機構應就其實際提供載於公開說明書內容之書件及資料正確性負責。

　　㈡公開說明書或投資說明書內容中所列之資訊，如由其他機構提供，各該資訊提供者亦應為其他所提供之相關書件及資料正確性，對受益證券取得人或受讓人分別獨立負責。

　　㈢各該資訊提供者之員工或代理人，如實際參與提供該等資訊，亦應該當條例第 109 條之行為負責人。

二、民事法律責任部分

　　依金融資產證券化條例第 7 條規定：「受益證券及資產基礎證券，除經主管機關核定為短期票券者外，為證券交易法第 6 條規定經財政部核定之其他有價證券。」因此，除條例以特別規定外，亦涉及證券交易法第 32 條

及第 174 條之適用問題，首先就民事責任部分而言，證券交易法第 32 條第 1 項規定，對於公開說明書，其應記載之主要內容有虛偽或隱匿之情事，對於善意相對人，因而所受之損害，在民事賠償責任方面，發行人及其負責人、發行人之職員以在公開說明書簽章為限、證券承銷商、會計師、律師、工程師及其他專門職業或技術人員以在公開說明書簽章為限。應就其所應負責部分與公司負連帶賠償責任。而發行人對公開說明書之各部分，其責任是全面且絕對性的。其他人則「就其所應負責部分」，分別單獨負責。此從同條第 2 項規定之免責事由，僅規定發行人外，對於未經簽證部分，如能證明已盡相當之注意，並有正當理由確信其主要內容無虛偽、隱匿情事或對於簽證之意見有正當理由確信其為真實者，免負賠償責任。故發行公司之負責人、職員、承銷商及專門職業或技術人員等可舉證豁免除其責任，至於發行人則否，前開民事損害賠償應如何區分，可進一步分析如後。

受託機構提供公開說明書或投資說明書，內容有虛偽或隱匿之情事者，於金融資產證券化條例及不動產證券化條例中僅規定刑事責任，並無民事責任規定，因此於適用普通法之證券交易法規定，尤其是證券交易法第 32 條所規定由發行人與參與著作者之連帶賠償責任部分，可否完全適用，尚有疑義，於此尚可進一步分析如下：

1. 公開說明書部分，有認為由於證券交易法第 32 條之規定，於金融資產證券化其適用之結果，發行人不得舉證免責，然「發行人」，可能是受託機構或特殊目的公司，亦有認為應解釋為創始機構，而非受託機構。其中認為應以創始機構為發行人者係以金融資產證券化交易之實質發行人為創始機構，故應就所提供之資產品質及其他公開揭露事項負責，故金融資產證券化條例第 9 條第 5 項及不動產證券化條例第 29 條第 3 項規定，特別規定創始機構與受託機構不得為同一關係企業，並應將信託財產相關書件及資料，提供受託機構，不得有虛偽或隱匿情事，否則應負賠償責任，不動產證券化資產信託之委託人亦同，其法理來自證券交易法第 20 條之規定，就實際之行為人應負其責任，受託機構雖為形式上發行人，但實務上未必負責查核資產池，似不必就創始機構或其他專門職業或技術人員提供之文

件負賠償責任。又該條例並未規定受託機構應與其他資訊提供者負連帶賠償責任，依民法第 272 條第 2 項規定，故受託機構似無連帶責任可言。以避免課予受託機構過重之法律負擔，而阻礙國際知名公司參與證券化之意願❸。

2. 投資說明書部分，同前述金融資產證券化條例本身並未就其民事責任為特別規定，故依普通法與特別法適用並應回歸民法、信託法及信託業法等相關法令。信託業之民事責任，除法令上強制規定外，原則上得依信託契約定其範圍。條例既未規定受託機構就投資說明書之強制責任，且投資說明書之內容，由受託機構所實際提供者，僅限於受託機構相關資訊，或受託機構所從事活動之相關資訊（受益證券資產基礎證券私募特定人範圍投資說明書內容及轉讓限制準則第 3 條），其責任自得依特殊目的信託契約之約定，以其所提供之資訊為限。

3. 另投資說明書之責任雖可依契約調整，但信託業所負之其他法定強制責任，諸如選任監督責任、對投資人提供報告責任等，仍有信託法、信託業法及條例等法令之適用。另證券交易法第 32 條之適用範圍，限於公開招募，私募部分則回歸民法損害賠償之相關規定。金融資產證券化條例第 9 條第 5 項創始機構及不動產證券化條例第 29 條第 3 項委託人之責任，則包含公募及私募。因此對於受託機構、創始機構及委託人之責任歸屬則有爭議。

三、刑事法律責任部分

(一)公開說明書及投資說明書之虛偽隱匿刑事責任規定

依證券交易法第 174 條第 1 項第 3 款規定，發行人或其負責人、職員有第 32 條第 1 項之情事，而無同條第 2 項免責事由者，處一年以上七年以下有期徒刑，得併科新臺幣二千萬元以下罰金。另依金融資產證券化條例第 109 條第 3 款規定：「依第 17 條第 1 項或第 3 項規定提供之公開說明書

---

❺❶ 美商摩根大通銀行股份有限公司臺北分公司於 93 年 4 月向財政部提出建議：財政部以函令發布解釋，以利我國資產證券化之推展。

或投資說明書應記載之主要內容有虛偽或隱匿之情事者，其行為負責人處六月以上五年以下有期徒刑，得併科新臺幣三百萬元以下罰金。」，不動產證券化條例第 59 條第 1 款之刑事責任規定亦同，其處罰顯較證券交易法為輕，依刑法第 55 條一行為觸犯數罪名從一重處斷之規定，但金融資產證券化條例第 109 條及不動產證券化條例第 59 條規定，為證券交易法第 174 條第 3 款之特別規定，故其應依各該條例第 109 條、第 59 條規定或證券交易法第 174 條規定處罰。則有疑義，有認為基於各該條例之規定，與證券交易法第 174 條之規定尚有下列之不同：

　　1.金融資產證券化條例第 109 條及不動產證券化條例第 59 條規定之處罰對象是「行為負責人」，範圍較廣，不限於「發行人」。蓋金融資產及不動產證券化交易，涉及當事人眾多，舉凡創始機構、受託機構、服務機構、安排行 (Arranger) (公開說明書主要由其負責編製，身分可能為證券承銷商或財務顧問)、信用增強提供人、流動性提供人、交換契約相對人等，應分別就其所提供並揭露於公開說明書或投資說明書之部分負責。

　　2.各該條例第 109 條及第 59 條規定之範圍包括「投資說明書」之記載虛偽不實，涵蓋公開募集及私募部分，不若證券交易法第 174 條之規定以公開說明書為限。

㈡法律之適用問題

　　基於前開之規範差異性，對於在金融資產或不動產證券化過程中，就其公開說明書或投資說明書有虛偽隱匿之情事者，在修法增訂之前，有提議由金融資產及不動產證券化條例之主管機關解釋如下：

　　1.依金融資產證券化條例第 17 條第 1 項或第 3 項，或不動產證券化條例第 15 條及第 36 條之規定，就所提供之公開說明書或投資說明書應記載之主要內容如有虛偽或隱匿之情事，可依各條例第 109 條第 3 款或第 59 條第 1 款對「行為負責人」科予刑事責任者，僅限於實際提供虛偽或隱匿資訊之人及其共犯。於資訊由創始機構或其他機構，而非受託機構提供之情形，除受託機構之負責人、受僱人或代理人知情並參與提供虛偽或隱匿資訊外，受託機構之負責人、受僱人或代理人不成立各該條例第 109 條第 3

款或第59條第1款規定之「行為負責人」或其共犯。

　　2.擬明定依各該條例第17條第3項或第15條第2項規定提供之投資說明書應記載之主要內容有虛偽或隱匿之情事者，受託機構對於善意之相對人，因而所受之損害，得依特殊目的信託契約之約定，僅就其實際提供之受託機構相關資訊、或受託機構所從事活動相關資訊，有虛偽或隱匿之情事部分，負法律責任。

㈢法律見解

　　就前開以主管機關解釋方式釐清或免除受託機構之刑事法律責任，可就肯定與否定之意見分析如下：

1.肯定說

　　⑴由於將金融資產證券化條例及不動產證券化條例認定為證交法之特別法，有關發行人或其負責人、職員曾於公開說明書記載之主要內容若有虛偽隱匿之刑責，自應優先適用，若特別法之規範較證交法（普通法）之刑度為輕，自應審酌實情，加以修訂提高刑度，不宜有法律競合適用之疑義，滋生法律監控之風險。

　　⑵為確保金融資產及不動產在證券化發行及交易過程之合法性，並保障投資人，本應予監管涉及證券化之相關當事人，除公司負責人及專門職業技術人員（例如會計師、律師……）應負之刑事、民事及行政責任外，對其他第三人（例如受僱人、代理人……等）若涉及虛偽隱匿等情事時，自亦應就個案具體事實，負擔刑事、民事及行政責任，尤其對於創始機構、受託機構及其他服務機構或承銷商等，更應建立嚴密內控及內稽制度，方足以事前防患於未然，方為根本之途。

2.否定說

　　⑴由於證券交易法第107條與金融資產證券化條例及不動產證券化條例相較，雖為普通法，惟有關對負責人、會計師、律師違法涉及虛偽隱匿之刑責，證券交易法之刑度較重，自有拘束及嚇阻該等人員違法之效果❷。

---

❷　證券交易法第174條已於93年4月28日經總統公布修正，修正後原第3款有關發行人或其負責人、職員於公開說明書記載之主要內容有虛偽或隱匿之刑事

(2)按信託法、信託業法及民法均已對受託人違反忠實義務及未盡善良管理人應有之注意，致委託人或受益人受有損害時，科以損害賠償之責，故受託人不得有故意或過失致委託人或受益人受有損害之情事，其理自明，否則受託人僅收獲取手續費之利，而毋須負善良管理人之責，則其有權利義務不對等之情事。

(3)對於相關法律條文所規範之「負責人」或「行為負責人」之對象，仍應限於公司法第 8 條之當然及職務上之負責人，亦即指公司法之董事、監察人及經理人，未含一般受僱人或代理人者。至於若有實際提供虛偽隱匿資料或知情之第三人，本得依刑法第 28 條至第 31 條之規定成立共犯。

四結　論

綜上，受益證券雖為證券交易法上之有價證券，其涉及刑責時原則上仍應依特別法之金融資產證券化條例或不動產證券化條例規定處罰，特別法未規定或證券交易法有較重規定者，依證券交易法之規定。該條例若未規定律師、會計師等專家之刑事責任，且負責人刑責亦較輕，故應有適用證券交易法第 174 條負責人及律師、會計師等專家之刑事責任之餘地，惟其刑事法律責任依刑法第 12 條規定仍以有故意違反者為限。而民事責任部分現行金融資產證券化條例及不動產證券化條例雖未規範，但受託人之責任仍可回歸民法、信託法及信託業法等相關法令，至於是否適用證券交易法第 32 條民事責任部分，因受託人雖為形式發行人，但其與第 32 條所規範之實質發行人仍有不同，且第 32 條係屬連帶賠償責任，原則上侵權行為之損害賠償仍以故意或過失為限，因此必須依具體案例以其是否具有故意過失為認定，不得一概而論且其是否果真適用該證券交易法第 32 條之規

責任規定，已移為第 1 項第 3 款，且其刑責已加重為「一年以上七年以下有期徒刑，得併科新臺幣二千萬元以下罰金」，原條文第 7 款有關會計師或律師不實簽證之刑事責任則移為第 2 項，刑責為「五年以下有期徒刑，得科或併科新臺幣一千五百萬元以下罰金」。故就負責人刑事責任而言，證券交易法第 174 條第 1 項規定係較金融資產證券化條例第 109 條及不動產證券化條例第 59 條之規定為重。

定，尚涉及司法機關之認定，恐非當然受行政機關見解之拘束。

第四目　未依規定程序及合法業者進行之證券化

一、問題提出

　　某 A 公司將所持有之甲公司股份信託予第三人乙，並由乙受託人以信託資產為基礎，向特定人私募交付受益權憑證，以獲取資金，是否有違反法令之規定，本項議題為受益權憑證是否屬於金融資產證券化條例、不動產證券化條例或證券交易法上之有價證券？

二、認為非屬證交法規範之有價證券

　　依 A 公司提出之見解，認為證交法第 6 條第 1 項之規定，本法所稱政府債券、公司股票、公司債券及經財政部核定之其他有價證券。同法第 2 項復規定新股認股權利證書、新股權利證書及前項各種有價證券之價款繳納憑證或表明其權利之證書，視為有價證券。又同條第 3 項規定，前二項規定之有價證券，未印製表示其權利之實體有價證券者，亦視為有價證券。另依金融資產證券化條例第 4 條第 1 項第 2 款規定，資產指由創始機構收益及處分下列資產：

　　㈠汽車貸款債權或其他動產擔保貸款債權及其擔保物權。
　　㈡房屋貸款債權或其他不動產擔保貸款債權及其擔保物權。
　　㈢租賃債權、信用卡債權、應收帳款債權或其他金錢債權。
　　㈣創始機構以前三目所定資產與信託業成立信託契約所生之受益權。
　　㈤其他經主管機關核定之債權。

　　是以，A 公司認為其將所持有之甲公司股份信託與第三人乙，並由乙受託人以信託資產為基礎向特定人私募交付受益權憑證以獲取資金，此受益權憑證自形式上觀之，應非屬證交法第 6 條所規範之有價證券，亦非屬金融資產證券化條例所規定之資產，既非屬證交法上有價證券，該受益權

憑證向特定人私募之行為，即應無須受證交法或金融資產證券化條例之限制。

三、認定屬證交法第 6 條規範之有價證券

㈠受託人以信託資產為基礎，向特定人私募交付受益權憑證以獲取資金之行為，該受託人如係屬合法成立之信託業者，自得於其核准經營業務範圍內與特定人為相關業務往來，若非信託業，其辦理不特定多數人之委託經理信託業務，已違反信託業法第 33 條規定，依同法第 48 條之規定，最高可處三年以上十年以下之有期徒刑。

㈡且就現行法律有關私募之規定，依證券交易法第 7 條第 2 項及第 43 條之 6，僅規範及於公開發行公司私募發行股票及公司債部分，而未涵蓋所有證券交易法之有價證券，亦未包含受益證券部分，但依證券交易法第 8 條有關發行之定義，則包括有價證券，解釋上有價證券應包括所有證券交易法上之所有有價證券在內。

㈢證券交易法上之受益憑證係由證券投資信託公司所發行者，係依原財政部相關函釋均認屬證券交易法第 6 條之有價證券。故本案向特定人私募交付受益權憑證，該憑證是否適用證券交易法，仍宜依其實際性質判斷；若係與特定人間個別有資金移轉行為，並係以訂立契約方式保障雙方權益，該受益憑證係屬雙方契約之文件，尚無法就此據以流通或轉讓者，此部分似可認屬私法上之債權債務契約；若行為人為獲取資金而交付之受益憑證具有流通性、投資性且可據該憑證行使（或主張）一定之權利，已具有證券交易法第 6 條有價證券之性質。

㈣證券交易法上之有價證券，其種類除已明文規範或經核定者外，若實質上已涉及證券交易法規定之募集、私募或公開招募等行為，雖其發行或轉讓之憑據未經主管機關之核准，仍有可能適用證券交易法第 22 條等相關規定，不可藉口該憑據形式上非證券交易法第 6 條規定，或經主管機關核定之有價證券而豁免證券交易法規定之適用。

四、法律意見之分析

　　前開有關向特定人私募並交付受益權憑證，雖不以形式上屬證券交易法第 6 條所規範者為限，惟若本受益權憑證具有流通性、投資性且可據該憑證行使（或主張）一定之權利，仍具有證券交易法第 6 條有價證券之性質，故其已涉及證券交易法規定之募集、私募或公開招募等行為，雖其發行或轉讓之憑據未經主管機關核准，仍有可能適用證券交易法第 22 條等相關規定，自不可以該憑據形式上非證券交易法第 6 條規定或核定之有價證券而解免證券交易法規定之適用，否則證券交易法保護一般投資人，依規定交付公開說明書及投資說明書等要求資訊充分揭露之原則，將形成具文，至於依證券投資信託及顧問法第 10 條、第 11 條、金融資產證券化條例第 108 條、不動產證券化條例第 58 條及信託業法第 48 條規定，以有價證券方式募集或私募資金者，受託機構必為經許可之證券投資信託事業或信託業且具一定條件者，非受託機構或受託機構未經申請核准或申報生效募集發行受益憑證者，應依各該法律規定處罰。

第五目　都市更新條例第 50 條與第 51 條於不動產證券化條例之適用疑義

一、緣　起

　　都市更新條例自 87 年 11 月制定發布以來，不但都市更新案例不多，對於都市更新信託之資產證券化籌集資金之規定，更未有適用之案件，其原因何在？內政部自 92 年 4 月底開始，即著手研修都市更新條例等相關規定之修正案，並已多次召開研商「都市更新條例部分條文修正草案」會議。尤其關於都市更新條例第 50 條、第 51 條對都市更新投資信託公司與都市更新投資信託基金之相關規定是否修正部分，證期會、財團法人都市更新研究發展基金會及中華民國建築投資開發商業同業公會聯合會均建議刪除

都市更新條例第 50 條、第 51 條，以不動產證券化條例取代原關於都市更新投資信託制度之相關規定；主要在於考量 92 年 7 月 9 日經立法院三讀通過之「不動產證券化條例」，對於原包括不動產「開發」部分已遭刪除，但立法院在刪除及通過該條例時曾附帶決議：「請內政部及財政部儘速檢討都市更新條例等相關規定」，故內政部乃函請財政部及相關單位對都市更新條例等相關規定研提具體修正建議，供其研修都市更新條例及其相關子法之參考，以配合不動產證券化條例之施行。

　　而我國的「不動產證券化條例」於 92 年 7 月 9 日經立法院三讀通過，並經總統於 92 年 7 月 23 日公布；不動產證券化條例之證券化架構分為二種，其一為參考美國不動產投資信託制度 (REITs) 與我國「共同信託基金管理辦法」及「金融資產證券化條例」部分規定，引入「資產運用型」的「不動產投資信託」制度（即由信託業先發行受益證券募集資金再投資不動產）；其次為借鏡日本「資產流動型」的「不動產資產信託」制度，先將不動產信託予信託業後再據以發行證券募集資金。業者可以選擇設立不動產投資信託基金，投資於不動產或不動產相關權利；也可以將不動產或不動產相關權利交付信託，進而發行證券募集資金。上開二種架構正可以符合業者不同的交易需求；而兩套架構均採用單一窗口受理業者申請，以簡化申請程序，已如前述，然該條例之相關規定可否替代都市更新條例第 50 條及第 51 條所定籌集資金之規範，不無疑義，可分析探討如後。

二、「都市更新投資信託」與「不動產投資信託」之比較分析

　　㈠就法規架構而言，都市更新條例中之「都市更新投資信託」核與不動產證券化條例中之「不動產投資信託」性質相近，同屬不動產證券化之相關制度，均係由業者募集基金以投資相關不動產或其權利。至於不動產證券化條例中之「不動產資產信託」部分，因係以不動產或不動產相關權利之未來現金流量為基礎發行受益證券，而與較不具固定收益之都市更新事業計畫性質迥異，故該「不動產資產信託」之架構較不適於都市更新條

例中參採。

㈡就發行機構而言，都市更新投資信託基金之發行機構為都市更新投資信託公司，不動產投資信託基金之發行機構為信託業。意即，依都市更新條例欲募集都市更新投資信託基金者，須先向證券管理機關申請設立都市更新投資信託公司❸，並於核准設立後始得提出基金募集之申請；因上開流程涉及許可事業之設立申請，作業程序較為繁瑣，且該事業僅得從事單一業務致使業者負擔成本較高，此將降低其設立前揭公司之誘因，故目前尚無都市更新投資信託公司之設立。而依不動產證券化條例規定，欲募集不動產投資信託基金者，逕由信託業向財政部申報或申請募集基金即可，作業流程較為單純。是以，若都市更新投資信託基金之發行機構亦為信託業，因其業務範圍較具彈性，將不受限於僅得從事都市更新事業，相對而言，較具競爭力及吸引力。

㈢就投資標的而言，為符合都市更新條例之規範本旨，因應都市更新事業計畫財源籌措之需要，都市更新投資信託基金之投資標的有關不動產部分，目前係限於都市更新事業計畫範圍內之土地及建築物，而前揭範圍內之「開發型」不動產亦囊括其中；至於不動產投資信託基金之投資標的有關不動產部分，則限於已有穩定收入之不動產及不動產相關權利，故並未包括「開發型」不動產。因此，原擬議刪除都市更新條例第 50 條、第 51 條，以不動產證券化條例取代原關於都市更新投資信託制度之相關規定部分，因不動產證券化條例目前並未包括「開發型」不動產，故於都市更新條例中尚無法直接引用。

---

❸　行政院金管會於 95 年 1 月 24 日以金管證四字第 0950000415 號令，修正都市更新投資信託公司設置監督及管理辦法，其中第 14 條增訂允許證券投資信託事業具備一定條件者，得申請兼營都市更新投資信託公司，從事都市更新計劃投資之業務。

三、都市更新條例第 50 條與第 51 條的未來修正方向

㈠參酌不動產證券化條例以修正都市更新條例

實務上，都市更新相關業者迭有反映，都市更新條例第 50 條第 1 項規定須先有都市更新事業計畫，依此都市更新事業計畫資金之需要，再以專案核准方式設立都市更新投資信託公司，方可募集都市更新投資信託基金；惟依據該條例相關規定，實施者於提報都市更新事業計畫時即須表明財務計畫，與前揭規定相較，顯有時間落差，造成「無更新事業就無法募集資金」、「無資金便沒有人敢提更新事業」之困難，故目前尚無都市更新投資信託公司之設立。而依不動產證券化條例規定，欲募集不動產投資信託基金者，逕由信託業向財政部申報或申請募集基金即可，作業流程較為單純；是以，若都市更新投資信託基金之發行機構亦為信託業，因其業務範圍將不受限於僅得從事都市更新投資信託基金業務，相對而言，較具競爭力及吸引力，且對信託業而言，亦增加其業務範圍與項目。

再者，依前揭比較分析，「都市更新投資信託」與「不動產投資信託」除標的範圍容有不同外，其法律架構應無二致。因此，為使我國不動產相關證券化法制得以統合，並提升業者募集都市更新投資信託基金從事都市更新事業之誘因，似可建議參照不動產證券化條例之相關規定，由「信託業」取代「都市更新投資信託公司」募集或私募都市更新投資信託受益證券。準此，欲辦理不動產證券化或都市更新不動產證券化之業者，僅須依循單一管道，由信託業向同一目的事業主管機關提出證券化之申請案；至於該等基金如屬公開募集者，則再洽經證券主管機關核准。因此，似可參酌不動產證券化條例關於不動產投資信託之相關規定，修正都市更新條例第 50 條與第 51 條之規定。

㈡直接於都市更新條例中明訂不動產投資信託基金投資範圍之豁免規定

此外，有論者認為目前都市更新條例第 50 條與第 51 條所定「都市更新投資信託」制度，係源於 87 年間尚未有不動產證券化制度下之過渡性作

法；鑑於「不動產證券化條例」已於 92 年 7 月 23 日公布施行，似應廢止原過渡性規定，回歸一般性之不動產證券化制度，以避免法令體制疊床架屋。

惟因現行不動產證券化條例第 17 條已明文規定不動產投資信託基金之運用範圍限於已有穩定收入之不動產，並不允許開發型之不動產投資信託基金募集；而原都市更新投資信託基金之投資運用範圍係屬開發型之不動產，因此，為解決上開適用上之疑義，似可於都市更新條例第 50 條中明訂豁免規定（如：經本條例直轄市、縣（市）主管機關核定之都市更新事業計畫範圍內土地、建築物，得為依不動產證券化條例募集或私募之不動產投資信託基金投資之標的），使都市更新事業仍可以透過募集不動產投資信託基金方式籌措財源。

四、法律意見之分析與建議

綜上，無論係「參酌不動產證券化條例以修正都市更新條例」抑或「直接於都市更新條例中明訂不動產投資信託基金投資範圍之豁免規定」，咸認為「都市更新投資信託」與「不動產投資信託」除標的範圍容有不同外，但其法律架構應無二致。因此，為解決現行都市更新條例第 50 條與第 51 條之實施困境，由「信託業」或證券投資信託事業，取代「都市更新投資信託公司」募集或私募都市更新投資信託基金或不動產投資信託基金，應為將來都市更新條例之修正趨勢；而主管機關除將持續扮演公開募集市場管理者角色，更將盡力保護投資人之權益及促進市場健全之發展，以進一步提升及活絡證券市場。

第七章　結構式商品之法律問題探討

第一節　前　言

　　金融商品 (Finance Instrument) 之特質在於能因應時代之需要而創造，並具有其可塑性之財務工程設計，能迎合投資人之實際需求，在美國聯邦銀行 (Fed) 十五次的調降利率之後，微利時代已歷經多年，然而醞釀多時之利率調升已悄然而至，在緊接著 Fed 於 2004 年 6 月及 8 月各調升利率一碼之際，代表低利率政策的時代已接近尾聲❶，我國利率水準雖然在國內貨幣仍然寬鬆；並未隨美國同步反映，但是金融界已有隨時因應利率調升所須面臨問題的準備，而在這利率波動轉折之歷史時刻，回顧在這段微利時代所出現的金融商品，包括銀行、證券商或保險業相繼發行相當多的衍生性商品，尤其是應運而發展出來的結構式債券 (Structure Note) 及結構式存款 (Structure Deposit) 等標榜高報酬高配息之商品 (High Yield)，此種結構型商品將債券或存款所需支付與償還之利息及本金的價值，連結 (Link) 決定在一些特定標的之價值，參與利率 (Rate) 或指數 (Index)，在金融創新 (Innovation) 的結果，其種類相當的多，是高度財務工程創作的智慧結晶，但也由於各相關商品包括金融、期貨、保險、證券等的結構性混合，故有稱之為混合負債工具 (Hybrid Debt Instrument)，或衍生性證券 (Derivative Securities)。

　　在微利時代由於可連結未來所預測利率波動的風險，故該等商品可預先墊高利息的報酬，可是也相對必須鎖住 (Locked) 利率波動循環所預計之期間，因此在低利率時固然可享有較高之利息報酬，但也因此必須遵守約定之期間不得要求領回本金之條件，否則必須負有高額之懲罰性賠償，而在利率之反轉使利息報酬相對的降低下，其套牢資金無法抽身，甚至可能變為零或負數，這種衍生性商品，在國內發行數量為數不少，初步估計可

---

❶　參閱《工商時報》，93 年 8 月 11 日，第 18 版。而美國聯邦銀行於經過十六之調升利率之後，於 2006 年 5 月 10 日已升息至 5%。

能有數千億甚至上兆元之新臺幣❷，對國內之金融體系影響甚鉅，本章擬從這類結構式衍生性商品之定義、種類、存在之風險分析、法律定位、可能衍生之法律爭議及其解決方案提出探討，期望能有助於各界的參考。

第二節　定　義

　　為求進一步瞭解結構式債券及存款的內容，雖然其具有財務結構較為複雜，並混合各類似商品之特性，為衍生性創造之商品，在法令上並無明確之定義，但仍有必要就其名詞作一定義，以區隔其與一般較為單純型態金融商品之債券或存款內容之不同，茲就結構式債券與結構式存款等商品分別定義如下：

一、結構式債券（或稱連動債券）

　　㈠結構式債券是一種結合債券與衍生性商品的金融產品，一來具有債券的固定收益及保本特性 (Fixed Income)，二來可將債券的配息投資於風險與報酬率較高之選擇權 (Options) 或各種交換商品 (Swap)，後者就其資金之運用可以連動 (Linked) 到利率、匯率、股價指數或一籃子股票等，讓投資人有機會享受高槓桿財務操作之效果「以小搏大」，獲得高於定存甚至上檔獲利無窮的報酬率❸。

　　㈡結構式債券從現金流量之角度來分析可分為二部分，第一部分是純粹債券 (Straight Debt) 或固定收益商品，一般而言主要是到期保持本金的零息債券 (Principal-only or Zero-Coupon Bond)；第二部分則是衍生性金融

---

❷　據統計截至去年底估計有五、六千億購買外幣計價的結構式債券與投資型保單，至於國內銀行發行之結構式債券亦為數達數千億元。參閱《經濟日報》，93 年 8 月 2 日 A4 版。

❸　實務上可轉換公司債 (Convertible Bond, CB)、附買回之債券 (Repurchase Repo, RP) 及附賣回債券 (Reverse Repo, RS) 皆屬於較簡單類型之結構式債券。

商品，主要是可以創造高報酬之選擇權、期貨、股票或其他衍生性之交換合約等。其中零息債券部分，由於發行人只有在零息債券到期時償還本金，利息部分預先扣除，因此投資人在購買零息債券之際，其價格必然低於零息債券之票面金額，該差額即可事先規劃投資於高風險高報酬之商品，至於衍生性金融商品部分，由個別的股票、單一選擇權、期貨或交換商品等，逐漸轉變成由複雜財務工程設計出連結多個選擇權的金融操作，而可能獲得的報酬率也相對提高。

　　㈢目前有多家國外投資銀行 (Investment Bank) 經我國原財政部核准來臺募集發行新臺幣債券，並將所募集之資金以換匯換利方式 (Cross Currency Swap, CCS) 辦理匯出時，將原發行利率調整得以固定利率、浮動利率、反浮動利率或以固定利率交換之利率結構等型式，用以參考定價方式發行債券，而國內銀行銷售之結構式債券大都是以外幣指定用途信託資金（特定用途之金錢信託）投資於海外債券，再用其配息投資於風險與報酬率較高之衍生性金融商品，國內一般商業銀行（含外資銀行）皆有辦理此項業務❹。惟近期結構式債券的操作已經由保住本金之架構（即所稱保本型商品），逐漸轉變成追求高報酬，但不保住本金，或是本金部分轉換成衍生性金融商品等操作模式（即所稱股權連結型商品）。其風險已並非 100% 的保本，有些僅有 95% 或 97% 的保本架構，風險就是虧損本金的 5% 或 3%；同時可能存在到期被轉換成衍生性金融商品的風險，由於結構式債券所連結之衍生性金融商品的操作可能不如預期，導致本金到期被轉換成金融商品而出現虧損，此一風險就無法被鎖定。因此，若金融機構未充分揭露該等商品之風險，僅以「保本」為訴求，將有誤導投資人之虞。

二、結構式存款

　　結構式存款尚非法令專有名詞，並無特定之統一定義，此種商品運用

---

❹　參閱中央銀行曾於 93 年 7 月初函准花旗銀行代理北歐投資銀行 (Nordic Investment Bank) 申請募集之債券，得以部分增列以固定期限利率交換之利率結構方式訂定發行利率即其例子。

係由於低利率時代，投資人基於利率持續走低，再加上資金浮濫，部分銀行拒絕收受大額之定期存款，於是國內外很多銀行或證券商透過財務工程設計出存款連結 (Interest Rate Swap, IRS) 或債券等之新金融商品而來，由該類存款之結構型態而言，是結合存款之利率與其他指數或相對應商品的升降之靈活的運用，經精算之結果所設計在微利時期其利率自然較一般定存為高，故能迅速吸引市場之投資人，但由於利率或其他指數的反轉，可能面臨之風險其程度因商品之種類而有不同，甚至血本無歸，故是結合定存、投資、避險或投機等不同偏好之商品，並符合特定需求之投資金融商品。

第三節　結構式債券之種類

　　大體而言，結構式債券可分為兩大類，包括參考利率連動之結構式債券以及與匯率、商品與股價指數連動之結構式債券，茲進一步分述如後：

一、參考利率連動之結構式債券

㈠正浮動利率債券 (Floating Rate Notes, FRN)

　　正浮動利率債券係指債券票面利率先按預定公式計算發行後，在定期隨著參考利率調整每期票面利率，參考利率可選定以一年期定存牌告利率或 90 天銀行承兌匯票利率等，國外皆是以 LIBOR 為參考利率，所以與投資人逐期兌領的債息金額不同。浮動利率債券可以由一個支付固定利息的債券加上一個利率交換來合成。假設一公司有兩種籌資的策略，發行一個 2 年期之 FRN，利息的計算為 6 個月的 LIBOR 加上 25 個基點 (bp)，另外該公司也可以發行一個支付固定利率的債券，然後再簽訂一個名目本金為標的之利率交換，在這利率交換中，發行公司同意以支付 6 個月的 LIBOR 加上 25 bp 去交換固定的利息收入，若第二個籌資工具將其現金流量相互抵銷之後，就類似合成一個結構式債券之 FRN ❺。

㈡反浮動利率債券 (Inverse FRNs)

　　反浮動利率債券於 1986 年第一次由學生貸款協會 (The Student Loan Market Association, Sallie Mae) 以殖利率曲線債券 (Yield-Curve Note) 之名稱發行。反浮動利率債券又稱為多頭浮動利率債券 (Bull Floaters)，因為其票面利率的設計會使參考利率愈低時，其債息愈高，例如 25% 利率減去三個之 LIBOR 等，而利率轉為低檔一般皆為債市多頭❻。

㈢槓桿型浮動利率債券與槓桿型反浮動利率債券 (Levered Floaters and Levered Inverse Floaters)

　　槓桿型浮動利率債券與槓桿型反浮動利率債券的特色即是參考利率變動時，此兩種結構式債券的債息變動會成倍數變動。由於槓桿型浮動利率債券，是一種空頭浮動利率債券 (Bear Floaters)，因在債市空頭時它具有較高之吸引力；尤其是空頭浮動利率債券類似 FRN，只是其債息變動幅度是參考利率變動幅度的數倍而已。

㈣階梯債券 (Step-Up Bonds)

　　階梯債券的特色在於債券存續期間之前半段與後半段的債息並不相同，前半段的利率較低且不為發行公司可贖回 (Callable)，而後半段利率較高，但公司可以贖回。階梯債券可視為傳統固定利率債券與標的物為參考利率的買進選擇權。

㈤雙指數浮動利率債券 (Dual-Indexed FRNs)

　　雙指數浮動利率債券的債息計算是根據兩種參考利率而定，在美國這兩個參考利率通常是 LIBOR 與 CMT 利率，典型的例子是聯邦房貸銀行所發行的雙指數浮動利率債券，該債券所支付的利息為 10 年期 CMT 利率與 6 個月 LIBOR 之差再乘上本金。

㈥本金浮動型債券 (Principal-Indexed Debt Securities)

---

❺　有關正浮動利率債券之產品種類及其基本設計之原理，請詳王慎、黃信昌及簡忠陵合著，《債券市場理論與實務》，第 311 頁以下，財團法人中華民國證券暨期貨市場發展基金會發行，92 年 7 月初版。

❻　有關反浮動利率債券之案例，詳同前註，第 313 頁。

上述所有的結構式債券皆是改變其債息計算的方式，結構式債券也有一些改變本金計算方式的債券，本金浮動型債券即是其中之一，若將定期償還本金的債券其定期償還的金額隨著參考利率的變動而調整，即是本金浮動型債券。最常見本金償還隨著參考利率變動的債券為指數攤銷債券 (Index Amortizing Notes, IANs)，IANs 定期償還本金的計算方式通常是參考 LIBOR 的變化。參考利率愈高，該期償還的金額愈少，導致債券償還之有效到期期間愈長。IANs 可以利用固定利率債券或 FRN，再加上一個具有選擇權功能的利率交換 (Index Amortizing Rate Swap, IAR) 來合成。

二、與匯率、商品與股價指數連動之結構式債券

這部分所介紹之結構式債券，其價格的推導皆與標的貨幣、產品或股價指數有關，當然每一種結構式債券皆可拆解成負債部分與衍生性合約部分。

㈠雙貨幣債券 (Dual-Currency Bonds)

雙貨幣債券以一種貨幣支付債息（通常是投資人國家的貨幣），而以另一種貨幣償還本金（通常是發行者國家之貨幣）。PERLS (Principal Exchange-Rate Linked Securities) 類似雙貨幣債券，但不像雙貨幣債券本息以不同貨幣支付，PERLS 的本息以同一種貨幣支付，但到期償還本金的價值是隨著外幣來變動，假如外幣升值，則投資者將回收較多的本金，反之，若外幣跌，則回收本金將較少，故整個債券本金將面臨外匯風險，從投資者觀點，PERLS 可分解成一個普通債券，一個可以購買外幣的遠期外匯合約。Reverse PERLS 則與 PERLS 相反，當外幣升值時，所需償還本金價值減少，從投資者觀點，簡單的說 Reverse PERLS 可視為一個普通固定利率債券，賣外幣的遠期外匯合約與買進選擇權的組合。

㈡金價連動債券 (Gold-Indexed Bonds)

在 1986 年由一家叫 Pegasus 的黃金公司所發行，Pegasus 發行一個附有黃金認購權證（歐式、現金清算之選擇權）之債券，不像其他的結構性債券，債券的各個組成分子不可分開出售，Pegasus 所發行的金價連動債券，其純粹債券部分與衍生性合約部分可分開來出售。當金價上漲，Pegasus 的

獲利增加，投資者可以在到期日執行認購權證，類似參與公司之獲利，故此種債券之發行成本較一般債券為低。投資人也可以保有純粹債券部分而只出售黃金認購權證部分，除此之外若在到期前金價上漲，因 Pegasus 所發行的認購權證為歐式的，無法提前執行，投資人仍可將之賣出以參與公司的獲利。

(三)銅價連動債券 (Copper-Indexed Notes)

由一家叫 Magma 的銅礦公司於 1988 年發行，其債券規格是 10 年期，每季付息，利息的計算是決定於銅礦平均價格的變動，投資人無法將該選擇權與債券部分分開。此種結構式債券可拆解成一個純粹債券與亞洲式買進選擇權。

(四)股價指數連動債券 (Equity-Indexed Notes)

股價指數連動債券與銅價連動債券相同，其債息是決定於股價指數或發行公司股票價格的變動，故也可拆解成普通零息債券與一系列買進選擇權之組合。

(五)股價指數連動定存單 (Equity-Indexed CDs)

股價指數連動定存單與股價指數連動債券相同，只是股價指數連動定存單多為銀行等金融機構所發行，與股價指數連動債券不同的是，股價指數連動定存單並不定期付息，只有在到期時依照下列兩者較高金額償還：

1. 定存單之本金。
2. 定存單之本金＋股價指數漲幅之某一倍數。

第四節　結構式存款之種類、特性及操作方式

一、反浮動利率存款 (Inverse Floater Deposit)

反浮動利率存款是以市場利率之反向變動作為給付利息之依據，換言

之，當市場利率上揚時反浮動利率定存的票面利率是下降的，反之，當市場利率下滑時反浮動利率定存的票面利率是上揚的，一般而言都是以一固定利率 CP 或 LIBOR 表示，由於利率不能低於零，故有時訂有票面利率不得低於零之下限規定。而承作銀行為規避利率風險，會另承作新臺幣利率交換及匯率選擇權。運作方式係投信基金向承作銀行存入一筆定存，承作銀行依約支付利息並於到期時退回本金。但基金提前解約時，由於僅能向原承作銀行申請，故流動性較差，不一定能保證本金不發生損失，在實例上例如○○投信○○基金與○○銀行承作反浮動利率存款，其利率條件為 4%–2×90 Day CP，最低為 0.10%，每季付息一次。

二、信用連結型定存（Credit Linked Deposit，簡稱 CLD）

此定存連結於證券投資信託基金原先購買之金融債券，如證券投資信託公司經理之債券型基金將反浮動金融債券出售給承作銀行，承作銀行利用 IRS 將金融債券的現金流量轉為固定利率後，以信用連結型定存的型式出售給證券投資信託基金，架構上類似投資人或證券投資信託公司與銀行承作定存加上賣出一個賣權，利息配發和金融債券連結，在契約存續期間，如連結之金融債券標的公司未發生任何信用事件（破產、支付違約、債務加速到期、拒付／延期償付、債務重整），投資人或證券投資信託公司即可依約定之票面利息收取利息並於到期時領回投資本金。反之，若於契約存續期間，該金融債券標的公司發生信用事件，契約即告結束，投資人或投信公司僅能領回發生信用事件的金融債券，並依其市場價值取回投資之本金。故就投資人或投信公司而言，其所承受之信用風險除與原持有該金融債券相同外，還多了承作銀行本身之信用風險。當投資人或投信基金提前解約時，投資人或投信公司需支付承作銀行原為規避利率風險所承作之新臺幣利率交換之沖轉盈虧及承擔所領回金融債券之價格變動。例如：○○債券基金與荷蘭銀行承作信用連結型定存，連結標的為台北銀行金融債券，年利率 1.44%，每半年付息一次，承作期間為四年，其贖回條件為：存款金額於存款終止日返還之，若信用連結公司（台北銀行）於存款終止日之

前或當日發生信用事件或避險事件（基金持有信用連結債務及／或繼續交換交易變為不合法、不可能或不可實行時），存款將依交割程序抵銷信用連結公司交割義務及交換交易（即銀行就其存款義務所進行之結構型利率交換交易）沖銷成本。

三、央債連結型存款 (Bond Linked Deposit)

此類商品之交易本質係投信基金賣了一個央債的賣權給外商銀行，運作方式則是投信公司經理之債券型基金或承購人先在外商銀行存入一筆定存，雙方約定存款期間及標的央債的執行價格，到期時，外商銀行可選擇以給付定存之本利和（通常比一般傳統式定存高，這就是投資人購買此項商品所收取之賣權權利金），或以約定之執行價格將央債交割給投資人，外商銀行究竟以哪一種方式為之，則與央債之市場價格以及外商銀行對未來利率的看法與部位調整有關，由於無法確定外商銀行究會以哪一種方式為之，故實務上投資人在契約期間會有評價上之困擾。

四、交換利差型存款 (CMS Deposit)

運作方式係投資人或投信基金存入一筆定存，計息方式由長天期 IRS 利率減去短天期 IRS 利率計算之，承作此項定存之時機，通常係認為長短天期利差界於某一區間有升高之可能性,但投資人或投信基金提前解約時，不一定能保證本金不發生損失，且由於僅能向原承作銀行申請，故流動性較差。例如：○○投資之債券基金與德意志銀行承作交換利差型存款，利率為 $2\times(\text{CMS 5 y}-\text{CMS 2 y})+0.40\%$，下限為 0.10%，每季付息一次，計算方式為於每季付息時，看當時的五年期 CMS 與二年期 CMS（參考路透社新臺幣五年期或二年期利率交換契約，計算買價與賣價利率之算術平均值所決定之新臺幣五年期或二年期利率交換契約之中間值）來計算應付利息，承作期間為五年。惟原投資之 CMS 存款若中途解約，可能須支付銀行違約金，而將影響到原存款本金及利息。

五、區間計息式存款 (Range Accrual Deposit)

由銀行機構發行，信用風險與一般存單相近，但投資人提前解約時，不一定能保證本金不發生損失，且由於僅能向原承作銀行申請，故流動性較差。例如：投資人與中國信託商業銀行承作區間計息式存款，其利率條件為若新臺幣 90 Day CP≤5.00%，依 1.48% 計算，若新臺幣 90 Day CP>5.00%，依 1.38% 計算，每季付息一次，承作期間五年，其提前解約條款載明：「本定期存款如因不可歸責於本行之事由，而於契約到期日前提前解約者，應賠償本行因此所生之一切損失（包括但不限於本行因避險所生之損失），並支付本行相關手續費用」。

六、信用連結式債券（Credit Linked Obligation，簡稱 CLO）

信用連結式債券 (CLO) 與信用連結式存款類似，二者之差異為本項商品所連結之標的為公司債或其他債務。其信用連結到債券者，稱之為信用連結型債券（Credit Linked Note，簡稱 CLN），此債券的連結標的是公司的信用狀況，通常是連結一個公司的債權如果在投資期間內，所連結的公司沒有發生信用違約事件 (Credit default)，則債券投資人就可以安全的拿回利息及本金。若所連結的公司發生信用違約事件，投資人就可能出現投資的虧損，或是直接取回該公司的債券自行向該公司求償。

七、信用連結式投資（Credit Linked Investment，簡稱 CLI）

此類商品所連結之標的可能是股票、指數等，惟經比較承作 CLI 及 CLD 之確認書，發現 CLI 所連結之標的並非股票或指數，其與 CLD 類似，主要之差異為 CLI 所連結之標的可能係公司債、金融債券或央債，而該等投資所連結標的並非投資人本身所持有之債券，反之，CLD 所連結之標的為投資人原所持有之金融債券。例如：投資人與荷蘭銀行承作信用連結式投資，連結標的為政府公債 A91111，利率條件為：若 3 mth LIBOR<1.50%，則為 3 mth LIBOR+1.10%，若 3 mth LIBOR≥1.50%，則為 5.50%-3 mth LI-

BOR，不低於 0%，每年付息一次，承作期間為九年，其贖回條件為：投資本金依「到期日或投資終止日」返還之，若信用連結之對象中華民國政府於投資終止日之前或當日發生信用事件或避險事件，投資本金將依交割程序抵銷信用連結公司交割義務及交換交易沖銷成本。再舉一例，投資人與荷蘭銀行承作信用連結式投資，連結標的為臺灣電力股份有限公司公司債，利率條件為：若 3 mth LIBOR<0.70%，則為 3 mth LIBOR，若 3 mth LIBOR≧0.70%，則為 4.80%–3 mth LIBOR，不低於 0%，每年付息一次，承作期間為十年，其贖回條件為：投資本金依「到期日或投資終止日」返還之，若信用連結公司（臺灣電力股份有限公司）於投資終止日之前或當日發生信用事件或避險事件，投資本金將依交割程序抵銷信用連結公司交割義務及交換交易沖銷成本。

第五節　店頭市場之結構式商品

　　一、國內於 92 年 4 月 24 日通過證券櫃檯買賣中心之「櫃檯買賣證券商從事轉換公司債資產交換暨結構型商品交易作業要點」，並於 92 年 7 月 1 日通過櫃檯買賣證券商從事結構型商品交易注意事項等相關規範及公告證券商得申請結構型商品交易之業務。直到 92 年 12 月 31 日始有證券商經營以新臺幣或外幣計價，報酬連結海外金融商品之結構型商品交易。

　　二、店頭市場之結構式商品 (Structured Notes) 係證券商為投資人「量身訂作」(Tailor-Made) 之契約，由證券商與投資人間承作一個結合「固定收益商品」與「選擇權商品」的組合型式商品交易，目前開放國內證券商經營之結構型商品，又可分為股權連結商品 (Equity-Linked Notes, ELN) 及保本型商品 (Principal-Guaranteed Notes, PGN) 兩種。茲簡述如次：

(一)股權連結商品

　　係結合投資人「賣出」選擇權的金融商品，選擇權的標的資產得為股票或其他股權證券。而選擇權的型態包括買權、賣權或買權與賣權的組合，

契約期間應介於 28 天至 1 年之間。

㈡保本型商品

係結合投資人「買入」選擇權的金融商品，選擇權的標的資產得為股票、股權證券以及利率型態商品。而選擇權的型態與股權連結商品相同，契約期間則應介於 3 個月至 10 年之間。

第六節　結構式商品在投上可能之風險

一、匯兌風險

除了少數由國內銀行或發行人設計以新臺幣計價之結構式商品外，由於結構式債券或存款多以外幣計價，因此投資人必須考量到申購時是以新臺幣兌換外幣，到期贖回時則是由外幣兌換新臺幣之匯兌風險。

二、流動性風險

結構式債券的發行期間多在 2 年至 7 年之間，若想提前贖回，必須在市場上賣出，一般至少要 10 萬美元以上才能到市場以市價贖回，若市價不佳，可能產生本金損失。連結式存款一般承作期間大約為 5 年以上，若有提前解約之必要時，必須支付承作銀行原為規避利率風險所承作之新臺幣利率交換 (IRS) 之沖轉盈虧，可能會產生額外之損失，另由於僅能向原承作銀行申請，亦會發生流動性風險。例如，某一投資人原與渣打銀行承作「到期保本型組合式存款」(Callable Inverse Floating Rate Structured Product) 1 億元，係屬反浮動利率存款，事後未到期即自行提前解約，必須負擔違約金就達到 200 萬元。

三、連動條件適用風險

連動債券都設有連動的條件。例如：有些連動債券是不接受提前贖回

的，否則須負擔可觀之違約金；有些連動債券對所連動之利率變動有一定之適用條件，像國泰銀行所發行的三年期美元利率連動債券，連動標的是6個月期美元 LIBOR（倫敦銀行間拆款利率），若第一年 LIBOR 變動在 0 至 4% 間，就可以拿到原先約定之 4.58% 之利息，但如果 LIBOR 變動超過 4% 的約定範圍，則利息為零。另外就反浮動利率存款、交換利差型存款及區間計息式存款之利息給付方式主要係以銀行所設算之利息公式來計算例如：反浮動利率存款 (4%–2×90 Day CP)、交換利差型存款 (2×(CMS 5 y–CMS 2 y)+0.40%)、區間計息式存款，其利率條件為若新臺幣（90 Day CP ≤5.00%，依 1.48% 計算，若新臺幣 90 Day CP>5.00%，依 1.38% 計算），基金或投資人可能會面臨利率變動之風險。

四、發行機構信用風險

結構式債券一旦發生債券發行機構倒閉，投資人將可能無從求償，故對於債券發行機構和債券本身一般都要求經過信用評等，依我國規定，不管是證券投資顧問事業得提供推介顧問服務之外國債券，或是金融機構辦理「指定用途信託資金投資國外有價證券」業務得投資之外國債券，皆以經慕迪投資信用評等服務公司 (Moody's Investors Services)、史丹普公司 (Standard & Poor's Corporation) 或惠譽國際評等公司 (Fitch) 評等為 A 級以上由國家或機構所保證或發行之債券為限。目前國內銀行推出的連動債券商品，其債券的信用評等亦多半 S&P 評為 AA 級左右，信用連結型定存 (CLD)，係持有之投資人將原持有之金融債券售予銀行，再由該銀行發行連結基金原持有金融債券之存款商品予基金，如連結之金融債券標的公司未發生任何信用事件（破產、支付違約、債務加速到期、拒付／延期償付、債務重整），投資人即可依約定之票面利息收取利息並於到期時領回投資本金。反之，若於契約存續期間，該金融債券標的公司發生信用事件，契約即告結束，投資人僅能領回發生信用事件的金融債券，以該金融債券抵付其存款本金。就投資人而言，其所承受之信用風險除與原持有該金融債券相同外，還多了承作銀行本身之信用風險。而信用連結式債券 (CLO) 及信

用連結式投資 (CLI) 所連結之標的並非原持有之金融債或公司債，較 CLD
又多了所連結標的額外之信用風險。

第七節　美國結構式商品之相關規範

自從美國 1999 年〈國會金融改革法案〉(Gramm-Leach-Blily Act) 施行
以來，有關銀行與證券業務得以跨業兼營使原來之區隔界線已不復存在，
我國亦師法英美法制為考量發揮總合效用，爰有金融控股公司法之立法，
而證券與金融整合之結果，使在資本市場用以籌集資金工具之有價證券，
與金融機構之收受存款之理財行為，得以結合在一起，再加以保險機構亦
得保險單附加投資有價證券之連結，所以在資本市場上已跳脫傳統之理財
觀念，存款、投資與保險在衍生性金融商品一再創新之下，界線愈來愈模
糊，然存款重保障，投資重報酬，保險重在風險之分攤，三種不同商品結
合在一起之後，可能會產生功能之重疊或喪失之效果，例如將存款或保險
金拿去投資，萬一投資失利，可能會傾家蕩產或有保險事故發生時無法支
付理賠之風險，因此有關新金融商品之設計與發行，應能通盤的考量與有
效地整合。此外，主管機關亦有相同之問題，對於監督管理上，也可能造
成搶著管之爭議或三不管之死角。以下僅就新近在市場上盛行之連動債券
來加以說明：

一、何謂「連動債券」

由於利率持續走低加以投資人歷經二年的股市空頭，導致一般投資人
財富大幅縮水。因此國內投資大眾在投資操作上逐漸趨向以保本為主的產
品，此時號稱能保本兼具高收益的海外「連動債券」遂應運而生，取代股
票型基金，成為市場熱門產品。據報導，我國機構法人或一般自然人之股
票型投資人投資在「連動債券」的金額可能達到新臺幣 1 兆元左右，而在
利率不斷昇高之下形成大部分皆套牢之情形。何謂「連動債券」? 一般而言

可分析如下：

㈠「連動債券」是一種結合債券與選擇權的金融產品，一來具有債券的保本特性，二來可將債券的配息投資於風險與報酬率較高之選擇權，後者可以連動到利率、匯率、股價指數與一籃子股票等，讓投資人有機會「以小博大」，獲得高於定存甚至 10% 以上的報酬率。

㈡基本上，連動債券可分為二部分，第一部分是固定收益商品：主要是到期保持本金的零息債券，第二部分則是衍生性金融商品：主要是可以創造高報酬之選擇權、期貨或是股票等。其中零息債券部分，由初期的美國政府機構債券，到現在的歐洲中期債券發行機構的金融債券，而本金風險也因此相對提高。至於衍生性金融商品部分，由個別的股票、單一選擇權或期貨等，逐漸轉變成由複雜財務工程設計出連結多個選擇權的金融操作，而可能獲得的報酬率也相對提高，包括下檔風險有限制之商品及高槓桿倍數未有下檔風險限制之商品。

㈢連動債券通常是以外幣指定用途信託資金投資於海外債券，再用其配息投資於風險與報酬率較高之衍生性金融商品，國內一般商業銀行（含外資銀行）皆有辦理此項業務。惟近期連動債券的操作已經由保住本金之架構，逐漸轉變成追求高報酬，但不保住本金，或是本金部分轉換成衍生性金融商品等操作模式。其風險可分為二種，一是並非 100% 的保本，有些僅有 95% 或 97% 的保本架構，風險就是虧損本金的 5% 或 3%；二是到期被轉換成衍生性金融商品的風險，由於連動債券所連結之衍生性金融商品的操作可能不如預期，導致本金到期被轉換成金融商品而出現虧損，此一風險就無法被鎖定。因此，若投資者只是一味的追求高報酬，卻忽略了投資此類產品保本的目的，這將違背當初投資的本意。

二、如何有效地監督管理連動債券

㈠結構式之金融商品從投資之適當性 (Suitability) 而言，通常為較具專業知識或有承擔風險能力之投資者始適合投資，不適合於一般散戶大眾，國內銀行以廣告方式、理財專員之招攬或以傳單放置營業櫃檯方式，向不

特定之投資大眾推銷結構式存款或「連動債券」。該等債券未經我國證券或金融主管機關之核准或申報生效，且未依外國發行人募集與發行有價證券處理準則規定經證券主管機關審准募集，對於應予公開揭露之風險與預告，或為虛偽隱匿，或有誤導之勸誘，將可能造成客戶及投資人無法預測之損失，發行人或販售者似已涉及違反證券交易法第 22 條有價證券之募集與發行，非經申報生效後，不得為之之規定，代銷之銀行則可能構成刑法上之幫助犯。

㈡且銀行代銷連動債券之行為，已違反財政部所訂「銀行辦理指定用途信託資金應客戶要求推介外國有價證券作業要點」中銀行辦理指定用途信託資金投資外國有價證券之推介行為，基於保護客戶之權益及非經合法程序不得公開招募，故應被動應客戶要求推介及不得向不特定多數人推介買賣外國有價證券與對所推介之有價證券為特定結果之保證等之規定。

㈢又連動債券之所以吸引投資人，主因在於股市低迷、利率偏低之情況下，其高槓桿的選擇權操作，仍然可為投資人創造誘人的超額利潤，況且其又兼具有保本之特性。但如前所述投資人在申購時，仍然必須面臨相當多之投資風險，故各國政府對於連動債券之銷售均會要求必須隨時揭露相關資訊給投資人。依規定，銀行向客戶推介外國有價證券，應設置專責研究部門提供研究報告，且推介計畫所引用之研究報告應每月更新。惟查國內辦理此項業務的銀行似未依此規定隨時向投資人揭露連動債券之相關資訊，亦未預告其可能之風險而濫用保證之說明，因此，可以預見未來投資人與銀行的糾紛將會層出不窮。準此應督促銀行遵行「銀行辦理指定用途信託資金應客戶要求推介外國有價證券作業要點」被動推介之相關規定，不得有私募或公開招募之行為。

第八節　結構式商品之相關法律爭議問題

一、結構式債券之法律定位

結構式債券為連結固定收益之債券本身與其標的相關選擇權之衍生性商品，就債本身而言，無論其為公司債、金融債券等都是證券交易法第 6 條所規定之有價證券，但就其所連結之選擇權或其他相對之衍生性商品而言，則是屬於期貨交易法第 3 條所規定之期貨交易契約，尤其依其未在集中交易市場之本質觀之，應是私下交易之店頭市場商品，而且並無定型化標準化之需求，故就法律適用上而言，有無期貨交易法之適用不無爭議，若該衍生性選擇權部分與金融貨幣等政策相關之商品，在 86 年 6 月已由中央銀行發布不適用期貨交易法之規定❼，但以反面解釋，在中央銀行與財政部發布豁免適用期貨交易法第 3 條規定之期貨交易以外之期貨交易契約，其無關貨幣、金融、外匯、公債等政策考量者❽，則仍應屬期貨交易法第 3 條第 1 項第 4 款所定之槓桿保證金交易契約之範疇，自不能免除期貨交易法規定之適用，而現行國內並未開放銀行體系外之槓桿保證金交易契約之交易，因此除了由銀行體系所承作之部分外，可能涉及違反期貨交易法之規定❾。

此外債券連結選擇權之後之混合體本身，其到底應以有價證券視之或以期貨交易契約視之，亦有爭議，混合型之衍生商品，在法律定位上本文

❼　參閱財政部於 86 年 6 月 1 日以(86)臺財證(五)第 03240 號函，發布在金融機構營業處所經營之期貨交易，不適用期貨交易法之規定。

❽　依期貨交易法第 3 條第 2 項規定，非在期貨交易所進行之期貨交易，基於金融、貨幣、外匯、公債等政策考量，得經財政部於主管事項範圍內或中央銀行於掌理事項範圍內公告，不適用本法之規定。

❾　依期貨交易法第 112 條第 4 款規定：未經許可，擅自經營槓桿交易商者，可處七年以下有期徒刑，得併科新臺幣三百萬元以下罰金。

認為比照簡單類型之結構式債券可轉換公司債 (CB) 來分析,其連結公司債券與轉換股票之選擇權, 現行證券交易在法律上將其定位在證券交易法第 6 條之有價證券 ❿, 從而結構式債券, 亦得以認定為證券交易法上之有價證券, 適用證券交易法上之相關規定, 而這包括是否公開募集應遵行法律規定, 至於私募則應符合私募之要件, 特別是風險之揭露上應以公開說明書或投資說明書為完整之預告。

二、公開招募及分散銷售所涉及之法律問題

基於結構式存款及連動債券所連結之標的, 除其本金部分外尚涉及衍生性金融商品之交易, 在財務之結構上具有相當之複雜性, 故不能等同於一般定存或單純之債券視之, 國外之實務對於連動債券及結構式存款之投資主要是採私募方式進行, 各國政府對參與投資者的資格, 均訂有嚴格規範, 通常是專業投資法人、具一定投資經驗之法人或自然人, 因為這些投資者本身已具有專業知識,對投資風險已能自我瞭解。惟經蒐集相關資料, 發現部分「銀行」有以廣告方式或以傳單放置營業櫃檯方式, 向不特定之投資大眾銷售「連動債券」, 此從各銀行所代銷之連動債券資料, 皆有發行人、募集期間及募集額度之記載等資料可得知。而依我國法令規定, 銀行辦理指定用途信託資金投資外國有價證券 (連動債券) 業務時, 對於一般投資大眾, 不得有廣告、主動推介之行為, 故銀行前揭以廣告方式公開勸誘之行為業已違反相關規定。由於該等債券未依外國發行人募集與發行有價證券處理準則規定經主管機關核准募集, 發行人可能會涉及違反證券交易法第 22 條有價證券之募集與發行,非經證券主管機關核准或向其申報生效後, 不得為之的規定, 若其為代銷之銀行則亦可能構成刑法上之幫助犯。

三、是否違反擔保本金或最低收益之規定

另依信託業法第 31 條規定, 信託業不得承諾擔保本金或最低收益率,

---

❿　參可轉換公司債屬於證券交易法第 6 條第 1 項所定公司債之一種,當然應認定其為證券交易法之有價證券。

故信託業辦理信託業務，本質上即不得保本，金融局及中央銀行外匯局於90年間並曾函釋，信託業（即銀行）以信託資金投資連動債券應不得負擔彌補本金之虧損。故實務上銀行業者所推出之「五年期美元高利率結構式債券」，或所謂之「半年期雙贏高配息債券」，其保證幾年之後有高達固定倍數之收益，其可能涉有承諾擔保本金或最低收益率之情事。

四、是否有違不得主動推介之規定

又銀行推介結構式存款或代銷連動債券之行為，與現行「銀行辦理特定用途信託資金應客戶要求推介外國有價證券作業要點」中，要求銀行辦理指定用途信託資金投資外國有價證券之推介行為，應被動應客戶要求推介及不得向不特定多數人推介買賣外國有價證券與對所推介之有價證券為特定結果之保證等之規定不符。

五、債券型基金是否得投資結構式商品

由前述結構式債券或存款，有些較保守之類型能控制下檔之風險而不致有本金虧損之風險，有些商品則由於財務工程之設計，其上檔獲利與下檔風險則未有限制，雖然高風險高報酬，雖得以較高風險來提昇可能之報酬，但由於國內債券型基金 (Bond Fund) 由於其贖回後隔天即可取得價金，具有與貨幣市場基金相同之流通性與變現性，而且其利息及報酬是只往上升，故一般投資人常以為是類似貨幣市場型之基金 (Money Market Fund)，在區隔上常有誤解，也因此每因外在非理性因素影響其贖回之判斷，也因為應付贖回則須有流動性準備，在強烈流動性與變現性之需求下，更導致必須處分結構式商品，其求售因流通不易而有折價或被懲罰之可能損及受益人之權益，因此在整體上應嚴格區分，就現行國內之債券型基金不宜再增加結構式商品之部位，而投資此類型商品標的為主之基金，更應歸類為特殊型態之基金，並應明確告知受益人可能之風險，如此才能導正投資人之投資觀念與健全債券基金之發展❶。

---

❶　主管機關已明令原債券型基金組合持有之結構性商品，必須於94年12月31

六、審核方式與稅賦不一

　　結構式金融商品在國內之發行與交易，其不但商品種類繁多，財務工程複雜，在現行之法令規範亦參差不齊，在參與銷售者而言，包括信託業特定用途金錢信託與銀行業販售國外連動債券，銀行亦可自行承作或代理銷售結構式定存，保險業以販售保單之方式承作投資型保險商品連結為結構式金融商品，證券商則可與交易相對人為股權連結或保本型商品，證券投資信託事業則可發行保護型或保證型之證券投資信託基金等各式各樣之連結與販售管道，而主管機關在實務態度上，有採申報制，如信託業及銀行銷售之商品，有採核准制如投資型保單及證券投資信託基金。

　　在稅制上更是複雜，證券投資信託基金之受益憑證為有價證券，未課證券交易所得稅，其透過信託業指定用途信託資金方式銷售之海外連動債券或海外連結型商品，因發行機構為外國機構，除依最低稅負制之規定外，所產生之境外所得依規定免稅，而國內銀行辦理之結構式定期存款（或稱組合式存款），自然人購買銀行之結構式投資型產品，其適用課稅方式為牌告利率就源扣繳 10%，且適用利息所得之規定，該報酬係以利息所得之處理，依所得稅法規定，自然人可享 27 萬元的免稅額。然而，投資人向證券商購買之結構型商品，該商品卻經主管機關核定為期貨交易契約之範圍，故就其所產生之報酬，以財產交易所得（損失）課徵，個別投資人課徵個人綜合所得稅，依其個別情況適用不同稅率 6% 至 40%，機構法人課徵營利事業所得稅 25 ％，證券商推出之商品，在稅負上明顯趨於劣勢，導致投資人較不易接受，造成不公平之競爭，以上之差異，雖有認為不同發行者之信用及服務功能不同，內控其風控制度之落實亦有差異，應予以不同之競爭利基，不宜強加齊頭式之平等，然從功能性及公平競爭之基礎言，宜有統一作功能性之規範為妥。

　　日以前結清或出售，且出清該結構型商品之損失，必須由業者自行負擔，不得列入該基金淨值之損失，以徹底解決債券型基金可能面臨大量贖回之流動性不足問題，並達債券型基金與貨幣市場基金分流之目標。

第九節　結構式存款之爭議問題

一、結構式定存單之法律定位

　　結構式商品係一種結合固定收益商品（例如定期存款或債券）與衍生性金融商品（例如選擇權）的組合型式商品交易，該商品以本金之外可連結之標的眾多，包括利率、匯率、股價、指數、商品、信用事件或其他利益及其組合等所衍生之交易契約，已如前述，其間結構式定存單是否為定期存款或獨立之衍生性商品則有爭議，依原財政部 91 年 7 月 25 日號函示：「銀行於辦理連結存款與衍生性金融商品之新種金融商品時，仍須符合銀行法第 5 條之 1 之規定，不得有侵蝕存戶存款本金之情事[12]」。另原財政部 91 年 10 月 29 日函示：「……為免客戶混淆致降低風險意識，銀行於辦理是項業務時，除應充分告知客戶所將面臨之風險外，不宜以『存款』之名稱辦理是項業務」。而目前銀行自行銷售之結構型商品，有以「組合式商品」等非存款之名稱稱之，亦有以「組合式存款」之名稱辦裡之。[13] 另依中央銀行業務局 92 年 8 月 6 日函示：「連結存款與衍生性金融商品之新種金融商品，如不以『存款』之名稱辦裡……應按分解後之個別商品業務列帳，其中銀行收自存戶之本金，其交易本質仍屬定期存款，應依定期存款科目列帳並計提準備金」。[14]

　　因此此類組合式商品屬定期存款部分，是否符合「存款本金除收受存款機構倒閉外，無時間限制全數可回收」之特徵、是否列入存款保險保障之範圍，是否列屬存款科目等問題，亦有待釐清。而在現行銀行會計實務上大部分將本金列入存款，而將本金以外之利息以連結或投資衍生商品部

[12]　詳參原財政部 91 年 7 月 25 日臺財融㈡字第 0912001124 號函
[13]　詳參原財政部 91 年 10 月 29 日臺財融㈡字第 09118011927 號函
[14]　詳參中央銀行業務局 92 年 8 月 6 日臺央業字第 0920035244 號函

分，列入投資衍生性商品資產，所以必須面臨應否提列存款準備、是否列入存款保險及賦稅上之爭議。然金管會銀行局於 95 年 4 月 21 日經會同各銀行業討論後，決議認為結構式商品中之定期存款部份，不屬於存款保險之標的，不受存款保險之保障❺，但此一決議，更加深投資人之持有風險，故不宜由一般未具風險認識之小額投資人持有。

二、結構式定存與存款之比較

結構型商品中「新臺幣定期存款」是否符合存款之特徵，就一般傳統存款而言，包括支票存款、活期存款、定期存款等，雖法律上並未就存款作定義，但均具有本金無期間限制可 100% 收回、利息確定可預期及無須特殊金融知識即可瞭解等特性。❻而結構型商品不論是否以「存款」之名稱辦裡，其與一般傳統存款有下列差異：

㈠客戶選擇之適當性

銀行之存款為一般客戶都可運用之理財方式，並不須具備高深之專業，銀行之財務業務管理因事涉金融秩序與存款戶安全，有嚴格之監督管理，其穩健性相當重要，而結構式定存因有複雜之財務工程蘊涵在其間，非一般客戶所能理解，因此其適用之對象應屬較具高專業知識之法人或私募對象之特定人為妥。

㈡資金運用之目的

存款連結特定衍生性金融商品之結構型商品，係屬以獲取較高收益為目的，同時承擔較高風險之投資行為，與傳統之存款人將金錢存放銀行，以穩固獲取利息之本質並不相同。

㈢資金運用之權限

---

❺ 參閱行政院金管會 95 年 5 月 3 日金管銀㈢字第 09530002170 號函。

❻ 詳原財政部 91 年 7 月 25 日臺財融㈡字第 0912001124 號函，函示未明定所謂存款到期前解約時是否 100% 收回本金之特性，以致有認為結構式定存到期時可 100% 收回本金，亦符合該函示之意旨，但通常認為定期存款之本質，即使到期前解約，應僅喪失利息部分之權利而已，其本金應不受影響。

發行結構型商品定期存款之發行者，於發行計畫中已指定連結之投資標的，具有指定運用權，而一般傳統存款，銀行為消費寄託之受寄託人，除該款項之借貸外並無指定運用權。

㈣保證返還本金

部分以「存款」名稱辦理之結構型商品，僅在客戶持有契約到期或銀行要求提前到期，銀行方提供該產品保本之承諾。一旦客戶要求中途解約，則須依約對原建立之衍生性金融商品部位作平倉，不保證本金 100% 收回，而一般傳統定期存款，即使存款人中途解約，並不會損及存款本金，僅損失部分利息。

三、計提存款準備金

結構型商品中「新臺幣定期存款」其是否應就所列帳計提準備金，經銀行公會彙整 9 家本國銀行及 1 家外商銀行之情形，其將存款連結特定衍生性金融商品之結構型商品分為「新臺幣定期存款」及「衍生性金融商品」二部分，其中「新臺幣定期存款」為表內科目，列銀行帳，提列存款準備金，辦理存款保險，而「衍生性金融商品」為表外科目，以備忘錄記載。但計提準備金是保障銀行穩健之經營為目的，即使將結構式定存認定為非定期存款之衍生性金融商品，從銀行財務結構之健全性而言，並不妨礙要求計提準備金。

四、是否受存款保險之保護

結構型商品中「新臺幣定期存款」部分是否應單獨視為存款保險標的，依存款保險條例第 4 條規定，存款保險以本國貨幣之支票存款、活期存款、定期存款、儲蓄存款及信託資金為限。惟並非所有存款均屬中央存款保險公司保障範圍，依該條例施行細則第 3 條規定，存款保險標的不包括可轉讓定期存單、各級政府機關存款、中央銀行存款、金融機構存款及其他債務。爰列入存款保險標的者應係具有約定返還，亦即本金可 100 % 收回、利息確定可預期及無須特殊金融知識即可瞭解等特性之金融商品。結構型

商品之收益率與存款利率不同，從財務理論言之，應屬不同之金融商品，是否可將該商品再為拆解，部分適用存款保險保障，不無疑問。但從定期存款與結構式定期存款之本質差異，客戶購買結構式定存，由於所具有之風險分析，其較屬投資及資產管理之方式，雖有認為從客戶之角度觀察，可拆解為銀行幫客戶代理從事所連結商品之資產管理與投資運用，同時以客戶之本金當作擔保品，銀行本身之風險並未增加，僅是客戶投資之風險增加，故與存款保險在分散銀行經營利弊之風險不同，故可讓客戶之本金部分列入存款保險之範疇。

第十節　結　論

　　結構式商品是金融創新，以因應微利時代之智慧結晶，其商品種類繁多，構造複雜，然隨著低利時代的結束，原先商品的優點與好處，可能隨時空因素而反轉，這也是其特性，國內投資人對這類商品認識尚處於啟蒙之階段，外商銀行及國內較專業之發行人，也許已看準微利時代面臨轉折之契機，而大量發行此類商品，以先前較一般利率為高之報酬來引誘投資人購買，但投資人若未具專業之判斷或認識不清可能將面臨暴露或承受高度之風險中，在以往也許各界之焦點著重在其財務運作面，本章嘗試以法律面分析，期待以上之分析與探討，能有助於對其法律性質之認識，並希望就管理上有較嚴謹之規範，以保護投資人之權益。

第八章　票券金融管理法

第一節　前　言

　　票券為短期融通資金之有價證券，其為貨幣市場之信用工具，並非證券交易法第六條所規定具有投資性質之有價證券，在經濟社會之生活中，每一個經濟體都有對於資金融通與運用之需求，在早期工商業尚未發達，貨幣市場較不成熟之際，除透過中介機構之銀行體系往來以外，惟有仰賴私人間之借貸；或金融機構為因應其資金變動之不確定準備，而有短期性之融資需要時，必須靠金融機構同業間之拆款來進行，但由於資訊不透明，法律定位不明，以及缺乏安全機制，故對於貨幣市場之發展較為緩慢，迨經濟成長快速，工商業活動日益頻繁，鑑於經濟對於本票或短期票據之使用增加，中央銀行於民國 62 年 10 月開始發行國庫券以穩定金融，臺灣銀行於民國 64 年開始發行可轉讓定期存單，各種短期信用工具逐漸在市場上流通，再加上專家學者之鼓吹，爰有建立貨幣市場之倡議❶，故訂定票券金融管理之法令規範，為我國健全票券市場應為努力之目標。

　　而我國票券市場之建立係以民國 64 年 12 月 5 日頒布「短期票券交易商管理規則」為開端，截至民國 95 年 5 月止，我國有 14 家專業經營之金融票券公司、43 家銀行兼營短期票券業務，並有 8 家證券商申請兼營短期票券之經紀、自營業務，短期票券業務已相當蓬勃發展，而在立法過程中，原 64 年發布之短期票券交易商管理規則係以法規命令之方式訂定，嗣後為尋求法源依據，遂配合銀行法第 47 條之 1 所訂「經營貨幣市場業務之機構，應經中央主管機關之許可,其管理辦法由中央主管機關洽商中央銀行訂之」之授權規定，於 82 年 10 月 15 日發布票券商業務管理辦法，83 年 8 月 24 日修正為票券商管理辦法，然票券商管理事涉權利義務規範之處甚多，故銀行法於 89 年 11 月 1 日增訂第 47 條之 2，為使經營貨幣市場業務之機構能準用相關銀行法之規定，嗣後為考量票券業務管理之完整規範，並提升

---

❶　參閱黃天麟著，《金融市場》，第 127 頁，三民書局，83 年 8 月再版。

為法律位階，於 90 年 9 月 7 日經立法院三讀通過訂定票券金融管理法❷。該法並於 93 年 2 月 4 日配合加重金融犯罪之刑責責任修正第 58 條、第 58 條之 1、第 58 條之 2、第 71 條之 1 及第 71 條之 2❸。另於 94 年 5 月 18 日增訂第 58 條之 3、第 58 條之 4 及第 72 條之 1，以加重因犯罪所得財產之追償❹，另於 95 年 5 月 30 日為配合刑法廢止連續犯，及將共犯區分為正犯或共犯之規定，修正第 58 條之 2 及第 74 條之規定❺。

　　票券金融管理法係由銀行法分離後為獨立之專法，但因票券商同為金融機構之本質，故準用或適用銀行法之規定甚多，而新立法之票券金融管理法已從銀行法以事業體之票券商管理為主之規範，調整為以票券金融業務為主之整體規範，為一功能性之管理規範，全部條文共分八章 81 條條文，第一章為總則，訂定立法目的、主管機關、業務內容等 12 條條文；第二章為票券商之設立及變更之規定，共計 8 條條文；第三章為票券業之業務項目、內容及管理之規範，共計 11 條條文；第四章為規範票券商之財務管理，共計 11 條條文；第五章為行政機關之監督與管理，共計 11 條條文；第六章為規範票券金融商業同業公會之設立與管理，計 4 條條文；第七章為罰則，包括行政刑法、行政罰及行政處分之規定共計 20 條條文；第八章為附則，規範本法訂定前後有關法律之適用、施行細則及施行日期，共計 4 條條文，本章擬就本法之規範重點分別加以探討。

---

❷　90 年 7 月 9 日總統⑼⑼華總一義字第 9000134930 號令發布全文 74 條條文。

❸　93 年 2 月 4 日總統⑼⑶華總㈠義字第 09300016571 號令修正發布。

❹　94 年 5 月 18 日總統⑼⑷華總㈠義字第 09400072501 號令修正發布。

❺　刑法於 94 年 2 月 2 日修正公布，並自 95 年 7 月 1 日施行，其中第四章章名由「共犯」修正為「正犯與共犯」，原共犯包括共同正犯部分，則修正為共同正犯為正犯之範圍內，並使共犯僅包括教唆犯及幫助犯，故有關之法律必須配合修正，金融控股公司法、銀行法、信託業法及票券金融管理法等金融管理法律，亦在包裹修正中，票券金融管理法於 95 年 5 月 30 日總統⑼⑸華總㈠義字第 09500075831 號令修正發布。

第二節　票券金融管理法之立法目的

　　票券金融管理法原為短期票券交易商管理規則加以提昇為法律之位階，其立法目的依第 1 條之規定，在於加強票券商之監督管理，配合國家金融政策，促進貨幣市場交易人之權益。

　　而在健全貨幣市場之規定方面，票券金融管理法明定對於信用評等之加強、短期票券最低買賣面額及發行面額之強制規定、短期票券應經票券商簽證、票券買賣價格之揭露、交易紀錄之詳實記載、規範票券商業務人員之積極與消極資格條件、集中保管結算及短期票券實體交易等規範，茲進一步分述如下：

一、健全貨幣市場交易有關規定❻

(一)加強信用評等

　　依票券金融管理法第 5 條規定，短期票券除「國庫券」、「基於商品交易或勞務提供而產生，且經受款人背書之本票或匯票」及「經金融機構保證，且該金融機構經信用評等機構評等者」外，票券商不得簽證、承銷、經紀或買賣發行人未經信用評等機構評等之短期票券。因此對於未經有信用評等之金融機構保證者，則票券商不得為簽證、承銷等，將加重發行者之成本，間接鼓勵加強信用評等。

(二)明定短期票券最低買賣面額及發行面額

　　依票券金融管理法第 23 條規定，票券商從事短期票券之買賣，其最低買賣面額，由主管機關會商中央銀行定之。經票券商承銷之本票，其發行面額，由主管機關會商中央銀行定之。其最低買賣面額為新臺幣 10 萬元，發行面額以新臺幣 10 萬元為最低單位。

---

❻　參閱行政院金融監督管理委員會銀行局網站 http://law.banking.gov.tw/Chi/FLAW/FLAWDAT0201.asp。

(三)短期票券應經票券商簽證

1. 依票券金融管理法第 27 條規定，票券商辦理簽證，應盡善良管理人之注意。應經票券商簽證之短期票券種類，由主管機關訂之。

2. 公司及公營事業機構以債票型式發行之本票應經票券商簽證。但基於商品交易或勞務提供而產生，且經受款人背書之本票，不在此限，即融資性商業本票應經票券商簽證。

(四)應公開對買賣價格揭露

1. 依票券金融管理法第 24 條規定，票券金融公司辦理短期票券或債券自營業務，應依主管機關規定方式揭露買賣價格。兼營票券金融業務之金融機構辦理短期票券自營業務，亦準用之。

2. 另對於買賣參考價格，應於每日營業前，依不同天期別或發行期別於其營業場所及網站公開揭露，遇利率波動幅度較大時，應予隨時調整。

二、加強票券商財務業務之管理

(一)明定交易應詳實記錄

1. 依票券金融管理法第 22 條規定，票券金融公司辦理短期票券或債券之簽證、承銷、經紀或自營業務，應詳實記錄交易之時間、種類、數量、金額及顧客名稱。兼營票券金融業務之金融機構辦理票券金融業務，準用之。

2. 至於所稱詳實記錄「交易之時間」，於成交單應記錄至「日、時、分」，成交單以外之單據應至少記錄至「日」。

(二)強化票券商業務人員之管理

1. 明定所稱票券商業務人員，指為票券商管理或從事短期票券之簽證、承銷、經紀、自營或結算交割，或公司有關短期票券之內部稽核或會計。

2. 對於為票券商管理前項業務之人員，係指票券商經理、副經理、襄理、科長、副科長或與其職責相當之人。

(三)集中保管結算交割

1. 依票券金融管理法第 7 條規定，經營短期票券集中保管、結算、清

算之機構，應經主管機關許可。

2.另於同法第 26 條第 3 項規定，集中保管機構之短期票券，其買賣之交割，得以帳簿劃撥方式為之；其作業辦法，由主管機關會商中央銀行定之。

四短期票券無實體交易

1.依票券金融管理法第 26 條第 1 項及第 5 項規定，短期票券得以債票或登記形式（即無實體）發行。短期票券以登記形式發行者，其買賣之交割，得以帳簿劃撥方式為之；其發行、登記及帳簿劃撥作業辦法，由主管機關會商中央銀行定之。

2.依同法第 26 條第 3 項規定，短期票券以登記形式發行者，其買賣之交割，得以帳簿劃撥方式為之，其發行、登記及帳簿劃撥作業辦法，由主管機關會商中央銀行定之。

第三節 票券金融管理法之規範主體與客體

票券金融管理法為規範票券金融活動之法律，而所謂票券金融活動，通稱為短期票券往來與銀行業間拆款之貨幣市場活動 (Money Market)，貨幣市場活動由參與行為之主體人 (Market Participants)，為短期票券標的之發行、簽證、承銷、經紀、自營或背書之活動者，其參與市場活動之主體與相對人包括中央政府、地方政府、金融機構與一般之自然人或法人，而其最主要的參與者為票券商，至於行為客體為短期票券，而貫穿連結其主體與客體者則為票券金融業務之行為，涵蓋簽證、承銷、經紀、自營、保證或背書等之業務行為，故票券金融管理法為規範票券金融業者，就所提供短期票券之相關服務行為之法律。

第一目　票券商

票券商為提供短期票券相關服務之業者，依票券金融管理法第 4 條第 4 款定義，係指票券金融公司及經主管機關許可兼營票券金融業務之金融機構，而票券金融公司依同條第 3 款規定，係指經主管機關許可，為經營票券金融業務而設立之股份有限公司，故票券商包括專業經營之票券金融公司及經主管機關許可兼營之金融機構，兼營之金融機構為銀行及證券商，但銀行不包括信託投資公司，證券商則限於必須同時經營有價證券承銷、自行買賣及行紀或居間之綜合證券商始得為之❼。

一、票券金融公司之設立

票券金融公司為需經主管機關許可之事業，由於票券金融公司並不再區分票券經紀、自營、承銷不同之分業執照，與證券商分為經紀商、自營商、承銷商尚有差異，故其設立門檻較高，其設立之標準依票券金融管理法第 14 條之規定，授權由主管機關訂之❽，茲就其設立標準及程序分述如下:

㈠資本額

申請設立票券金融公司，其最低實收資本額為新臺幣 20 億元，發起人不得有法令所定犯罪前科或不良債信等之消極資格情事，且發起人及股東之出資以現金為限。並採發起設立方式，發起人於發起時一次認足發行股份總額，並至少繳足所認股比率之 20%。

㈡籌設許可

申請設立票券金融公司，應由發起人檢具書件向主管機關申請設立許

---

❼　參閱原財政部 92 年 8 月 1 日臺財融㈣字第 0924000634 號令修正發布,金融機構兼營票券金融業務許可辦法第 2 條之規定。

❽　參照原財政部 91 年 1 月 8 日臺財融㈣字第 0904000394 號令,訂定票券金融公司設立標準。

可，其書件內容包括票券金融公司設立許可申請書、營業計畫書（載明業務之範圍、業務經營之原則與方針及具體執行之方法，包括場所設施、內部組織分工、人員招募培訓、業務發展計畫及未來三年財務預測）、發起人名冊及證明文件、發起人會議紀錄、發起人無消極資格限制情事之書面聲明、發起人依規定開設專戶存儲股款之證明、發起人之資金來源說明、預定總經理、副總經理、總稽核之資格證明、公司章程，應含董事會之職責及其與經理部門職權之劃分、會計師及律師之審查意見及其他經主管機關規定應提出之文件。

㈢營業許可

申請設立票券金融公司者，應於取得主管機關籌設許可後六個月內向經濟部申請公司設立登記，並於辦妥公司設立登記後三個月內，檢具書件向主管機關申請核發營業執照，其書件內容包括營業執照申請書、公司登記證明文件、驗資證明書、依規定存儲保證金之證明、公司章程、發起人會議紀錄、股東名冊及股東會會議紀錄、董事名冊及董事會會議紀錄；設有常務董事者，其常務董事名冊及常務董事會會議紀錄、監察人名冊、董事、監察人及經理人無法令所定消極資格情事之書面聲明、經理人與業務人員名冊及其資格證明文件、含組織結構、部門職掌、人員配置、管理、培訓、業務管理及會計制度之內部控制制度、內部稽核制度、營業之原則及政策、作業手冊及權責劃分等之業務章則及業務流程、十四日以上之模擬營業操作紀錄及其他經主管機關規定應提出之文件。

二、金融機構兼營票券金融業務

所稱兼營為申請並取得營業許可，以經營該項業務，但本業與兼營業務間並非為獨立之個體，而是在同一法人體系下之不同獨立部門而已，故金融機構兼營票券金融業務，無論其為銀行或證券商，就票券業務部分，其指撥之營運資金與會計應分別獨立，與轉投資或成立子公司為兩個獨立之主體尚有不同，金融機構申請兼營票券金融業務之限制及程序等相關規定，可分述如下：

㈠申請兼營之限制

　　金融機構轉投資票券金融公司之持股比率超過該票券金融公司實收資本額 20% 者，除主管機關另有規定外，不得申請兼營票券金融業務。但在 92 年 8 月 3 日前金融機構轉投資票券金融公司之持股比率超過該比率，並已經主管機關核准兼營票券金融業務者，得繼續兼營。但不得申請增加兼營之分支機構或票券金融業務項目 ❾。

㈡籌設許可之申請

　　金融機構於申請時最近一年內無違反票券金融管理法、銀行法受罰鍰處分或無受證券交易法第 66 條各款處分者，得向主管機關申請許可兼營票券金融業務，其申請時應檢具依規定格式之申請書、董（理）事會會議紀錄（外國金融機構得以總機構授權人員同意之文件取代）、營業計畫書及其他經主管機關規定應提出之文件。而營業計畫書應載明辦理短期票券簽證、承銷、經紀或自營業務之部門或分支機構、市場環境評估、業務經營之原則及方針、未來三年營運量及損益預估，並敘明估計基礎、人員配置、管理及培訓及業務手冊（包括作業流程、會計處理程序與內部控制及內部稽核制度等）。

㈢營業許可之申請

　　金融機構經許可兼營票券金融業務者，應自許可之日起六個月內，向目的事業主管機關申請換發總機構（或分支機構）營業執照（許可證照）後，始得辦理業務，其申請時須檢具書件，包括主管機關許可函、業務人員名冊、已存儲保證金之證明文件及其他經主管機關及目的事業主管機關規定應提出之文件。

第二目　貨幣市場工具

　　依本法第 4 條第 2 款規定，票券金融業務係指短期票券之簽證、承銷、

---

❾　參閱原財政部 92 年 8 月 1 日臺財融㈣字第 0924000634 號令修正發布，金融機構兼營票券金融業務許可辦法第 3 條之規定。

經紀及自營業務，而所謂短期票券，依同條第 1 款之用詞定義，係指期限在一年以內之短期債務憑證，包括國庫券 (Treasury Bill, TB)、可轉讓銀行定期存單 (Negotiable Certificate of Deposit, NCD)、公司公營事業發行之本票或匯票 (Trade Acceptances or Banker's Acceptance) 及其他經主管機關核准之短期債務憑證，就客體之貨幣市場工具而言，可進一步說明如下。

一、國庫券

　　國家政府施政，為因應財源短絀之需要，得以公債向社會大眾籌措資金，以預先舉債方式充裕國庫收支之調配，而其舉債之方式包括發行公債、國庫券及其他之長短期借款，在公共債務法所定之額度內，依國庫券及短期借款條例，中央政府為調節國庫收支，得發行未滿一年的國庫券，其為政府發行債券之一種，為證券交易法第 6 條第 1 項所定之有價證券，用來治借未滿一年的資金所發行的債務憑證。中央銀行、財政部於發行國庫券後，得隨時買回尚未到期之國庫券，達到穩定金融的目的。由於國庫券由中央銀行所發行，其債信良好，本身幾乎沒有信用風險。

　　國庫券的發行期限通常可分為 91 天、182 天、273 天及 364 天四種，發行方式在民國 88 年 7 月 7 日修正前可依照面額發行甲種國庫券，到期時連同利息一次清償，逾期未領停止計息，修正後刪除原甲種國庫券之發行，留乙種國庫券，故現行國庫券是採貼現方式發行，到期時依照票面金額清償，可以發行債票也可無實體發行方式不發行債票而以登記形式發行。如以債票形式發行，債票為無記名式。但承購人承購時，得申請記名。如果以實體發行，則應為記名式，國庫券以債票形式發行時，交付實體債票與承購人，到期憑票兌領本息。以登記形式發行時，不交付實體債票，由中央銀行或清算銀行將承購國庫券有關資料登載在機器處理會計資料貯存體內，並發給承購人國庫券存摺。國庫券可以自由轉讓、設定質權或充作公務上保證使用。以債票形式發行的記名國庫券，轉讓、設定質權或充作保證使用時，應先向原經理銀行辦理過戶相關手續。以登記形式發行者，非經登記不得對抗第三人。票券金融事業可直接參加國庫券之投標，亦可以

票券之經紀人身分受企業、法人或自然人委託參與投標買賣，至於標售底價，由財政部洽商中央銀行訂定。

二、 可轉讓銀行定期存單

存單為存款之憑證，依銀行法第 3 條第 2 款及第 8 條之規定，銀行得經營的各種存款，其中包括定期存款，而所謂定期存款係指有一定時期的存款，通常為一個月、三個月、六個月、九個月及一年期等，存款人憑存單或依約定方式提取的本息。而對於該定期存單持有人亦得在到期日前，自由流通轉讓。銀行定期存單為表彰債權之一般有價證券，且其利率水準不受政府核定利率上限之限制。

銀行發行之可轉讓定期存單在到期前得轉讓質押或賣出，其利息收入之所得稅，採分離課稅方式，其稅率為 20%，可為靈活運用。可轉讓定期存單依其是否載明持有人，可分為記名式與無記名式兩種，其利率依照存單票面記載利率計算，存款在存單到期時一次支付本息。到期前不得提取，投資人有資金需求時，得以存單辦理質押借款或在貨幣市場出售。銀行定期存單由於為銀行發行，一般而言，在信用風險與流動性，其與國庫券相比較相對較低，故其收益與風險較高。

三、 商業本票 (Commercial Paper, CP)

商業本票為一年期以內之短期票據，其發票人為經營工商業之公司或企業，而本票依票據法第 3 條規定為發票人簽發一定金額，於指定到期日，由自己無條件付款與受款人或執票人的票據。商業本票為信用工具，由發票人擔任付款或指定擔任付款人代其辦理付款之短期的無擔保票據，在公開市場發行，發票人簽發本票用以融通資金或籌集資金並表彰發行公司的債務。發行商業本票通常為信用評等較高的公司，用來作為替代銀行貸款的另一融資方法。商業本票依其發行目的區分，又可分為融資性商業本票 (CPZ) 與交易性商業本票 (CPI)。融資性商業本票係為籌集短期資金而發行，並與受託人間無實際交易行為。由於無實際交易行為，融資性商業本

票通常必需經金融機構保證，且該金融機構經信用評等機構評等，方得在貨幣市場交易，另其得向不特定人發行，故發行公司需委託票券金融公司予以簽證，交易性商業本票係基於有實際合法交易行為所簽發的本票。賣方取得買方因交易所簽發用以付款的本票，因有資金需求經背書並檢附交易憑證，得向票券商辦理貼現，通常不需經其他金融機構保證，因此不需擔負保證、簽證、承銷手續費用，另融資性商業本票須有金融機構保證，信用風險低，而且發行手續簡便，為工商業界籌措短期資金的有力工具。

四、銀行承兌匯票

銀行承兌匯票 (Trade Acceptances or Banker's Acceptances) 主要在提供商品或勞務交易買賣雙方短期資金之融通，使交易相對雙方當事人在缺乏信任與熟悉對造之信用狀況下，對於無法以遠期匯票方式進行延期付款交易之困難，得以透過往來銀行承兌信用之方式來解決，依票據法第 2 條規定，匯票係指發票人簽發一定之金額，委託付款人於指定之到期日，無條件支付與受款人或執票人之票據。故匯票票據之當事人包括發票人、付款人與執票人，執票人於票載到期日前，得向付款人為承兌之提示，承兌為承諾兌現之意思表示，經付款人承兌後，付款人有為票據支付票款之義務，而付款人若為銀行者，匯票於經過銀行承兌後，即為銀行承兌匯票，而銀行承兌匯票，對於公司或公營事業機構開立發票發行之匯票，期限為一年以下者，屬於票券金融管理法第 4 條第 1 項第 4 款所定之短期票券。

依銀行法第 15 條及第 16 條之規定，銀行承兌匯票可分為由商業承兌匯票轉化而來者與配合信用狀而產生者，前者為因國內外商品交易或勞務提供產生之匯票，以出售商品或勞務提供者之相對人為付款人而經其承兌者，為商業承兌匯票，該相對人再委託銀行為付款人而經銀行承兌者為銀行買方委託承兌匯票，另銀行法第 15 條對出售商品或提供勞務之人，依其交易憑證於交易價款內簽發匯票，委託銀行為付款人而經其承兌者，為賣方委託承兌之銀行承兌匯票。至於依銀行法第 16 條所定之信用狀，為銀行受客戶之委任、通知並指定受益人，在其履行約定條件後，得開發一定金

額以內之匯票，由該銀行負責承兌或付款之文書，根據該信用狀而產生承兌匯票，亦屬銀行承兌匯票之範圍。

五、附買回或賣回條件交易

對於中長期固定收益 (Fixed Income) 之債券或短期債務工具之票券，投資人為短期資金之融通或賺取固定之利息收入，可與票券交易商為約定債券附買回條件交易（Repurchase Agreement，簡稱 Repos 或 RP），或為附賣回條件交易（Reverse Repurchase Agreement，簡稱 RS），一般而言，對於票債券的附條件交易，可視為短期資金融通交易的一種。從票券交易商的觀點，附買回交易是指投資人與交易商約定，對於票券交易商所持有之票債券買賣不採買斷方式，而由交易商提供票債券，換取客戶的資金，並在交易時約定一定利率與承作天期，到期時，交易商再以事先約定的利率買回該債券，所以投資人並不需承擔票債券本身價格波動的風險，僅是賺取固定的利息收入而已。附賣回交易則為持有票債券的投資人，於需要短期資金運用時，以票債券賣予承作的交易商以換取短期資金，投資人到期時再以原約定的利率買回該票債券，而交易商負責提供客戶所需資金並賺取利息。

票債券附條件交易的承作期間通常短期為一天，最長不超過一年，故為短期債務工具。由於附買回條件交易 (RP) 係由交易商提供票債券來換取顧客的資金，具有融資性質[10]，為維持金融穩定，中央銀行對於票債券附買回的操作設有額度上限。至於附賣回交易因係由交易商提供現金，屬於交易商自行投資行為，不牽涉到信用的擴張[11]。

---

[10] 附條件買回交易有認為是買賣斷之交易行為，投資人與票券交易商從外觀上而言，是兩個買賣行為，但亦有認為是融資行為之一種，通常其交易並未為實體之交付，而投資人僅取得票債券之保管條，到期時就利息及相關費用予以結清而已。

[11] 參閱李榮謙、方耀合著，《國際金融小辭典》，第 167 頁至第 168 頁，臺灣金融研訓院，92 年 8 月初版。

六、其他經主管機關核准之短期債務憑證

對於到期日在一年以內之票券，若其標的為債券或其他之債務憑證，得經主管機關認定為短期票券之範圍，例如票券金融公司兼營證券自營商業務，其得辦理債券之自行買賣業務，依金融資產證券化條例之規定，特殊目的公司或受託機構發行期限在一年以下之受益證券或資產基礎證券，得經主管機關核定為短期票券之標的 ❷。

第四節　票券金融管理法規範之行為

票券市場之運作，主要在於短期資金需求者與短期資金供給者，包括政府、金融機構、企業法人及自然人等，透過票券金融機構之中介機能，使雙方能賣出或買入合格之短期債務憑證，取得或提供短期資金，而有關票券之發行、交易及交割業務之進行可分述如下。

第一目　初級市場

票券之發生係由發行人創造並出售，以交付予投資人，而票券之發行在型態上可分為融資性商業本票之承銷及票券商首次購入國庫券 (TB)、可轉讓銀行定期存單 (NCD)、銀行承兌匯票 (BA) 及交易性商業本票，而融資性商業本票之承銷包括包銷及代銷兩種，包銷係由票券金融公司代辦部門進行銷售或標售，期滿未售完部分，則由票券金融公司依約定價格承受，而代銷則對於期滿未售出部分，送回發行公司自行處理。

一、簽證承銷

在票券強制集中保管之前，融資性商業本票之發行，在程序上發行公

---

❷　參閱原財政部 92 年 6 月 10 日臺財融㈣字第 0920025919 號令。

司治妥票券商簽證及承銷事宜，並治妥保證機構為約定額度之保證，然後簽發融資性商業本票，由票券商在簽證欄內加蓋簽證圖章，證明票券所載事項真實，嗣後由票券商再送保證機構蓋保證戳章並取回票券。將票券送請保管銀行保管，辦理承銷時於購買人交付款項後，交付該票券予購買人，因此在通常簽證及承銷商多為同一票券商。在票券集中保管結算施行後，發行公司之發票人於治詢保證人後，可簽發實體票券交由票券商辦理簽證承銷，票券商將實券送請集中保管結算機構委託之實券保管銀行保管，並將送存指令通知集中保管結算機構由該機構查對實券保管銀行無誤後，透過保管結算交割系統比對保證訊息及票券商送存指令是否吻合，若資料數據相符,則由票券集中保管公司建立票券資料送交票券商以完成送存作業。

二、背書保證

票券之背書或保證，背書人或保證人負有擔保承兌、付款之義務，而背書、保證之主要功能，在於提高票券之信用，以方便其流通性，依票券金融管理法第 21 條第 1 項第 6 款之規定，票券金融公司得經主管機關核准，經營短期票券之保證、背書業務，票券商可就發行人所發生之本票、匯票或其他票券，簽名保證，匯票或本票為信用工具，經保證人之票券金融機構保證後，保證人與發行人負同一之責任，屆期如發行人到期無法支付時，應由保證人負支付之責任。對於融資性商業本票，由於其缺乏自償性，故通常須經金融機構如銀行、票券金融公司之保證始得發行 ❸。

三、標　售

國庫券之發行為政府及國庫用以籌措資金，現行國庫券係採登記發行者較多，並以貼現及公開標售之方式為之。對於初級市場票券之標售，係

---

❸　對於經證券交易所審定為第一類上市股票之發行公司,並取得銀行授予信用額度之承諾所發生之本票, 政府事業機構所發生之本票, 及股份有限公司組織、財務結構健全之證券金融事業所發生之本票, 可免金融機構保證, 而所謂財務結構健全係指經信評達一定之等級。

由投標人之銀行、保險業、票券金融公司及中華郵政股份有限公司等為限，自然人及其他法人不得直接參與投標，必須委託票券商，以行紀之法律關係，用票券商之名義參加投標。

第二目　次級市場

票券之初級市場，即將票券出售與原始投資人之交易所構成之市場，而次級市場即由原始持有之投資人，再出售予其他新的投資人之交易所構成之市場，其原持有之投資人因出售之交易行為而回收其投資之資金，而次級市場之交易，主要可分為買斷交易與附條件交易，所謂買斷交易係指賣方之票券公司將票券所有權完全轉移給買方之投資人，而附條件交易係指賣方之票券公司於賣出票券時，約定在未來某一特定日期依約定價格向買方之投資人買回票券。而在交易過程中票券商所扮演之角色與功能，可為中介買賣之經紀行為 (Broker)，亦可擔任以自己名義進行買賣之自營行為 (Trader)，而自營買賣有創造市價 (Market Maker) 之功能，茲進一步說明如下。

一、經紀業務

所謂經紀業務，為民法行紀契約之一種，依民法第 576 條規定，係以自己之名義，為他人之計算，為動產買賣或其他商業上之交易，而受報酬之營業行為，票券商接受客戶之委託，以票券商名義為行紀或居間買賣短期票券，並收取報酬或手續費 (Commissions) 由客戶自負盈虧之交易行為，由於票券市場不若證券市場有集中撮合競價之市場交易，而係直接對票券商透過詢價或議價之交易，故其為兩造投資人從事撮合交易者為經紀業務，若直接承受或授予信用者為自營之業務行為，依票券金融管理法第 21 條第 1 項第 3 款至第 5 款所定票券金融公司得經營之業務項目，包括經紀業務項目，且同法第 22 條第 1 項並明定，業務之進行應詳實記錄交易之時間、種類、數量、金額及顧客名稱。

二、自營業務

　　自營業務係以自己之名義與為交易行為之對造當事人，直接從事買賣之行為，其盈虧自屬由為自營之票券商承擔，而票券商以機構法人之身分，基於專業之判斷對投資人為買賣票券或授信，也由於票券商對市場之利率與得投信之額度有較充分之瞭解，故具有穩定市場價格並扮演市場價格創造之機能，例如本票執票人持有新臺幣一千萬元之交易性商業本票，其距到期日尚有 90 天，商洽請票券商買入該商業本票，而票券商以自營商身分向初級市場買進票券，一般係以貼現率報價，假設當時市場之貼現率為 7.5%，則每萬元承銷價格為（1 − 貼現率 × 發行天數/365）× 10,000 =（1 − 7.5% × 90/365）× 10,000 = 9,815.069，而票券商之貼現利息為 10,000,000 −（9,815.069 × 10,000,000/10,000）= 184,931，故執票人或發票人實得金額為 10,000,000 − 184,931 = 9,815,069，此際票券商係為賺取貼現利息而自營買入該交易性商業本票，而於到期日再向本票債務人請求清償。

三、附條件交易

　　所謂附條件交易，包括附買回或附賣回條件交易，依票券金融管理法第 4 條第 9 款規定，指買賣雙方約定，由出賣人或買受人於約定日依約定價格買回或賣回原短期票券、債券之交易。換言之，即經由買賣雙方同意，於買方支付買價予賣方，賣方交付票券予買方，且同時雙方約定，於特定期日或因一方之要求經他方同意後，由買方以原票券賣還並交付於賣方。而依中華民國票券金融商業同業公會所擬訂之票券條件買賣總契約範本第 6 條至第 12 條規定，其附條件買賣契約之買方及賣方權利義務通常規範如下：

(一)票券標的物之所有權

　　為交易標的之票券於賣還日前，其所有權歸屬於買方。

(二)賣方之瑕疵擔保

　　個別買賣中為賣方者，應保證於交易日交付買方之票券，無任何瑕疵

或負擔，足以影響買方取得所有權。

㈢買方之瑕疵擔保

個別買賣中為買方者，應保證於賣還日交付賣方之票券，無任何瑕疵或負擔，致有害於賣方回復其所有權。

㈣買方違約之責任

個別買賣中為買方者，在交易日未於短期票券集中保管結算機構規定時間內給付買價時，賣方得解除該個別契約。買方並應支付賣方自交易日起至終止日止，以該個別契約約定之買價為本金，按中央銀行短期擔保融通利率為基數，再加計 1.5 倍之利率算得之利息，作為賠償之金額。另個別買賣中為買方者，未於賣還日交付應賣還之票券於賣方時，賣方得於市場買入同種類、同數量之票券以為替代，如其價款高於約定賣還價格時，其差額應由買方補足。

㈤賣方違約之責任

個別買賣中為賣方者，未於賣還日支付賣還價格時，交易標的票券所有權仍屬買方所有，買方得於市場處分交易標的票券，所得之價款低於約定賣還價格時，其差額應由賣方補足，違約之一方並應給付他方自約定賣還日起至他方購入替代票券或處分當日止，以原應交付票券之票面價額為本金，按該票券發行利率為基數，再加計 10% 之利率算得之利息，作為賠償之金額。

㈥有關設定質權之限制

個別契約中，買方以交易標的票券辦理設質時，質權人以原交易之賣方為限，且為設質之交易標的票券以賣方之自有券為限。買方於設質時應先出具擔保物提供證或類似文件，載明同意賣還日應續作後再設定質權於賣方（質權人），暨買方（債務人）發生重大事故時，質權所擔保之債權即視同屆期，質權人得就交易標的票券實行質權抵償。

四、票券次級市場之交易流程

投資人在票券市場從事交易，首先必須檢具相關書件先行在票券商開

戶，而短期票券若為透過票券集中保管公司為交割結算需為無實體發行，而交易通常係透過電話或網路進行，投資人欲參與交易者，可洽票券公司交易員報價，然後議定交易之利率、天期及金額，票券金融公司製作成交單，於經確認後傳真或電話通知客戶詳細金額與確認資金收付銀行帳號，票券成交後送保管銀行製作保管收據或保管條，實體之交割則以郵寄或由票券公司派員方式送交成交單與保管收據，其為無實體交易者，可透過保管銀行、交易商、中央銀行之清算系統與票券集中保管公司之網路系統連結，進行即時交易 (Real Time Gross System, RTGS) 與清算交割程序，不必掣發保管條並可減省人工郵寄等之麻煩。

五、票券次級交易之報價方式❶

㈠收益率之計算

票券次級市場交易以收益率 (Yield Rate) 方式報價，而收益率之計算公式如下：

收益率 (Yield Rate, Y)＝（面額或到期值－買賣價格）÷ 買賣價格×365÷實際發行天數

㈡各種票券到期稅後實得計算方式

1. 商業本票與銀行承兌匯票之到期稅後實得 = 面額－（面額－承銷價格）×20%（分離課稅）

2. 銀行可轉讓定期存單之到期稅後實得 = 面額 ×[1 + 票面利率 ×(1－20%)×（月數/12 + 加天/365）]

㈢買（賣）斷與附買（賣）回之價額計算方式

1. 投資人買(賣)斷應付(收)價額 = 到期稅後實得 ÷[1 + 收益率 ×(1－20%)×（距到期天數/365）]

2. 投資人約定以附買（賣）回方式到期賣出（買入）票券應收（付）價額 = 原約定買（賣）價 ×[1 + 收益率 ×(1－20%)×（持有天數/365）]

---

❶　參閱中華民國票券金融商業同業公會所舉案例，網址：http://www.cbf.com.tw/in_center_3.html。

3.投資人以約定附買（賣）回方式中途解約賣出（買入）票券應收（付）價額＝原附買（賣）回到期應收（付）價額÷[1＋收益率×（1－20%）×（距附買（賣）回到期天數/365）]

四買（賣）斷與附買（賣）回之計算實例

1.買斷商業本票

投資人假設於買斷一筆面額新臺幣 1,000,000 元之商業本票，到期稅後實得金額為 997,534.2，為期 90 天，收益率為 4.9%，其應付金額與稅後實得利息計算如下：

(1)應付金額＝ 997,534.2 ÷ [1 ＋ 4.9% ×（1 － 20%）× 90/365] ＝ 987,984.6

(2)實得利息（稅後）＝ 997,534.2 － 987,984.6 ＝ 9,549.6

2.買斷銀行承兌匯票

投資人購入面額新臺幣 1,000,000 元之 6 個月銀行可轉讓定期存單，票面利率 5%，假設該銀行可轉讓定期存單距到期日尚有 120 天，收益率 5.1% 成交，其到期稅後實得與應付價額、實得利息（稅後）計算如下：

(1)到期稅後實得＝ 10,000,000 × [1 ＋ 5% ×（1 － 20%）×（6 ÷ 12）] ＝ 10,200,000

(2)應付價額＝ 10,200,000 ÷（1 ＋ 5.1% ×（1 － 20%）× 120/365）＝ 10,064,991

(3)實得利息（稅後）＝ 10,200,000 － 10,064,991 ＝ 135,009

3.附買回交易

投資人（非免稅單位）於票券商訂定附買回交易新臺幣 9,800,000 元，為期 30 天，假設利率為 4.75%，其到期應收價額與實得利息計算如下：

(1)到期稅後實得

＝ 9,800,000 × [1 ＋ 4.75% ×（1 － 20%）×（30/365）] ＝ 9,830,608

(2)實得利息（稅後）＝ 9,830,608 － 9,800,000 ＝ 30,608

4.附買回交易提前解約若前述

前例投資人尚餘 21 日前臨時亟需資金周轉，經洽票券商同意按 4.75% 提前買回，則其中途解約應收價額與實得利息（稅後）計算如下：

(1)中途解約應收價額

$= 9,830,608 \div [1 + 4.75\% \times (1 - 20\%) \times (21/365)] = 9,809,162$

(2)實得利息（稅後）$= 9,809,162 - 9,800,000 = 9,162$

第五節　票券金融公司業務之管理

一、票券金融公司不得經營未經核定之業務項目

票券金融公司為須經許可之金融機構，其業務項目依票券金融管理辦法第 21 條，係採正面表列之方式加以規定，必須取得主管機關之許可，並於營業執照載明之**⓯**，非經主管機關核定之業務項目，票券金融公司不得經營，其得經營之業務項目如下：

㈠短期票券之簽證、承銷業務。

㈡金融債券之簽證、承銷業務。

㈢短期票券之經紀、自營業務。

㈣金融債券之經紀、自營業務。

㈤政府債券之經紀、自營業務。

㈥短期票券之保證、背書業務。

㈦企業財務之諮詢服務業務。

㈧經主管機關核准辦理之其他有關業務。

票券金融公司業務項目之簽證、承銷、經紀、自營、保證、背書已如前述，至於企業財務諮詢服務業務，為一般之財務或企劃顧問之業務，有

⓯ 為方便業務項目之變更登記、簡化許可執照製作之繁複與收取規費之負擔等，現行主管機關已朝向執照僅是載明概括業務之內容而已，其細項則以核准函方式，由業者於網站上揭露以達公示之效果，參閱原財政部 93 年 4 月 28 日臺財融㈣字第 093400346 號函，惟在不修正法律規定下是否得直接簡化此程序規定，不無商榷之餘地。

關短期票券之分析、諮詢或提供專業意見之顧問事項，自得在業務項目範圍，但對於金融債券、政府債券之諮詢服務或承銷、經紀、自營業務部分，由於屬於證券交易法第 6 條所定之有價證券，故是否涉及證券投資信託及顧問法或證券交易法有關須申請轉投資或兼營證券投資顧問及證券商之營業許可執照，不無疑義，由於證券投資顧問事業或證券商亦為許可行業，因此宜依證券投資信託及顧問法第 66 條規定，或證券交易法第 44 條規定，在經主管機關核准或許可之前提下，以兼營或轉投資方式為之。至於一般財務、企劃之諮詢服務，若非屬於許可業務之範疇，自亦得為之。另對於票券金融公司經營之業務項目，與資金之融通有關，其涉及中央銀行主掌之外匯業務範圍，應經中央銀行之許可。

二、留存及詳實記載相關之業務資料

票券金融公司為金融機構或上市、上櫃公司，亦為營利事業，其財務、業務之進行，必須依相關法令之規定，登載及留存相關之交易紀錄，並妥為保存，以備在稅務、行政機關查核或當事人間紛爭處理之依據，依票券金融管理法第 22 條第 1 項規定，票券金融公司辦理短期票券或債券之簽證、承銷、經紀或自營業務，應詳實記錄交易之時間、種類、數量、金額與顧客名稱，另依商業會計法第 5 章之規定，票券金融公司為營利及依法登記之事業，故在會計事務之處理上，包括登帳、會計憑證之繕製及保存等均應依規定辦理❶，同時證券交易法第 178 條第 1 項第 3 款亦明定，發行人及證券商等未依法或主管機關基於法律所發布之命令規定製作、申報、公告、備置或保存者，得處新臺幣 12 萬元以上 240 萬元以下罰鍰。

---

❶ 依商業會計法第 38 條規定，各項會計憑證，除應永久保存或有關未結會計事項者外，應於年度決算程序辦理終了後，至少保存 5 年，各項會計帳簿及財務報表，應於年度決算程序辦理終了後，至少保存 10 年，但有關未結會計事項者，不在此限。

三、應依規定報價

票券市場為店頭市場 (Over-The-Counter) 及議價市場，為使票券商之自營業務發揮市場創造者 (Market Maker) 之功能，使投資人有參考之依據，並發揮市場資訊透明化之效果，票券金融管理法第 24 條第 1 項規定，票券金融公司辦理短期票券或債券之自營業務，應依主管機關規定之方式揭露買賣價格，負有報價之義務，且於同條第 2 項明定，經報價及詢價後，票券金融公司對於買賣價格及額度已承諾者，負有依該價格及額度進行交易之義務，課予票券金融公司有承接交易之責任，以避免恣意報價擾亂行情並期能達到報價價格之公正性。至於短期票券買賣之最低買賣面額及經票券商承銷本票之發行面額，為使標準化以方便發行、交易及得適度調整或篩選從事買賣投資人之資格與門檻，依票券金融管理法第 23 條第 1 項及第 2 項規定，授權由主管機關會商中央銀行訂定之。

四、應負保密之義務

票券金融公司對於業務之行為，由於職務上關係掌握客戶財產交易之相關資訊，包括財務、業務或交易有關資訊等，往往涉及客戶之財產權及隱私權，為盡善良管理人之注意及客戶權益之保護，因此除法律或主管機關另有規定外，應予嚴守秘密，而所謂法律另有規定者，如電腦處理個人資料保護法、刑事訴訟法、民事訴訟法、洗錢防制法、行政執行法等，至於主管機關另有規定者，如聯合徵信資料中心之相關建檔資料等，而在特殊與市場公共利益或社會秩序之維護有關事項之下，兩害相權取其輕所為之但書規定。

五、利害關係人交易之限制

票券商買賣或持有利害關係人所發行之短期票券、債券，為防範利益衝突，圖利特定對象，故票券金融管理法第 28 條參考銀行法第 33 條有關利害關係人有擔保授信限制規定之立法體例，明定除銀行發行之可轉讓定

期存單及金融債券外，其他之票債券之買賣條件不得優於其他同類交易對象，且應經由信用評等機構評等為一定等級以上之其他金融機構保證或承兌，未經保證或承兌者，其發行人應經信用評等機構評等為一定等級以上，而且持有總額並應受一定之限制 ❼，而此一規定可進一步分析如下：

(一)利害關係人之範圍

1.以法人身分或推由其代表人當選為票券商董事或監察人之企業。

2.持有票券商實收資本額 3% 以上股份之股東或票券商負責人擔任董事、監察人或經理人之企業。

(二)信用評等等級

信用評等可因獨立、客觀、公正的專業機構參與對評等標的包括受評機構本身或其發行之商品，就其內控內稽制度、信用風險 (Risk) 之程度或操作績效 (Performance) 等進行評估 (Rating)，以提供投資人較具公信力的參考資訊，對於票券金融公司與關係人交易發行或持有之短期票券或債券，為期品質應至少在信評機構認為可投資之範圍，始不至於以垃圾債 (Junk Bond) 或劣質標的從事掏空、利益輸送或其他有損票券商及投資人權益之情事。

六、徵信調查

票券商辦理本票之承銷、保證或背書，由於承銷、保證或背書，必須擔負自行認購，或擔保承兌、付款之責任與風險，故必須審慎為之，依票券金融管理法第 29 條規定，票券商應對發行本票之公司詳實辦理徵信調查，查證其發行計畫及償還財源，並取得經會計師查核簽證之財務報表及查核報告書，以決定承銷、保證或背書金額，此即對客戶應有充分之瞭解

---

❼　此一規定之買賣或持有，由於以票券商自有資金參與，故有利益衝突之可能發生，包括包銷、自營、保證、背書等存在有此一舞弊之空間，故法律加以適當之規範，但對於代銷及居間，由於對於未銷售完竣或介紹客戶相互間之交易，不涉及利益矛盾之情事，故票券金融管理法施行細則第 6 條規定，就第 28 條所定買賣或持有不包括代銷及居間。

(Know Your Customer)，亦即對客戶之適當性 (Suitability) 之調查 ❽，但承銷之本票經其他金融機構保證者，其與有擔保之情況相同，故可排除在此限制範圍之外。

第六節　票券商之財務管理規範

　　票券商之經營事涉貨幣金融市場之安定與發展，並與交易相對之當事人權益息息相關，而票券商之財務是否健全將直接影響其經營體質，準此對於票券商有關之財務結構、損失準備之提列、逾期授信催收款之清理及呆帳之轉銷、保證金之存儲與轉投資之限制等，票券金融管理法皆有進一步嚴格之管理規範。

第一目　授信風險之限制

一、對同一企業關係人短票保證背書之限制

　　為分散授信之風險，以避免因特定授信對象之違約或呆帳導致票券商經營之危機，票券金融管理法第 30 條規定，主管機關對於票券金融公司就同一企業、同一關係人或同一關係企業辦理短期票券之保證、背書，得予合理限制，其限額由主管機關定之。茲分述如下：

(一)同一關係企業之範圍

　　係指依公司法第 369 條之 1 至第 369 條之 3、第 369 條之 9 及第 369

---

❽　對客戶適當性之調查有認為是票券商之義務，其未盡調查應負行政及民事上責任，但本文認為此為票券商之權利並非義務，否則使未具適當性之客戶持以作為減輕或免責之藉口。有關對客戶適當性與徵信義務之探討，詳參拙著論期貨交易參與者之民刑事責任，政治大學法律學系博士論文，第 66 頁至第 75 頁，87 年 11 月。

條之 11 規定，包括有控制與從屬關係之公司、相互投資之公司及實質控制之母子公司，控制他公司有表決權之股份或出資額，超過他公司之總股數或總資本額半數，或對該他公司直接或間接控制人數、財務或業務經營者。

(二)所稱同一關係人

係指票券金融公司為保證之企業及與該企業有下列各款關係之一之他企業：

1.該企業與他企業之董事長或總經理為同一人，或有配偶、直系血親關係者。

2.該企業與他企業之保證人或擔保品提供者為同一人或有二人以上相同者。

3.他企業為該企業之保證人或擔保品提供者。

4.前述 2.所稱同一人，指同一自然人或同一法人；2.及 3.所稱保證人，不包括各級政府公庫主管機關或經政府核准設立之信用保證機構。

(三)保證及背書之額度限制 ⑲

1.票券金融公司對同一企業辦理短期票券之保證、背書總餘額，不得超過該公司淨值 12%，其中以無擔保方式承作者，不得超過該公司淨值 5%。

2.票券金融公司對同一關係人辦理短期票券之保證、背書總餘額，不得超過該公司淨值 35%，其中以無擔保方式承作者，不得超過該公司淨值 20%。

3.票券金融公司對同一關係企業辦理短期票券之保證、背書總餘額，不得超過該公司淨值 35%，其中以無擔保方式承作者，不得超過該公司淨值 20%。

4.配合政府政策，經財政部核准之專案保證案件，不計入本規定所稱之總餘額。

5. 90 年 10 月 17 日前既有之保證、背書案件，其餘額超過前述規定之限額者，嗣後不得再增加額度。

---

⑲　參閱原財政部 90 年 10 月 17 日臺財融㈣字第 0904000055 號令。

二、對同一企業風險總額之限制

為健全票券商之財務結構,票券金融管理法除於第 30 條規定對同一企業或關係人短票保證背書之限制外,票券金融管理法第 33 條復就同一企業授信或其他交易之整體風險亦加以適度之控管,其第 1 項明定,主管機關於必要時,經會商中央銀行後,得就票券商各項業務、財務比率,訂其上限或下限,此即所謂票券商對同一企業風險總額之限制,依現行規定票券金融公司對同一企業風險總額,不得超過該票券金融公司淨值 20%,但對票券金融公司之法人董監事或持有 3% 以上股份之股東,或票券金融公司負責人擔任董監事、經理人之企業以外之同一銀行或票券金融公司風險總額,不得超過該票券金融公司淨值 40%[20]。至於其風險總額計算如下[21]:

(一)對同一企業風險總額

所謂票券金融公司對同一企業風險總額,係指票券金融公司對同一企業應列入風險評估之項目乘以風險權數後所得之合計數額;衍生性金融商品交易以契約名目本金總額計算,契約無名目本金者,以面值或合約金額計算。

(二)風險評估項目

1.對同一企業為短期票券之保證、背書。

2.持有同一企業發行之短期票券。但不包括前款為保證及經其他金融機構保證、背書或承兌之短期票券。

3.持有同一企業發行之債券。但不包括經其他金融機構保證之債券。

4.對同一企業從事衍生性金融商品交易。

5.持有同一銀行或票券金融公司保證、背書或承兌之短期票券或債券。

6.對同一銀行之存款或保本保息之代為確定用途信託資金。

---

[20] 參閱行政院金管會 94 年 1 月 28 日金管銀(四)字第 0940000106 號令,修正「票券商對同一企業風險總額規定」。

[21] 詳參 http://www.boma.gov.tw/fp.asp?xItem=155367&ctNode=1610,附件列表,2005/8/3

7.前述 2. 3. 5.項目之短期票券或債券餘額，指庫存自有部位加計附買回條件賣出之短期票券或債券帳列成本。

㈢風險權數

1.對同一企業為短期票券之保證、背書，風險權數為 100%。但該企業之信用評等等級，符合下列情形之一者，風險權數為 60%：

⑴經標準普爾公司 (Standard & Poor's Corporation) 評定，長期信用評等達 BBB− 等級以上，短期信用評等達 A−3 等級以上。

⑵經穆迪投資者信用評等服務公司 (Moody's Investors Service) 評定，長期信用評等達 Baa3 等級以上，短期信用評等達 P−3 等級以上。

⑶經惠譽公司 (Fitch Inc.) 評等，長期信用評等達 BBB− 等級以上，短期信用評等達 F3 等級以上。

⑷經中華信用評等股份有限公司評定，長期信用評等達 twBBB− 等級以上，短期信用評等達 twA−3 等級以上。

⑸經英商惠譽國際信用評等股份有限公司臺灣分公司評定，長期信用評等達 BBB− (twn) 等級以上，短期信用評等達 F3 (twn) 等級以上。

⑹經穆迪信用評等股份有限公司評定，長期信用評等達 Baa3.tw 等級以上，短期信用評等達 TW−3 等級以上。

2.持有同一企業發行之短期票券，風險權數為 100%。但該企業之短期信用評等等級，符合前款規定者，風險權數為 60%。

3.持有同一企業發行之債券，風險權數為 100%。但該企業或該特定債務之長期信用評等等級，符合第一款規定者，風險權數為 60%。

4.對同一企業從事衍生性金融商品交易，原契約期限在一年以下者，風險權數為 0.5%；原契約期限超過一年者，第一年之風險權數為 0.5%，每增加一年，風險權數增加一個百分點，增加未滿一年，以一年計。

5.持有同一銀行或票券金融公司保證、背書或承兌之短期票券，風險權數為 100%。但該銀行或票券金融公司之短期信用評等等級，符合第一款規定者，風險權數為 60%。

6.持有同一銀行或票券金融公司保證或背書之債券，風險權數為 100

%。但該銀行、票券金融公司或該特定債務之長期信用評等等級，符合第一款規定者，風險權數為 60%。

7.對同一銀行之存款或保本保息之代為確定用途信託資金，風險權數為 100%。但該銀行之信用評等等級，符合第一款規定者，風險權數為 60%。

三、票券商主要負債總額及辦理附賣回條件交易限額規定

為避免票券金融公司過度舉債影響財務之健全，同時也考量使票券金融公司彈性運用各種籌資工具以增加其資金調度之靈活性，有效因應市場變化，降低經營成本及提升整體競爭力，對於票券金融公司之負債管理係採總額管理方式，維持票券金融公司主要負債總額為其淨值之一定倍數，並未限制個別負債限額規定。票券金融公司得基於資金成本等因素考量，於整體負債限額內自由彈性配置其資金工具，將有助於提升其市場競爭力。依票券金融管理法第 33 條第 1 項、第 37 條、第 38 條第 2 項及第 39 條之規定，授權主管機關於會商中央銀行後，對於票券金融公司之主要負債、附買回或附賣回條件方式辦理之交易餘額及發行公司債之總額訂定規範，茲就其規範說明如後❷：

(一)主要負債項目

1.向其他金融機構辦理拆款及融資。

2.以附買回條件方式辦理之交易。

3.發行公司債。

4.發行商業本票。

(二)主要負債總額

票券金融公司主要負債總額，不得超過其淨值十四倍，但票券金融公司承作中央銀行公開市場操作之附條件交易，不在此限。

(三)以附賣回條件方式辦理之交易餘額

票券金融公司以附賣回條件方式辦理之交易餘額，合計不得超過其淨

---

❷ 參閱行政院金管會 93 年 11 月 19 日金管銀㈣字第 0934000814 號令。

值之四倍，而所稱以附買回條件方式辦理之交易，其交易餘額係指該交易到期時之履約金額；所稱以附賣回條件方式辦理之交易餘額，係指該交易成立時之買賣金額。另票券金融公司承作中央銀行公開市場操作之附條件交易，則不在此一限制之範圍內。

第二目　票券金融公司自有資金運用之限制

票券金融公司除依票券金融管理法之規定外，亦為公司法所規範之股份有限公司，故在資金籌措及運用上應以票券金融管理法之規定為優先適用，尤其在自有資金之運用方面，由於其從事貨幣市場之業務，應保持資金之流動性需要，因此其自有資產之運用宜以短期性為妥。

一、轉投資之限制

依票券金融管理法第 40 條第 1 項規定，除為配合政府經濟發展計畫或金融政策，經主管機關核准投資於金融相關事業、與其業務密切關聯之企業或於本法施行前經主管機關核准投資者外，票券金融公司不得投資於其他企業，至於其得投資之對象、限額、管理及其他應遵行事項之辦法，由主管機關定之。茲分述如下 ❷❸：

(一)得轉投資之事業

票券金融公司經主管機關核准得對相關金融服務業或與票券金融公司業務密切關連之企業投資，而所稱相關金融服務業或與票券金融公司業務密切關連之企業，指銀行、綜合證券商及其他經主管機關認定之企業。但不包括票券金融公司本身之法人股東。

(二)得為轉投資之條件

1.扣除轉投資金額（含本次）後之自有資本與風險性資產比率須達 8% 以上。

2.實收資本額扣除轉投資金額（含本次）後，須達新臺幣 30 億元以上。

❷❸　參閱原財政部 89 年 2 月 19 日臺財融㈣字第 89702562 號令。

3.不得有累積虧損者，淨值必須高於票面金額。

4.必須提列充足之保證責任準備及備抵呆帳提列。

5.上一年度及截至申請時不得有重大違反金融法規受處分者。

㈢投資額度之限制

1.票券金融公司除為配合金融政策外，其股東中有單一銀行持股逾該票券金融公司股權 20% 以上者，僅得申請轉投資該銀行有轉投資之企業。

2.票券金融公司轉投資之總額不得超過其實收資本總額 30%。

3.票券金融公司轉投資事業屬同一類別者，以一家為限。但為配合金融政策，經主管機關核准者，不在此限。

4.票券金融公司轉投資新設綜合證券商之金額高於該證券商資本額 50% 以上者，須同時合併兩家證券經紀商或合併一家以上之綜合證券商。

二、不動產之投資限制

為避免票券金融公司將自有資產集中投資運用於不動產投資，形成操作房地產之現象，票券金融管理法第 40 條第 3 項至第 6 項規定，對自用不動產與非自用不動產之投資限制，並為防範關係人利益輸送之非常規交易，其內容如下：

㈠自用不動產之限制

票券金融公司對自用不動產之投資，不得超過其於投資該項不動產時淨值之 30%。

㈡非自用不動產之限制

票券金融公司不得投資非自用不動產。但下列情形不在此限：

1.營業所在地不動產主要部分為自用者。

2.為短期內自用需要而預購者。

3.原有不動產就地重建主要部分為自用者。

㈢自用與非自用不動產之合計額限制

票券金融公司依前項但書規定投資非自用不動產總金額，不得超過其淨值之 10%，且與自用不動產投資合計之總金額，不得超過其於投資該項

不動產時淨值之 30%。

㈣關係人利益輸送之防止

票券金融公司與其持有實收資本總額 3% 以上之企業，或與本公司負責人、職員或主要股東，或與本公司負責人之利害關係人為不動產交易時，須合於營業常規，並應經董事會三分之二以上董事之出席及出席董事四分之三以上同意。

第三目　資本適足性比率

票券金融公司從事授信業務，為避免過度擴張信用，以釀成金融市場之紛擾，票券金融管理法爰參照銀行法有關資本適足性比率之規定，於第 41 條明定，票券金融公司自有資本與風險性資產之比率，一般簡稱為資本適足性比率，不得低於 8%；票券金融公司經主管機關規定應編製合併報表時，其合併後之自有資本與風險性資產之比率，亦同。而有關自有資本與風險性資產之範圍及計算方法，授權由主管機關以辦法定之。對於票券金融公司自有資本與風險性資產之實際比率低於 8% 之規定者，主管機關得限制其盈餘分配，並為其他必要之處置或限制，至於自有資本與風險性資產之範圍與計算方法，可分述如下❷⁴：

一、資本適足性比率

係指合格自有資本淨額除以風險性資產總額之比率。

㈠合格自有資本淨額

為合格自有資本總額減除依規定之轉投資企業帳列金額，及持有金融機構普通股以外之合格自有資本額超過一年之帳列金額，其中合格自有資本總額包括第一類資本、合格第二類資本及合格且使用第三類資本之合計數額。

❷⁴　詳參原財政部 90 年 12 月 18 日臺財融㈣字第 0900013702 號令訂定之「票券金融公司資本適足性管理辦法」，該辦法自 91 年 1 月 1 日施行。

(二)風險性資產總額

為信用風險加權風險性資產總額，家計市場風險應計提之資本乘以 12.5 之合計數，其中信用風險加權風險性資產總額，為票券金融公司資產負債表內表外交易項目乘以信用風險加權風險權數之合計數額，而市場風險應計提之資本，係指衡量市場價格（如利率、股價、匯率）波動，致票券金融公司資產負債表表內表外交易項目產生損失之風險，所需計提之資本。

二、票券金融公司應自行試算及申報

票券金融公司對於資本適足性比率之規定，應按主管機關規定之格式及檢附相關資料，依下列規定申報：

(一)於每半營業年度終了後二個月內，向主管機關申報經會計師複核後之本公司資本適足率。

(二)於每營業年度終了後二個月內，向主管機關申報經會計師複核之合併資本適足率及合併財務報表，併同申報本公司資本適足率。

(三)主管機關於必要時，得命票券金融公司隨時填報資本適足率，並檢附相關資料。

三、未符規定比率之處理

(一) 6% 以上未達 8%

依規定計算之票券金融公司資本適足率及合併資本適足率，均不得低於 8%。票券金融公司資本適足率在 6% 以上，未達 8% 者，主管機關得為下列處分：

1.限制以現金或其他財產分配盈餘之比率，不超過當期稅後淨利 20%。

2.限制申設分公司。

3.命其提報於一定期間內增加資本、減少風險性資產總額之改善計畫。

(二)未達 6%

票券金融公司資本適足率低於 6% 者，主管機關除為前項處分外，得視情節輕重，為下列處分：

1.限制給付董事、監察人酬勞金。

2.禁止以現金或其他財產分配盈餘。

3.禁止依票券金融管理法第 40 條第 1 項、第 2 項規定辦理投資。

4.命其於一定期間內處分所持有被投資事業之股份。

5.命其於一定期間內裁撤部分分公司。

6.限制經營將增加風險性資產總額之業務。

第七節　票券金融公司投資債券、股權商品及衍生性金融商品交易

　　票券金融公司資金之運用以具有流動性之標的為原則，已如前述，但如何兼顧票券金融公司得有效運用及配置其資金，並適度放寬其資金用途，以兼顧資金運用之流動性、收益性及安全性，在考量債券與股權結合之工具已漸為債券市場主要商品，票券金融公司如擬繼續於債券市場扮演主要交易商角色，則有必要開放其投資股權相關商品，且股票與債券之價格波動存在互補性，許可票券金融公司適度投資股權相關商品，有利於其分散整體資產組合價值變動之風險，同時現行多種證券投資信託事業發行之基金受益憑證及信託業發行之共同信託基金，該等基金之評價及風險控管與債券相似，亦適合為票券金融公司投資之標的，故在票券金融管理法第 21 條第 1 項第 8 款及第 40 條第 2 項之授權下❷⁵，主管機關開放票券金融公司

---

❷⁵　開放票券金融公司投資股權商品 (Equity)，在票券金融管理法相關法律之解釋上容有疑義，其是否為業務或僅為自有資金之運用，在認定上有二種不同看法，茲分述如下：

一、屬「業務」範圍

若認定為票券金融公司之業務，其為自營業務或依該法第 21 條第 8 款所定「經

投資債券及股權商品之相關規定❷；另主管機關亦依票券金融管理法第40條第2項之授權規定，訂定票券金融公司從事衍生性金融商品交易管理辦法，開放票券金融公司得以客戶身份或以營業人身份，辦理或經營衍生性金融商品業務，❷其主要內容如下：

第一目　投資債券及股權商品

一、明定得投資之商品種類及相關限制

㈠訂定除政府債券、金融債券、國際性或區域性金融組織經核准在我國境內發行之債券、受益證券、資產基礎證券外，並得投資證券投資信託事業發行之各種基金受益憑證、信託業發行之共同信託基金、發行人募集與發行有價證券處理準則所稱上市與上櫃公司之股票、上市與上櫃公司辦理現金增資發行新股提撥以時價對外公開發行之股票、興櫃股份公司辦理現金發行新股作為初次上市、上櫃公開銷售之股票、認購（售）權證為票券金融公司得投資之標的及其他經主管機關核准之標的。

主管機關核准辦理之其他有關業務」，則不無商榷之餘地，因此宜由主管機關核定「投資股權商品」為票券金融公司之業務範圍。

二、屬「投資」範圍

若僅為單純之資金運用，即為依該法第40條第3項所定「票券金融公司投資債券及從事衍生性金融商品交易之種類、限額、管理及其他應遵行事項之辦法，由主管機關會商中央銀行訂之。」認定「股權商品」為該條項所稱之投資範圍。由於股權商品包括股票及其他權益證券，若將其認定為資金運用之範圍內，似宜以投資視之，因此是在考量票券金融公司之資本適足性及風險控管上，應併同予以適當之限制與規範。

❷ 參見行政院金管會於94年8月12日修正發布之票券金融公司投資債券及股權商品管理辦法。

❷ 參見行政院金管會於94年8月31日修正發布之票券金融公司從事衍生性金融商品交易管理辦法。

㈡明定有關轉換公司、更換公司或認股權公司債因請求轉讓、交換或行使認股權所取得之股票不受 6 個月不得處分期間之限制。

㈢訂定票券金融公司投資之轉換公司債、交換公司債或附認股權公司債，其請求轉換、交換股票或行使認股權，應以上市、上櫃公司（不含興櫃）且非票券金融管理法第 28 條所稱特定企業發行之股票為限。

㈣投資標的之信用評等

為有效控制票券金融公司投資標的之風險，對於其投資之公司債、國際性組織在我國境內經核准發行之債券、受益證券及資產基礎證券，應有適當之信用評等等級，而其等級規定如下：

1.經標準普爾信用評等公司 (Standard & Poor's Corporation) 評定，長期信用評等達 BBB 等級。

2.經穆迪投資者信用評等服務公司 (Moody's Investors Service) 評定，長期信用評等達 Baa3 等級。

3.經惠譽公司 (Fitch Ratings Ltd.) 評定，長期信用評等達 BBB– 等級。

4.經中華信用評等股份有限公司評定，長期信用評等達 twBBB– 等級。

5.經英商惠譽國際信用評等股份有限公司臺灣分公司評定，長期信用評等達 BBB– (twn) 等級。

6.經穆迪信用評等股份有限公司評定，長期信用評等達 Baa3.tw 等級。

㈤投資額度之限制

為避免過度之投資影響票券金融公司之體質，故對於票券金融公司所為之投資，除政府債券及金融債券外，其原始取得成本總餘額不得逾該票券金融公司淨值 15%，轉換、交換或附認股權債券，於轉換、交換股票或行使認股權後，應將所取得股票以轉換、交換或認股價格計算其總額，併計入此一限額內。但對於主管機關核准票券金融公司投資其他企業之股票，不受此一限額規定之限制。至於所謂淨值，指上會計年度決算後淨值，減除經主管機關核准投資其他企業金額後之數額。

二、投資關係人發行標的之限制

對於票券金融公司投資利害關係企業之基金受益憑證、共同信託基金及股權相關商品，容易造成利益輸送，產生信用風險，故票券金融公司不得投資有利害關係之特定企業所發行之基金受益憑證、共同信託基金及股權相關商品。但投資係依規定之轉投資關係且派任其負責人擔任董事、監察人或經理人之公司所發行之股票，因已受主管機關核准，故得不受此一限制。

三、投資分散之限制

為避免票券金融公司投資單一企業股票過多，造成風險過於集中，應有合理限制之必要。且考量被投資企業或票券金融公司之實收資本額若過於龐大，將導致投資金額極高，故限制投資單一企業股票之總餘額，不得超過投資時該被投資企業實收資本額 5%，及票券金融公司淨值 5%。準此票券金融公司投資認購權證時，應依其得履行選擇權之約當原始取得成本，併入股票總餘額計算。至於票券金融公司投資認售權證係買入出售股權之權利，屬空頭部位，則不併入前揭單一企業股票限額，因此票券金融公司依其得履行選擇權之約當原始取得成本，不得超過投資時該被投資企業實收資本額 5%，及票券金融公司淨值 5%。同時對於票券金融公司為執行該認售權證之權利，而於履約當日購入之標的證券，得不計入前述 5% 之限額。

第二目　辦理或經營衍生性金融商品交易

一、衍生性金融商品交易之範圍

票券金融公司得以客戶身分辦理衍生性金融商品交易，或以營業人身分經營衍生性金融商品業務，其得從事下列衍生性金融商品交易，交易之

範圍如下：

　　㈠以客戶或營業人身份從事價值由利率所衍生之交易契約。

　　㈡以客戶或營業人身份從事價值由信用事件所衍生之交易契約，且以移轉所持有表內或表外資產之信用風險為限。

　　㈢以客戶身份從事價值由股價或股價指數所衍生之交易契約。

　　㈣前述衍生性金融商品交易應以新臺幣計價。。

二、標的之限制

　　票券金融公司以客戶身分辦理衍生性金融商品交易，除於期貨交易所進行之交易，另依期貨交易法及其相關規定辦理外，其交易對象以經主管機關或中央銀行核准經營衍生性金融商品業務之金融機構為限。票券金融公司從事前述交易契約，其持有空頭部位 (Short position) 應以規避已持有股權資產之風險為限，多頭部位 (Long position) 之未到期契約名目本金總額應計入「票券金融公司投資債券及股權商品管理辦法」之投資限額內；契約無名目本金者，應以面值或合約金額計算。

三、資格條件

　　票券金融公司以營業人身分經營衍生性金融商品業務，應檢具主管機關規定之申請書件，向主管機關申請核准，並符合下列規定，涉及期貨交易所之交易者，並應依期貨交易法規定申請許可：

　　㈠自有資本與風險性資產比率超過 10%。

　　㈡最近一季逾期授信加應予觀察授信比率低於 3%，且保證責任準備及備抵呆帳無提列不足。

　　㈢上年度無累積虧損。

　　㈣內部控制無重大缺失，且無其他有礙健全經營情事。

四、關係人交易之規範

　　票券金融公司以營業人身份經營衍生性金融商品業務，除於期貨交易

所進行之交易，另依期貨交易法及其相關規定辦理外，應於交易前對客戶交付風險預告書，告知該交易之架構與特性及可能之風險，且不得與下列對象為衍生性金融商品交易。但交易對象為金融機構者，不在此限：

㈠以法人身份或推由其代表人當選為票券金融公司董事或監察人之企業。

㈡持有票券金融公司實收資本額 3% 以上之股東或票券金融公司負責人擔任董事、監察人或經理人之企業。

㈢票券金融公司與具前述各款關係之金融機構從事衍生性金融商品交易，除於期貨交易所進行之交易外，其條件不得優於其他同類對象，並應經董事會三分之二以上董事出席及出席董事四分之三以上同意，或概括授權經理部門於一定額度內辦理。

五、申報交易資料

票券金融公司應於每月十五日以前，依主管機關或其指定機關規定之格式，將上月份從事衍生性金融商品交易之相關內容向主管機關及中央銀行或指定機構申報。

第八節　票券金融公司逾期授信之規範

票券金融公司為授信機構，其與客戶往來除應嚴守徵信或瞭解客戶 (Know Your Customer) 之規定，並收足或提列相關擔保外，難免可能會遭遇到客戶違約之情形，為健全票券金融公司之經營及維護貨幣市場之安定，對於有關票券金融公司，遇有客戶違約須為資產評估並提列損失準備，或就該呆帳之處理，宜有完整之規定，主管機關爰依票券金融管理法第 32 條規定之授權，於會商中央銀行之意見後，於 91 年 4 月 9 日訂定「票券金融公司評估損失準備提列及逾期授信催收款呆帳處理辦法」，該辦法實施以來，為考量使逾期授信之定義、清理及呆帳轉銷之規範更為明確，並與銀

行業之規範一致，故有修正之提議，茲就逾期授信之定義、授信資產之分類及提列準備之規範說明如後。

一、逾期授信

逾期授信，依民法債編之規定，係指債之給付遲延、給付不能或不為完全之給付，在票券金融之授信則為已屆清償日而未受清償之保證、背書授信餘額，原來有關銀行、票券業之逾期授信並未有期限之界定，以致有統計隱藏失真之情形，經參考國際及本國銀行業之規範，銀行業已作修正，準此應配合訂定為超過清償日3個月❷，或雖未超過3個月，但已向主、從債務人採取訴追或處分擔保品之保證、背書授信餘額。另比照銀行業，票券金融公司對符合一定條件之協議分期償還案件，得免列報逾期授信❷。至未屆清償日之保證、背書案件，若授信戶已聲請重整，或有列為票據拒絕往來戶等債信不良情事，屬應予觀察授信者，票券金融公司應按月向主管機關申報。

二、授信資產之分類

原規定票券金融公司應將授信資產區分為四類，包括第一類正常授信資產、第二類可證明得全數收回之不良授信資產、第三類收回困難及第四類收回無望之不良授信資產，為配合銀行有關之規定，故亦修正區分為五類，除第一類正常授信資產外，餘不良授信資產應依債權擔保情形及逾期時間長短，評估列為第二類應予注意者，第三類可望收回者，第四類收回困難者或第五類收回無望者。

---

❷　所謂清償日，指商業本票到期日。但票券金融公司依契約請求提前償還者，以指定還款日為清償日。

❷　參照93年1月6日修正發布之「銀行資產評估損失準備提列及逾期放款催收款呆帳處理辦法」第7條規定，明定對於協議分期償還授信餘額每年償還本息在10%以上，期限最長以五年為限，並依協議條件履行達六個月以上，且協議利率不低於票券金融公司新承作同天期之利率者，得免予列報逾期授信。但於免列報期間再發生未依約清償超過三個月者，仍應予列報。

三、提列準備之最低標準

現行授信資產分為四類時，票券金融公司係以「全部保證餘額 1%、第三類授信資產餘額 50% 及第四類授信資產餘額 100%」為提列準備之最低標準，配合前述分類之調整，第一類至第五類授信資產至少應分別依債權餘額之 1%、2%、10%、50% 及 100% 提列準備。

第九節　其他有關票券金融公司之財務管理

一、法定盈餘公積與特別盈餘公積

公司公積 (Reserve) 之提列，係就公司營運之結果，將其超過資本額之盈餘不分派給股東，而積存於公司之金額，公積之提列可穩固公司之財產基礎，對健全財務之結構，有其正面之意義，而法定盈餘公積係基於法律之強制規定其必須提存者，不得以章程或股東會之決議予以取消或變更 ❸⓪，而公司法第 237 條規定，公司除法定盈餘公積之提存，已達資本總額者外，應於完納稅捐後，分派盈餘時，應先提出 10% 為法定盈餘公積，然票券金融公司為授信機構並得自行買賣票債券，其財務結構健全性之要求，應較一般股份有限公司為嚴謹，故票券金融管理法第 34 條明定，票券金融公司完納一切稅捐後分派盈餘時，應先提 30% 為法定盈餘公積。法定盈餘公積未達實收資本額前，其最高現金盈餘分配，不得超過實收資本額之 15%。法定盈餘公積已達其實收資本額時，得不受前項規定之限制，自應優先於公司法規定之適用。另為使公司得彈性增提必要之公積，票券金融管理法更進一步規定，除法定盈餘公積外，票券金融公司得於章程規定或經股東

---

❸⓪　參見賴源河著，《實用商事法精義》，第 188 頁，五南圖書出版，84 年 6 月 2 版 7 刷。

會決議，另提特別盈餘公積。

二、存儲保證金

　　為增強票券金融公司對客戶授信與業務往來客戶的保障，票券金融管理法第 36 條規定，票券商應以現金、政府債券、經中央銀行認可之金融債券、公司債或其他債、票券，存儲於中央銀行或中央銀行指定之銀行作為保證金；保證金之金額、用途及管理事項，由主管機關會商中央銀行定之。依票券商存儲保證金金額用途及管理辦法第 3 條之規定，票券金融公司應存儲實收資本額 5%，兼營票券金融業務之金融機構應存儲新臺幣 5 千萬元，至於票券金融公司以債、票券存儲之計價方式，對於以面額訂價發行之債、票券，按面額計算，以貼現方式發行之債、票券，則按價格計算，債、票券如因市場價格大幅滑落或其他原因，致與存儲保證金金額不相當者，主管機關得命令補足之❸❶。至於其用途及管理事項可分述如下❸❷。

㈠用　途

　　票券商存儲之保證金，符合中央銀行或其他相關機構規定者，得運用於下列用途：

　　1.作為中央銀行結算交割機制之擔保品。

　　2.作為中央銀行日間透支或其他經中央銀行核准透支之擔保品。

　　3.其他經主管機關會商中央銀行核准之用途。

㈡管　理

　　1.票券商運用保證金者，應於每營業日或中央銀行或其他機構指定期日清償。

　　2.票券商應於每月十日前，向主管機關申報上月底存儲保證金內容。

　　3.票券商解散時，於向主管機關繳銷營業執照後，得取回保證金。

---

❸❶　參照原財政部 91 年 3 月 25 日臺財融㈣字第 0910010442 號令。

❸❷　參照原財政部 91 年 1 月 22 日⑼臺財融㈣字第 0910001077 號令發布之「票券商存儲保證金金額用途及管理辦法」第 5 條至第 8 條規定。

三、減資之規定

票券金融公司經主管機關核准，得以含當年度虧損之累積虧損，於當年度辦理減少資本，銷除股份。於主管機關派員監管、接管或勒令停業進行清理期間發行新股，主管機關得限制原有股東之認購比率。

四、監管及接管

票券金融公司違反法令、章程或有礙健全經營之虞時，準用銀行法第61 條之1 規定。另票券金融公司因業務或財務狀況顯著惡化，不能支付其債務或有損及客戶利益之虞時，準用銀行法第 62 條至第 62 條之 9 規定，為監管、接管或勒令停業之管理。

第十節　票券商負責人與業務人員之規範

票券商及票券金融公司為金融機構，提供金融服務之業務，為維護金融服務之專業性與品質，並提升金融機構之形象與公信力，對於從事票券業務之負責人及業務人員之資格條件及行為應遵循事項應有適度之規範，依票券金融管理法第 11 條及第 12 條之規定，授權主管機關訂定「票券商負責人及業務人員管理規則」❸，其內容可說明如下：

一、負責人與業務人員之範圍

㈠負責人

---

❸　參照行政院金管會 94 年 3 月 25 日金管銀㈡字第 0942000079 號令，修正發布「票券商負責人及業務人員管理規則」。並於 95 年 6 月 13 日以金管銀㈣字第 09540005070 號令增訂第 13 條之 1 及修正第 14 條，增訂有關票券商業務人員之職前訓練及在職訓練之規定,並對於訓練成績不合格者予以撤銷在同業公會之登記資格。

依公司法第 8 條第 1 項及第 2 項之規定，負責人包括當然之負責人與職務上之負責人，而票券商之負責人，係指董事、監察人、總經理、副總經理、協理、經理或與其職務相當之人❸❹。因此公司法所定之檢查人、重整人、重整監督人並非票券商負責人，此乃著重於正常業務執行之監督，對於發生需由法院指定檢查人或選任重整人、重整監督人時則不適用。此與證券商、期貨商或證券投資信託及顧問事業之負責人與業務人員管理規則之規定，係以公司法第 8 條之規定為範圍不同❸❺。至於經理人方面，則不以外觀之職位為唯一認定標準，應以實質之職責是否有簽名蓋章並具決定權等加以認定之。

㈡業務人員

票券商之業務人員為票券商從事票券業務有關之人員，指真正實質擔任業務之操作者而言，至於其管理或從事之業務內容包括短期票券之簽證、承銷、經紀、自營或結算交割；或短期票券之內部稽核或會計。而就前開票券商業務為管理之業務人員，涵蓋票券商經理、副經理、襄理、科長、副科長或與其職責相當之人。故票券商之業務人員可分為一般之業務人員及為管理之業務人員。

二、資格條件

票券金融公司之負責人與從業人員之資格條件，包括不得有前科或不良紀錄等之消極資格，及必須積極具備有進一步之學識、經歷之條件，茲分述如下❸❻：

㈠消極資格條件

---

❸❹　參照行政院金管會 94 年 3 月 25 日金管銀㈡字第 0942000079 號令，修正發布「票券商負責人及業務人員管理規則」第 2 條規定。

❸❺　對於票券商在有選任重整人、檢查人之情形時，是否須以具有相當資格者為限，從專業性而言，宜以有相當資格者並遵循相關規範為妥。

❸❻　參照行政院金管會 94 年 3 月 25 日金管銀㈡字第 0942000079 號令，修正發布「票券商負責人及業務人員管理規則」第 4 條及第 14 條第 1 項第 1 款之規定。

負責人及業務人員有下列情事之一者，不得充任票券金融公司之負責人及業務人員，於充任後始發生者，當然解任：

1. 無行為能力或限制行為能力者。

2. 曾犯組織犯罪防制條例規定之罪，經有罪判決確定者。

3. 曾犯偽造貨幣、偽造有價證券、侵占、詐欺、背信罪，經宣告有期徒刑以上之刑確定，尚未執行完畢，或執行完畢、緩刑期滿或赦免後尚未逾十年者。

4. 曾犯偽造文書、妨害秘密、重利、損害債權罪或違反稅捐稽徵法、商標法、專利法或其他工商管理法規定，經宣告有期徒刑確定，尚未執行完畢，或執行完畢、緩刑期滿或赦免後尚未逾五年者。

5. 曾犯貪污罪，受刑之宣告確定，尚未執行完畢，或執行完畢、緩刑期滿或赦免後尚未逾五年者。

6. 違反票券金融管理法、銀行法、金融控股公司法、信託業法、金融資產證券化條例、不動產證券化條例、保險法、證券交易法、期貨交易法、證券投資信託及顧問法、管理外匯條例、信用合作社法、農業金融法、農會法、漁會法、洗錢防制法或其他金融法規，受刑之宣告確定，尚未執行完畢，或執行完畢、緩刑期滿或赦免後尚未逾五年者。

7. 受破產之宣告，尚未復權者。

8. 曾任法人宣告破產時之負責人，破產終結尚未逾五年，或經調協未履行者。

9. 使用票據經拒絕往來尚未恢復往來，或恢復往來後三年內仍有存款不足退票紀錄者。

10. 有重大喪失債信情事尚未了結、或了結後尚未逾五年者。

11. 因違反票券金融管理法、銀行法、金融控股公司法、信託業法、金融資產證券化條例、不動產證券化條例、保險法、證券交易法、期貨交易法、證券投資信託及顧問法、信用合作社法、農業金融法、農會法、漁會法或其他金融法規，經主管機關命令撤換或解任，尚未逾五年者。

12. 受感訓處分之裁定確定或因犯竊盜、贓物罪，受強制工作處分之宣

告，尚未執行完畢，或執行完畢尚未逾五年者。

13.擔任其他票券金融公司、銀行、金融控股公司、信託公司、信用合作社、農（漁）會信用部、證券公司、證券金融公司、證券投資信託公司、證券投資顧問公司、期貨商或保險業（不包括保險代理人、保險經紀人及保險公證人）之負責人者。但下列情形，不在此限：

⑴因票券金融公司與該等機構間之投資關係，且無董事長、經理人互相兼任情事，並經主管機關核准者。

⑵為進行合併或處理問題金融機構之需要，且具有投資關係，經主管機關核准者，得擔任該等金融相關事業之董事長。

⑶依金融控股公司負責人資格條件及兼任子公司職務辦法規定兼任者。

14.有事實證明從事或涉及其他不誠信或不正當之活動，顯示其不適合擔任票券金融公司負責人者。

15.票券金融公司監察人之配偶、二親等以內之血親或一親等姻親，不得擔任同一票券金融公司之董事或經理人。

16.政府或法人為股東時，其代表人或被指定代表行使職務之自然人，擔任董事、監察人者，準用前開規定。

(二)積極資格條件

1.董事、監察人

票券金融公司之董事、監察人應具備良好品德，且其人數在五人以下者，應有二人，人數超過五人者，每增加四人應再增加一人，其設有常務董事者，應有二人以上具備下列資格之一：

⑴票券金融公司或銀行工作經驗五年以上，並曾擔任票券金融公司或銀行總行副經理以上或同等職務，成績優良。

⑵擔任金融行政或管理工作經驗五年以上，並曾任薦任八職等以上或同等職務，成績優良。

⑶票券金融公司或銀行工作經驗三年以上，並曾擔任票券金融公司或銀行總行經理以上或同等職務，成績優良。

⑷有其他事實足資證明其具備票券業專業知識或經營票券業之能力，可健全有效經營票券金融公司業務。

⑸票券金融公司之董事長應具備前述⑴至⑷所列資格條件之一。董事長及以具備前述⑷資格條件之董事、監察人之選任，票券金融公司應於選任後十日內，檢具有關資格文件，報請主管機關認可；其資格條件有未經主管機關認可者，主管機關得命票券金融公司於期限內調整。

2.總經理

票券金融公司總經理或與其職責相當者應具備良好品德、領導及有效經營票券金融公司之能力，並具備下列資格之一：

⑴票券金融公司或銀行工作經驗九年以上，並曾擔任三年以上票券金融公司或銀行總行經理以上或同等職務，成績優良。

⑵票券金融公司或銀行工作經驗五年以上，並曾擔任三年以上票券金融公司或銀行副總經理以上或同等職務，成績優良。

⑶有其他經歷足資證明其具備票券業專業知識或經營票券業之能力，可健全有效經營票券金融公司業務。

3.副總經理

票券金融公司副總經理、協理或與其職責相當者，應具備良好品德、領導及有效經營票券金融公司之能力，並具備下列資格之一：

⑴票券金融公司或銀行工作經驗五年以上，並曾擔任票券金融公司或銀行總行副經理以上或同等職務，成績優良。

⑵票券金融公司或銀行工作經驗三年以上，並曾擔任票券金融公司或銀行總行經理以上或同等職務，成績優良。

⑶有其他事實足資證明其具備票券業專業知識或經營票券業之能力，可健全有效經營票券金融公司業務，並事先報請主管機關認可。

4.經　理

票券金融公司經理或與其職責相當者，應具備良好品德、有效經營票券金融公司之能力，並具備下列資格之一：

⑴票券金融公司或銀行工作經驗三年以上，並曾擔任票券金融公司或

銀行總行襄理以上或同等職務，成績優良。

　　(2)有其他事實足資證明其具備票券業專業知識或經營票券業之能力，可健全有效經營票券金融公司業務，並事先報請主管機關認可。

5.業務人員

　　為票券商之業務人員，應具備下列資格條件之一：

　　(1)參加票券金融商業同業公會（以下簡稱票券商公會）或其認可之機構舉辦之業務人員測驗，持有合格證書。

　　(2)曾於最近一年內參加票券商公會或其認可之機構舉辦之票券金融業務訓練課程，累計十八小時以上，持有結業證書。

　　(3)擔任票券商業務人員達三年以上，經票券商公會審核通過，持有合格證書。

三、負責人與業務人員不得為之行為

　　票券商之負責人及業務人員不得有下列行為：

　　㈠辦理短期票券、債券承銷、經紀或自營業務時，有隱瞞、詐騙、利誘、威脅或其他足以致人誤信之行為。

　　㈡接受客戶委託買賣短期票券或債券時，同時以自己之計算為買入或賣出之相對行為。

　　㈢挪用或代為保管客戶之短期票券、債券或款項。

　　㈣意圖獲取利益，以職務上所知悉消息，從事短期票券或債券之買賣。

　　㈤利用客戶名義或帳戶，為自己或第三人買賣短期票券或債券。

　　㈥未依據客戶委託事項及條件，執行短期票券或債券之買賣或有不當遲延之情事。

　　㈦未經客戶授權，以其名義辦理開戶、買賣或交割。

　　㈧對於所擁有、使用、管理或交易之紀錄資料或訊息，未保持合理之正確性及完整性，或對主管機關、內部稽核單位及其他相關人員提供不完整、錯誤或引人誤解之資料和報告。

　　㈨對客戶委託交易事項及職務上所知悉之秘密，未盡保密之責。

㈩對外散播誇大、偏頗或不實之訊息,有礙金融市場之穩定。

㈤其他經主管機關規定禁止之行為。

第十一節　短期票券集中保管結算

一、法源依據

　　短期票券為貨幣金融工具,屬於民、刑事上所定義之有價證券,在國外亦有認為是證券交易法之有價證券者,在我國除非經主管機關之核定,否則並非證券交易法第 6 條所規定之有價證券範圍,證券交易法第 6 條之有價證券通常認為是投資工具並非信用工具,依票券金融管理法第 26 條規定,短期票券得為實體或無實體發行,而以書面之債票或存摺帳簿之登記形式為發行或交易,票券商出售以書面債票形式發行之短期票券,應於交易當日,將債票交付買受人,或將其交由買受人委託之其他銀行或集中保管機構保管,票券商不得代為保管。而實體發行之短期票券,亦得為無實體之交易,而所謂無實體交易,即為將實體之債票送交集中保管機構保管,再由集中保管機構將保管之短期票券,就其買賣之交割,以帳簿劃撥方式為之,甚且對於以集中保管機構保管之短期票券為設質之標的者,其設質之交付,亦得以帳簿劃撥方式為之,不適用民法第 908 條有關背書連續等之規定。準此票券金融管理法第 26 條第 5 項規定,短期票券登記及帳簿劃撥作業辦法,由主管機關會商中央銀行定之。並明定短期票券以無實體發行者,其轉讓、繼承或設定質權,非依主管機關依前項所定辦法之規定辦理登記,不得對抗第三人。

　　又票券金融管理法第 7 條規定,對於經營短期票券集中保管、結算、清算之機構,應經主管機關許可。前項申請許可之條件與程序、廢止許可之條件、業務、財務與人員之管理及其他應遵行事項之辦法,由主管機關會商中央銀行定之。基於此一授權規定,主管機關於 91 年 6 月 18 日頒訂

短期票券集中保管結算機構許可及管理辦法，規範短期票券集中保管結算機構之設立及業務操作事宜❸。而我國依此一辦法許可設立之票券集中保管結算機構在考量固定收益與權益證券交割結算之整合，已於 95 年 3 月 27 日與證券集中保管事業合併，票券集中保管機構與消滅公司，同時將證券集中保管事業變更為臺灣集中保管結算所股份有限公司，以整合結算交割平台，有效達到降低投資成本及提高經營效率擴大服務範圍之功能。

二、票券集中保管結算機構之設立

㈠家數限制

短期票券集中保管結算機構應以一家為限，而經整合後由臺灣證券集中保管結算所股份有限公司一併辦理兼營是項業務。

㈡發起人及股東之資格

短期票券集中保管結算機構應為股份有限公司，其股東以金融機構或政府為限。

㈢資本額

短期票券集中保管結算機構設立之最低實收資本額為新臺幣 20 億元，其單一股東持股比率不得超過實收資本額 5%。但經主管機關核准者，不在此限。惟短期票券集中保管結算機構與其他機構合併，並以其他機構為存續機構者，存續機構應設立辦理短期票券集中保管結算機構業務部門，並指撥至少新臺幣五億元之營運資金。

㈣採發起設立

短期票券集中保管結算機構之設立，發起人應於發起時，按實收資本額一次認足發行股份之總額，並依認股比率至少繳足 20% 股款。

㈤業務範圍

---

❸ 參見前財政部 91 年 6 月 18 日臺財融㈣字第 0914000380 號令，該辦法經行政院金管會於 93 年 9 月 24 日以金管銀㈣字第 0934000705 號令修正。另為配合票券與有價證券集中保管之合併，整合固定收益與權益證券之集中保管與結算，該辦法於 95 年元月 24 日以金管銀㈣字第 09585003830 號令修正。

經營短期票券保管、發行登錄、交易之結算及其帳簿劃撥作業。

㈥**繳存保證金**

短期票券集中保管結算機構應繳存新臺幣 1 億元作為保證金。該項保證金，應以現金、政府債券或金融債券繳存於中央銀行。

三、票券集中保管結算之作業架構

㈠經主管機關許可設立短期票券集中保管結算機構，集中辦理短期票券保管、登錄、交易之結算及其帳簿劃撥作業。

㈡由中央銀行擔任短期票券集中清算機構辦理參加人款項之清算作業。

㈢納入本制度之短期票券❸，包括：

1. 可轉讓銀行定期存單

2. 交易性商業本票

3. 銀行承兌匯票

4. 融資性商業本票

5. 發行期限在一年以內之受益證券及資產基礎證券

㈣短期票券之買賣，以帳簿劃撥方式代替實體票券之交割。

㈤短期票券集中保管結算機構之參加人包括：

1. 票券商（包括票券公司、兼營票券業務之銀行及證券商）

2. 清算交割銀行：受投資人委託辦理短期票券款券清算交割之銀行

3. 其他經主管機關核准者

㈥參加人應於集中保管結算機構開設劃撥帳戶，並於中央銀行開設存

---

❸　對於短期票券、固定收益及股權性質有價證券之集中保管架構，在世界其他國家之立法體例有二類，一為股票、公司債、金融債等固定收益商品、公債、票券保管三合一者，如義、德、法、英、荷、加、西、韓等國，統由證券集中保管公司提供服務，另一類型為公債由中央銀行保管，股票、其他債券、票券則由證券集中保管公司保管者，如美、日均採此方式。反觀國內市場，由於法律規範不同，對於公債由中央銀行保管、股票由集中保管公司、票券由票保公司保管，分採三套作業制度，實屬特殊之市場架構，故有待進一步整合。

款帳戶（但證券商應於主管機關選定之清算交割銀行開設存款帳戶）。

㈦投資人應於清算交割銀行開設保管劃撥帳戶及活期性存款帳戶。

㈧票券商首次買入之可轉讓銀行定期存單、交易性商業本票與銀行承兌匯票及票券商簽證承銷之融資性商業本票應送至短期票券集中保管結算機構所委任中國農民銀行（以下稱實券保管銀行）保管。

㈨由短期票券集中保管結算機構擔任融資性商業本票 (CPZ) 之擔當付款人。

㈩短期票券於票載到期日由短期票券集中保管結算機構代持有人辦理提示兌償，並扣繳稅款。

㈡票券到期發生不獲兌償，以隨機抽籤退票。

㈢結算交割方式：

係採款券同步 (DVP; Delivery-versus-Payment) 即時交割，以降低本制度系統風險及防止連鎖性違約交割。其包括下列二種：

　1.款券同步即時總額交割。

　2.款券同步即時雙邊款項淨額交割。

　3.舉例說明：A 票券商於當日早上 10 時賣給 B 票券商，台塑 CPZ 一張，金額為 1 億元；又 10 時 10 分 A 票券商向 B 票券商買入臺灣銀行 NCD 8 千萬元，A、B 二方可將該二筆交易資料於 10 時 15 分合併送至本制度系統進行結算交割，款項部分，因 A 方淨應收款項為 2 千萬元，B 方淨應付款項為 2 千萬元，因此款項僅須以淨收付差額進行清算（撥付）。

第十二節　票券商之監督與管理

票券金融公司或其所屬之負責人及從業人員違反前述有關財務業務及行為規範之法令時，或與章程之規定有所牴觸或有礙健全經營之情事時，主管機關對於公司本身或其負責人及從業人員得為如何之處分，可分述如下：

一、對公司、負責人或職員之處分

依票券金融管理法第 51 條規定,票券金融公司之違規處分,準此規定,票券金融公司違反法令、章程或有礙健全經營之虞時,主管機關除得予以糾正、命其限期改善外,並得視情節之輕重,為下列處分:

㈠撤銷法定會議之決議。

㈡停止票券金融公司部分業務。

㈢命令票券金融公司解除經理人或職員之職務。

㈣解除董事、監察人職務或停止其於一定期間內執行職務。

㈤其他必要之處置。

二、停業、監管與接管

依票券金融管理法第 52 條規定,票券金融公司因業務或財務狀況顯著惡化,不能支付其債務或有損及客戶利益之虞時,準用銀行法第 62 條至第 62 條之 9 規定。主管機關得勒令停業並限期清理、停止其一部分營業、派員監管或接管或為其他必要之處置,並得洽請有關機關限制其負責人出境。

三、限期命令補足資本、限制營業及勒令停業

依票券金融管理法第 47 條規定,票券金融公司累積虧損逾實收資本額五分之一者,應即將財務報表及虧損原因,函報主管機關及中央銀行。主管機關對該票券金融公司,得限期命其補足資本,或限制其營業;屆期未補足者,得勒令其停業。

四、限制其減資及原股東對增資股份之認購

依票券金融管理法第 48 條規定,票券金融公司經主管機關核准,得以含當年度虧損之累積虧損,於當年度辦理減少資本,銷除股份。票券金融公司於主管機關派員監管、接管或勒令停業進行清理期間發行新股,主管機關得限制原有股東之認購比率。

五、處以罰鍰

票券金融管理法第七章有關罰則之規定，除刑事責任部分外，尚有行政罰鍰之規定，其中對於違反兼任禁止、財務業務之規範及應申報之書件或資料未依規定製作申報、拒絕檢查、未建立內控內稽制度等，依同法第 63 條至第 65 條規定，主管機關得處票券金融公司或其關係人新臺幣 200 萬元以上 1 千萬元以下罰鍰，其他違反業務人員之登記或相關財務業務上之強制禁止規定者，依同法第 66 條及第 67 條規定，得處新臺幣 100 萬元以上 500 萬元以下罰鍰。至於第 67 條所規定，違反本法或本法授權所定命令中有關強制或禁止規定或應為一定行為而不為者，除本法另有處罰規定而應從其規定外，處新臺幣 50 萬元以上 250 萬元以下罰鍰，此一規定雖可達到防止掛一漏萬之完整規範目的，但以概括及不明確之要件為處罰之依據，似有違背法律明確性之原則，不無商榷之餘地。

第九章　金融犯罪與刑責

第一節　前　言

　　金融服務業務之運作，攸關國家金融市場秩序與全體國民的權益，因此對於有效預防遏阻與打擊金融犯罪，架構穩健安全的金融體系與建立客戶對金融產業的信心，維護金融服務產業之發展，則為金融法規之規範重點，一般而言對於金融犯罪行為的發生可分為來自金融機構內部之負責人(Insider)或受僱人員的舞弊，以及金融機構所屬人員以外之人所為之行為，金融機構內部人員之犯罪包括違法放貸、侵占、背信、收受不當利益、瀆職及偽造文書等，而非金融機構所屬之外部人員，其金融犯罪之型態較為常見者有非法經營應經許可之金融業務、擾亂金融秩序、詐欺、虛偽隱匿等之情形，由於金融犯罪其可能造成之危害，不單純僅於金融機構本身或特定之對象而已，其若因犯罪行為引發市場信心之動盪，或演變成系統性之風險，甚或可能造成整體性之經濟與金融危機，不可不慎，因此對於如何有效防範與嚴格取締懲罰金融犯罪，則為金融法規重要之課題，而金融犯罪之防範與嚇止，則有賴法律規定之明確性與執法者能勇於任事用法，由於金融犯罪與刑責之規定，散見於銀行法、信託業法、證券投資信託及顧問法、票券金融管理法與其他有關之法律中❶，因此本章擬就常見之金

---

❶　參閱法務部 93 年 8 月 26 日法檢字第 0930803048 號函，對於下列案件認定為重大經濟犯罪案件：
　一、犯下列金融法律規定有關之罪,犯罪所得或被害金額達新臺幣五千萬元以上，或被害人數達五十人以上，足以危害社會經濟秩序者：
　㈠證券交易法第 171 條、第 174 條之罪。
　㈡期貨交易法第 112 條之罪。
　㈢銀行法第 125 條、第 125 條之 2、第 125 條之 3、第 127 條之 2 第 2 項之罪。
　㈣金融控股公司法第 57 條至第 58 條之罪。
　㈤票券金融管理法第 58 條至第 59 條之罪。
　㈥信託業法第 48 條至第 50 條之罪。

融犯罪行為及其犯罪構成要件等，予以敘明。

第二節　地下金融之犯罪行為

金融業務事涉金融秩序與廣大客戶權益，為安定金融市場與保護客戶及投資人權益，故在法律上將其設定為許可行業，各該經營業務之事業主體非經主管機關之許可，並許得許可證照不得營業，對違反者就其未經許可經營各該項業務之地下金融行為 (Underground Banking Systems) 科以刑責，以維護市場秩序並保障國家、社會及個人權益，準此，銀行法、信託業法、證券投資信託及顧問法、票券金融管理法等各專業法律皆有明定，而所謂業務通常係指收受有報酬，並反覆為同類之營業行為而言，茲分別敘明如下：

第一目　非銀行不得經營銀行業務

就違反銀行法案件而言，通常以非法吸收資金及未經政府核准辦理國內外滙兌業務較多，依法務部調查局統計 94 年經偵查移送之案件有 16 案 35 人，金額達新臺幣 81 億 8 千多萬元之涉案標的，此類行為已同時違反洗錢防制法之規定，依銀行法第 29 條第 1 項規定，除法律另有規定者外，非銀行不得經營收受存款、受託經理信託資金、公眾財產或辦理國內外匯兌業務，違反者，依同法第 125 條規定，處 3 年以上 10 年以下有期徒刑，

㈦信用合作社法第 38 條之 2、第 38 條之 3、第 40 條之罪。
㈧農業金融法第 39 條至第 40 條之罪。
㈨金融資產證券化條例第 108 條至第 109 條之罪。
㈩證券投資信託及顧問法第 105 條至第 108 條及第 110 條之罪。
(十一)管理外匯條例第 22 條之罪。

二、違反經濟管制法令，或以其他不正當方法，破壞社會經濟秩序，情節重大之案件，經報請各該檢察署檢察長核定者。

得併科新臺幣 1 千萬元以上 2 億元以下罰金。其犯罪所得達新臺幣 1 億元以上者，處七年以上有期徒刑，得併科新臺幣 2500 萬元以上 5 億元以下罰金。一般稱之為地下銀行業務。茲將其犯罪構成要件析釋如下：

一、犯罪行為主體

犯本類型之罪，其行為主體為任何人，故可能包括自然人或法人，只是本罪之法人違犯者，依銀行法第 127 條之 4 規定，法人之負責人、代理人、受僱人或其他職員，因執行業務違反第 125 條至第 127 條之 2 規定之一者，除依各該條規定處罰其行為負責人外，對該法人亦科以各該條之罰鍰或罰金。故依同法第 127 條之 4 規定，處罰其行為負責人，而所謂行為負責人，係指真正為行為之代表人，而非指行為時之負責人，此乃從犯罪真實之行為人而言，並非僅指掛名者，故若有投資公司為之者，應指其作決定及指揮監督者，例如是董事會之贊成者及董事長，至於若由經理依其職務上所下達之指示者，總經理及經理亦當負此責任。

二、客觀之行為態樣

㈠本罪最主要之行為態樣為吸收存款，至於以何種方式來達到此一目的，包括以借款、投資、使加入為會員股東或其他名義，向特定多數人或不特定之人為勸誘，甚至以約定或給付與本金顯不相當之紅利、利息、股息或其他報酬者，以收受存款論❷。

㈡至於何謂「與本金顯不相當」，現行融資公司貸款每超過 20% 以上之年利率者，是否與本金顯不相當，由於風險與報酬是成正比關係，風險高其成本自然較高，相對之對價亦較高，依民法第 205 條僅規定債權人對於超過部分之利息無請求權，其僅為自然債務而已，並不影響該借貸行為

❷ 依銀行法第 29 條之 1 規定，以借款、收受投資、使加入為股東或其他名義，向多數人或不特定之人收受款項或吸收資金，而約定或給付與本金顯不相當之紅利、利息、股息或其他報酬者，以收受存款論。依此一規定地下投資公司用各種名目變相收受存款者，亦應構成此罪。

之成立。故所謂與本金顯不相當，應參酌當時當地之經濟及社會狀況，客觀上較之一般債務之利息，顯有特殊之超額者，以決定之。亦即就原本利率及存續期間核算並參酌當地之經濟狀況，較之一般債務之利息，顯有特殊之超額者以決定之❸。若吸收存款約定支付之利息在一般民間借貸月息約一分至三分，年息在 12% 至 36% 間，參照以往法院之判決，多數認為並無與本金顯不相當，例如最高法院 86 年臺上字第 1727 號判決、最高法院 93 年臺上字第 5756 號判決及臺灣高等法院臺南分院 90 年上更㈠字第 239 號判決，至於經認定為違法吸金之案件，其年利率通常高達 50% 以上，例如最高法院 82 年臺上字第 1008 號判決及臺灣高雄地方法院 89 年訴字第 2221 號判決。

　㈢收受存款或吸收資金其對價與本金是否顯不相當，本為民事上之行為，私人間之借貸，貸與人若有乘他人急迫、輕率或無經驗貸以金錢或其他物品，而取得與原本顯不相當之重利者，為構成刑法第 343 條之重利罪，相反地，收受存款或資金，其收受者為借貸人或受寄人，其用以收受存款若為銀行業有嚴格之管理措施，包括資本適足性比率 (BIS)、存款準備金、存款保險等層層節制，尚須由主管機關適時查核監督，而非法業者吸收存款，其給予顯不相當之報酬，將導致入不敷出，其倒閉捲款逃走是無可避免，並由於是對社會大眾而為，並將擾亂國家金融秩序，危害客戶權益，故應予以取締。

　㈣非法吸收存款之行為，依銀行法第 5 條之 1，所稱吸收存款，係指向不特定多數人收受款項或吸收資金，並約定返還本金或給付相當或高於本金之行為。故對於特定多數人是否構成本罪，尤其特定人之人數可高達數十萬人，例如對台積電或聯電上市公司之員工及股東，前財政部認為銀行法第 5 條之 1 所定向不特定多數人收受款項或吸收資金，並約定返還本金或給付相當或高於本金之行為，其員工及股東對公司而言似屬特定之人，故向員工或股東收受存款則不在本條規定之範圍，至於公司收受職工儲蓄是否有銀行法第 29 條之 1 情形，及是否有向員工以外之人（即對不特定多

---

❸　參照最高法院 27 年上字第 520 號判決。

數人）明顯吸金之行為，宜個案認定❹。雖其未正式認為合法，但對於特定多數人之範圍，似認為無限制，如此易成為法律之漏洞，因此允宜有所界定。

㈤非法受託經理信託資金，係指非銀行、信託投資公司或依其他法律規定得為金錢信託財產之經營管理者，其以受託經理他人信託之資金，信託業法第 33 條規定，除其他法律另有規定外，非信託業不得辦理對不特定多數人委託經理信託業法第 16 條之信託業務，反面解釋對於非信託業者得辦理對特定人之信託行為，此即所謂一般之民事信託或公益信託，因此信託為銀行或信託業之業務，未經許可不得對不特定人為信託經理信託資金。

㈥由於國內外之交易活動，涉及以國內外貨幣為支付之媒介，而由於買賣雙方在兩地間以現金支付之困難，以及不同幣別間兌換之需要，故需要透過金融機構間之匯兌，而銀行法第 29 條第 1 項所謂「匯兌業務」，一般係指行為人不經由現金之輸送，而藉與在他地之分支機構或特定人間之資金清算，經常為其客戶辦理異地間款項之收付，以清理客戶與第三人間債權債務關係或完成資金移轉之行為。未經主管機關及中央銀行之核准經營匯兌業務，除可能構成管理外匯條例第 22 條第 1 項之罪外，尚可構成銀行法第 29 條第 1 項及第 125 條規定之適用❺。例如未經主管機關核准對外招攬不特定民眾，與大陸地區所設定之人員，利用戶對戶方式辦理兩岸匯兌撥款業務，從中賺取手續費及匯差牟利，除違反兩岸人民關係條例及洗錢防制法之規定外，並構成違反前述之法條規定。

㈦銀行法第 29 條第 1 項所指非銀行而經營銀行業務者，實務上曾發生者以地下投資公司（或地下錢莊）非法吸收資金之行為為最多，此行為雖已涉及證券交易法第 20 條、第 22 條非法募集、詐欺罪外，尚可能違反刑法侵占罪、詐欺罪，其惡性較一般詐欺罪或業務侵占罪更為重大，嚴重影

---

❹　參閱原財政部金融局 82 年 7 月 9 日臺融局㈡字第 821149371 號函。

❺　雖財政部 85 年 9 月 4 日臺融局㈠字第 85249505 號函，認為銀行未經核准經營匯兌業務而私自經營不構成刑責，但由於其經營許可業務以外之行為，仍可構成行政上之違規行為，參閱《金融法規通函彙編》，第 29 輯，第 137 頁。

響社會經濟之秩序及投資大眾之權益，為貫徹取締地下投資公司之立法目的，前鴻源地下投資公司案曾以違反國家總動員法之擾亂經濟金融秩序論處。另現行實務上有以發行商品禮券提貨券或會員券，並以折扣方式促銷或可兌換現金等方式，向不特定人或多數人收受款項或吸收資金之行為，由於事涉大眾之資金及消費者權益之保護，其有募集大量資金並可能惡意倒閉之情事發生，在未有規範發行者及其財務管理之規範前，亦應視其具體狀況以銀行法第 29 條、證券交易法第 22 條及刑法詐欺罪等論處。

　　(八)非銀行不得經營收受存款、受託經理信託資金、公眾財產或辦理國內外匯兌業務，惟本銀行法第 3 條之規定，銀行業務計有 22 項，則除上述 3 項業務外，是否非銀行即可經營？有認為依立法意旨所示，本條之所以將上述 3 項業務除外，係為便利非銀行之金融機構能經營除上述 3 項以外之其他銀行業務，為非銀行之其他金融機構，其設立經營皆有其他法律作為根據，依銀行法第 139 條第 1 項之規定，自仍視為「依其他法律設立之銀行或其他金融機構」而有本法之適用❻。但實務上認為非銀行之金融機構，經營除上述 3 項以外之其他銀行業務，因性質並非銀行專屬業務，並無銀行法第 139 條第 1 項之適用。至於有無違反其他法律之規定，如非經許可經營證券商、證券投資信託、證券投資顧問或證券金融業務，則依各該所屬之專業法律規定。

三、實務見解

(一)不得提附帶民事訴訟

　　違反非法經營應經許可之金融業務者，由於其係破壞國家有關經營銀行業務應經特許之制度，為國家社會法益而非直接侵害個人法益之犯罪，故受有損失之個人非因相對人犯罪而受損害之人，自不得提起刑事附帶民事訴訟，亦不得提起自訴（最高法院 80 年度臺抗字第 240 號裁判）❼，然

---

❻　參閱楊夢龍著，《新銀行法》(修訂版)，第 90 頁，五南出版，87 年 8 月 3 版。

❼　臺灣嘉義地方法院 84 年 3 月法律座談會，《刑事法律專題研究》(八)，第 193 至 199 頁，司法院印行。

其有以詐欺手段勸誘而受損害者，同時構成詐欺罪，似應予以提起附帶民事訴訟之機會。

(二)未設立公司以公司名義經營者

　　非金融機構而違反不得經營未經許可業務之規定之行為人，如係法人犯之者，法律明文規定「處罰其行為負責人」，其犯罪主體仍為該法人，但法人為組織體，故對於真正行為之負責人予以處罰，雖外觀上之法人為行為主體，惟依犯罪事實行為人負責之法理而處罰其行為負責人。又未經設立登記，而以公司名義經營業務或為其他法律行為之刑罰規定，由於法人（公司）尚未經設立登記，不得為權利、義務以及犯罪主體故也，故應處罰其行為之自然人。又銀行法於 94 年 5 月 18 日修正時，於第 20 條增訂第 3 項規定，明定非銀行，不得使用商業銀行、專業銀行或信託投資公司之名稱，或易使人誤認其為銀行之名稱。並於同法第 127 條之 5 增訂，違反規定者，處 3 年以下有期徒刑、拘役或科或併科新臺幣五百萬元以下罰金，法人違反者處罰其行為負責人。故銀行名稱之使用除非與金融無關之業務經營者外，不得使用❽。

(三)為行為犯

　　非銀行不得經營收受存款業務規定之刑罰，既係以多數人或不特定之人為吸取存款之犯罪行為對象，由於存款在未提領之前，尚屬在繼續狀態中，故其刑罰本身即含有犯罪行為繼續之特質，且所稱「經營收受存款業務」，當不限於單純之收受存款，舉凡與其相同之返還本金、提領存款、支付利息等業務，均應包括在內，於一有收受存款業務時，固已發生構成要件該當行為而屬犯罪既遂，然於未結束營業前，一切付息、提款及繼續收受存款等營業行為，仍屬犯罪行為之繼續進行，亦即同一行為而其不法之狀態持續至結束營業為止❾。

---

❽　銀行法於 94 年 5 月 18 日以華總一義字第 09400072481 號令修正發布。而信託業法第 52 條第 1 項，對於違反該法第 9 條第 2 項所定，非信託業使用信託業或易使人誤認為信託業之名稱者，其行為負責人處一年以下有期徒刑、拘役或科或併科新臺幣三百萬以下罰金，為短期自由刑。

㈣與非法買賣外匯不同

犯本罪之非法經營匯兌業務,係指行為人不經由現金之輸送,而藉與在他地之分支機構或特定人間之資金清算,經常為其客戶辦理異地間款項之收付,以清理客戶與第三人間債權債務關係或完成資金轉移之行為。至於非法買賣外匯,為管理外匯條例第 22 條第 1 項所規定之罪,以非法買賣外匯為常業者始足成立,其二者之犯罪構成要件並不相同,亦非可彼此包含,故私營兌換外幣業務,除可能構成管理外匯條例第 22 條第 1 項之罪外,自無上開銀行法規定之適用❿,亦無刑法上所謂法規競合之問題⓫。

㈤處罰真正之行為人

本罪處罰其法人行為負責人,係指因法人負責人有實際行為參與指揮監督業務之經營者,始予以處罰,並非代罰或轉嫁性質,因此,凡參與吸金決策之法人董事長、董事或經理人,固應論以罪責,而知情承辦或參與吸收資金業務之職員,若與法人之行為負責人或董事有犯意聯絡或行為分擔,依刑法第 31 條第 1 項規定,亦應論以該罪之共同正犯⓬。換言之,對於犯罪行為之法人負責人而言,並不及於未實際行為之公司負責人,至於公司法第 8 條第 1 項及第 2 項所定之當然或職務上負責人,在有限公司、股份有限公司為董事,公司之經理人、清算人或股份有限公司之發起人、監察人、檢查人、重整人或重整監督人在執行職務之範圍內亦為負責人,二者之意義與範圍尚有差異⓭。另依銀行法第 127 條之 4 規定,法人之負責人、代理人、受僱人或其他職員,因執行業務違反第 125 條至第 127 條之 2 規定之一者,除依各該條規定處罰其行為負責人外,對該法人亦科以各該條之罰鍰或罰金。此為銀行法在 89 年 11 月 1 日修正後,已採行兩罰

---

❾ 參見最高法院 82 年度臺上字第 719 號判決。

❿ 參閱原財政部 85 年 9 月 4 日臺融㈠字第 85249505 號函。

⓫ 參閱最高法院 92 年度臺上字第 1934 號、92 年度臺上字第 2040 號判決。

⓬ 參閱最高法院 93 年度臺上字第 4156 號判決。惟刑法第四章共同正犯之概念已於 94 年 2 月 2 日修正,並自 95 年 7 月 1 日施行,將共犯修正為正犯與共犯,共同正犯應屬於正犯之範疇。

⓭ 參閱最高法院 93 年度臺上字第 64 號判決。

之規定，已如前述。

㈥接續犯

　　犯本罪者因僅有一個業務行為，其多次經常性吸收資金辦理存款或國內外匯兌業務，未曾中斷，在法律概念上僅有一個業務行為，其多次辦理國內外匯兌行為均包含於一個業務行為內，為接續犯，應僅論以實質上一罪❶。

第二目　未經許可經營資金移轉帳務清算之金融資訊服務事業

一、法律規定

　　依銀行法第 47 條之 3 規定，經營銀行間資金移轉帳務清算之金融資訊服務事業，應經主管機關許可。但涉及大額資金移轉帳務清算之業務，並應經中央銀行許可，另經營銀行間徵信資料處理交換之服務事業，應經主管機關許可，至於對未經許可經營財金資訊服務或聯合徵信服務事業，應屬於禁止之事項，而銀行法第 125 條第 2 項規定，經營銀行間資金移轉帳務清算之金融資訊服務事業，未經主管機關許可，而擅自營業者，依第 125 條第 1 項規定處罰。但對於未經許可經營聯合徵信之部分則未有刑責之規定。

二、銀行間資金移轉帳務清算之金融資訊服務事業之設置

　　依銀行間資金移轉帳務清算之金融資訊服務事業，許可及管理辦法之規定，其業務範圍及設立條件如下❶：

㈠業務範圍

---

❶　臺灣高等法院暨所屬法院 86 年法律座談會，附於《臺灣高等法院暨所屬法院 86 年法律座談會彙編》，87 年 6 月版，第 337 至 338 頁。

❶　參閱原財政部 90 年 9 月 28 日臺財融㈡字第 0090719310 號令。

為提供金融機構間即時性跨行金融業務帳務清算加值網路之跨行金融資訊網路服務，而清算則指依據金融機構間支付指令暨結計金融機構間應收、應付金額，並於各參加機構指定帳戶予以貸、借記，以解除付款行支付義務之程序。換言之即為從事跨行資訊系統之營運與帳務清算之業務，提供匯款人由參加銀行將資金匯解至其他參加銀行或金融機構，解付給指定收款人之交易之服務。

(二)資本額及組織型態

申請設立跨行金融資訊網路事業，須為股份有限公司之組織，最低實收資本額為新臺幣 35 億元，股東應以金融機構及政府為限。現行國內之財金資訊股份有限公司之設立，由金融資訊服務中心於 87 年變更為股份有限公司，為此之合法設立事業。

第三目　非信託業不得經營信託業務

依信託業法第 33 條規定，非信託業除其他法律另有規定者外，不得辦理不特定多數人委託經營信託業法第 16 條之信託業務，此乃鑑於辦理不特定多數人委託經理信託業務係屬營業行為，應限於信託業者始得為之。違反者，依同法第 48 條第 1 項規定，可處 3 年以上 10 年以下有期徒刑，得併科新臺幣 1 千萬元以上 2 億元以下罰金。其犯罪所得達新臺幣 1 億元以上者，處 7 年以上有期徒刑，得併科新臺幣 2 千 5 百萬元以上 5 億元以下罰金。

本罪之構成要件如同銀行法第 29 條之 1 之立法例，係以向社會大眾招攬或勸誘信託業務之行為為構成要件，然反面解釋對於特定人或特定多數人為委託經理者是否構成本規定之罪，由於本條之立法以營業信託者為專屬業務，須經許可，此乃基於信託之高度信賴關係而成立，其對多數人為之者，應有較高標準之業者，方能保護投資大眾與委託人，故對於特定之少數人之信託應依民事信託認定，為民事之基本法律行為，不宜逕行認為構成本罪，至於其他法律另有規定者，例如證券投資信託及顧問法、期貨

交易法、金融資產證券化條例、不動產證券化條例之受託機構等，其間之運作仍有植基於信託之法律架構，且對象亦可能為不特定人，但因屬於特別法之規範，自應優先適用各該特別法之規定。

第四目　非證券投資信託事業募集或私募證券投資信託基金

依證券投資信託及顧問法第 3 條第 1 項規定，所稱證券投資信託，係指向不特定人募集證券投資信託基金發行受益憑證或向特定人私募證券投資信託基金交付受益憑證，從事於有價證券、證券相關商品或其他經主管機關核准之投資或交易，同條第 2 項規定，證券投資信託事業係以經主管機關許可，經營證券投資信託為業之機構。對於未經許可經營此一業務行為者，依同法第 107 條第 1 款規定，可處 5 年以下有期徒刑，併科新臺幣1 百萬元以上 5 千萬元以下罰金。

由於證券投資信託業務亦屬特殊信託業務之一種，對於信託業未經許可募集共同基金，依信託業法第 8 條及第 29 條規定，亦為信託業業務之範圍，但該共同基金其投資對象不以有價證券為限，尚可能包括動產、不動產、基金等 ❶⑥，故對於未經核准或許可經營是項業務，信託業法第 48 條第1 項之規定反較證券投資信託及顧問法第 107 條第 1 款之處罰為重，準此，非法經營募集信託基金業務者，應以較重刑度之信託業法第 48 條第 1 項規定論處。

又依金融資產證券化條例第 108 條及不動產證券化條例第 58 條規定，對於未經主管機關核准或向主管機關申報生效，而發行受益證券、資產基

---

❶⑥　現行信託業募集共同基金，除台新銀行及復華銀行經核准得募集之貨幣市場基金 (Money Market Fund) 外，尚未有投資有價證券以外之商品者，此涉及淨值之計算不易、風險高、流動性低等之問題，故即使欲募集對有價證券以外商品為投資標的之基金，亦宜以私募方式以對特定之專業投資人為應募人者較為妥適。

礎證券者，其行為負責人得處一年以上七年以下有期徒刑，得併科新臺幣
1千萬元以下罰金。此二規定之刑度亦相較於信託業法第48條規定「處三
年以上十年以下有期徒刑，得併科新臺幣1千萬元以上2億元以下罰金。
其犯罪所得達新臺幣1億元以上者，處七年以上有期徒刑，得併科新臺幣
2500萬元以上5億元以下罰金」為低。在解釋上信託業法第33條及第48
條之規定係指自始至終未取得信託業之許可證照者，而金融資產及不動產
證券化條例所規範者，是指已取得主管機關營業許可證照者，但其募集發
行之行為未經主管機關核准或申請生效者，其間尚有不同。

第三節　散布流言擾亂金融秩序罪

依銀行法第125條之1規定，散布流言或以詐術損害銀行、外國銀行、
經營貨幣市場業務機構或經營銀行間資金移轉帳務清算之金融資訊服務事
業之信用者，處5年以下有期徒刑，得併科新臺幣1千萬元以下罰金。本
罪主要在處罰藉流言之散布意圖煽惑擾亂金融市場秩序，而所謂流言有認
為不真實之資訊，亦有認為似真似假之資訊，在未經證實前所傳播之謠言，
至於以詐術損害銀行、外國銀行、經營貨幣市場業務機構或經營銀行間資
金移轉帳務清算之金融資訊服務事業之信用者，其所謂詐術，係指以告知
與事實不符的事項或隱瞞事實，使他人陷於錯誤，本罪行為主體必須具有
故意之主觀不法構成要件，行為客體為銀行、外國銀行、經營貨幣市場業
務機構或經營銀行間資金移轉帳務清算之金融資訊服務事業，至於散布流
言之方式包括以文字、圖畫、演說或其他方法，對不特定之人或特定多數
人公然為之，其散布之流言是否果真造成金融秩序之擾亂則不論。法人之
負責人、代理人、受雇人或其他職員，因執行業務違反本規定者，除處罰
其行為負責人外，對該法人亦科以各該條之罰金。

第四節 特殊背信罪

一、法律規定

依銀行法第 125 條之 2 及票券金融管理法第 58 條之規定,銀行或票券金融公司負責人或職員,意圖為自己或第三人不法之利益,或損害銀行、票券金融公司之利益,而為違背其職務之行為,致生損害於銀行或票券金融公司之財產或其他利益,處 3 年以上 10 年以下有期徒刑,得併科新臺幣 1 千萬元以上 2 億元以下罰金。其犯罪所得達新臺幣 1 億元以上者,處 7 年以上有期徒刑,得併科新臺幣 2500 萬元以上 5 億元以下罰金。銀行負責人或職員二人以上共同實施前項犯罪行為者,得加重其刑至二分之一,本罪之未遂犯罰之❶。

二、構成要件

本罪行為主體為銀行或票券金融公司負責人或職員,在主觀上必須具有背信之故意及獲利之意圖或損害意圖,其行為係違背其職務之行為,即違反法令之規定或忠實義務或善良管理人注意義務,包括作為或不作為之義務均屬之。而所謂之不法利益,即無法律上之原因取得該利益,除為自己或他人積極之不法利益外,亦及於消極損害銀行或票券金融公司之利益,本罪為結果犯,行為人行為之結果需致生損害於銀行或票券金融公司之財產或其他利益,包括積極的使銀行或其他金融機構財產減少及消極的妨害其財產之增加,本罪對於未遂犯亦加以處罰。

---

❶ 銀行法第 125 條之 2 之規定,其他金融法規如金融控股公司法第 57 條、信託業法第 48 條之 1、票券金融管理法第 58 條亦有相同之規定。

三、實務見解與實例

本罪為刑法第 342 條之特別規定，當銀行或票券金融公司負責人或職員有背信之犯行時，應論以本罪，又銀行負責人違反利害關係人授信之規定違法放款時，其除構成第 127 條之 1 之罪外，如其主觀上有為其不法利益或損害銀行利益之意圖，而為違背職務之行為，並致生損害於銀行者，亦可能構成刑法背信罪及本罪，而本罪所謂之意圖，乃須具有特定之內在意向，涉及對所保護法益之侵害，故本罪包含特定之內在意向及故意，並有違背其職務之行為、以詐術或不正之方法致生損害於金融機構或其他利益在內，茲舉主管機關公布之案例類型如下 ❶⑱：

㈠借戶向授信機構申請貸款，所提供之土地擔保品係該授信機構負責人所有，負責人及負責徵信調查及估價工作之人員均明知該筆土地市價遠低於貸放金額，竟共同意圖損害該金融機構之利益，推由徵信之調查人員製作不實之不動產調查報告表，登載於該借戶之不動產調查報告表上，再交予估價人員估價可貸之金額，由估價人將不實之估價資料，載於不動產調查報告表之估價計算方式欄及增值稅計算表內，該負責人亦均併予核章，致借戶無力清償借款及利息時，無法從設定抵押權之不動產清償其債權，足以損害於授信機構。

㈡借戶向授信機構申請貸款，係提供他人所有之二筆土地為擔保品，授信機構之負責人及徵信人員明知該二筆土地每平方公尺當時公告現值為 7 百元，竟基於共同之犯意，意圖損害授信機構之利益，推由徵信人員於其業務上作成借戶之不動產調查報告表內，未扣除上開土地前已由其他第三人分別向該授信機構各設定最高限額抵押權 180 萬元之貸款，建議設定最高限額抵押權 1,440 萬元，負責人亦均予核章，使該授信機構貸與借戶 1,200 萬元，致借戶無力清償借款及利息時，無法從設定抵押權之不動產清償其債權，足以損害於授信機構。

⑱　參閱 http://www.boma.gov.tw/ct.asp?xItem=68823&ctNode=1838,visited, 94 年 8 月 10 日。

㈢某授信機構負責人並為某家建設公司之大股東，因需 1 億元周轉，由合建之另一家建設公司提供土地，過戶給 6 名人頭，向該信託機構申貸，以規避授信機構之貸款限額。該擔保土地為丁種建地，將來改為甲種建築用地時，需提供 30% 之土地為公共設施，可用部分更為縮小，但該負責人卻指示估價人員超估其鑑價，且虛捏人頭戶收入為 8 百萬元以上，以登載不實之資料，利用其為負責人身分參與審議之機會，誤導其他授信審議委員會委員之審核，通過該案准予貸款共 3 億 5 千萬元，致生損害於該授信機構。

㈣某授信機構之負責人及其關聯戶之貸款，利息均未依約繳納，按規定授信機構之會計部門對貸款戶利息遲延逾期 3 個月者會開立催告書催告，逾期 6 個月以上者移轉催收訴訟部門，且對負責人本人及其關聯戶於逾期繳納利息時，均有依規定開立催告書及簽請移送訴訟，惟該負責人竟將授信機構放款部門所呈催告書及移送法院執行之公文擱置不予處理，該授信機構之負責人及承辦之職員上開行為均屬違背其職務之行為，導致授信機構財產之積極減少及消極的妨害其財產之增加，致生損害於授信機構。

第五節　利害關係人非常規授信規定

一、法律規定

依銀行法規定對於利害關係人之授信，為避免公器私用圖利自己或特定之利害關係人，並造成風險集中之流弊，甚至釀成呆帳擠兌之情形，因此對於違反規定之負責人，課予刑責，其主要規定如下：

㈠第 32 條第 1 項及第 33 條之 2 前段

銀行不得對其持有實收資本總額 3% 以上之企業，或本行負責人、職員，或主要股東，或對與本行負責人或辦理授信之職員有利害關係者，為無擔保授信。但消費者貸款及對政府貸款不在此限。另依第 33 條之 2 規定，

銀行不得交互對其往來銀行負責人、主要股東或對該負責人為負責人之企業為無擔保授信。

㈡第 33 條第 1 項及第 33 條之 2 後段

銀行對其持有實收資本總額 5% 以上之企業，或本行負責人、職員，或主要股東，或對與本行負責人或辦理授信之職員有利害關係者為擔保授信，應有十足擔保，其條件不得優於其他同類授信對象，如授信達中央主管機關規定金額以上者，並應經三分之二以上董事之出席及出席董事四分之三以上同意。另依第 33 條之 2 後段規定，銀行交互對其往來銀行負責人、主要股東或對該負責人為負責人之企業為擔保授信者，亦應依前述規定辦理。

㈢第 127 條之 1

銀行違反第 32 條、第 33 條或第 33 條之 2 規定者，其行為負責人，應處 3 年以下有期徒刑、拘役或科或併科新臺幣 5 百萬元以上 2 千 5 百萬元以下罰金。

二、犯罪構成要件與案例

本類型犯罪為特定人間之非常規授信行為，銀行從事授信之行為人，包括徵信、核貸、鑑價、對保以至總經理、董事會或董事長皆可能為本罪之犯罪主體，行為人基於主觀為自己或第三人不法獲利之意圖，不依程序及規定辦理授信及配合之相關工作，為無擔保或不以相當擔保之授信，至於行為人為銀行之職員或負責人本有瀆職之行為，則另依瀆職罪論處，本罪往往造成銀行之呆帳或逾放，對金融秩序影響甚鉅，其常見之犯罪案件可舉例如下：

㈠金融機構常務董事明知申請貸款之公司董事、監察人與其有銀行法第 33 條之 1 第 4 款之利害關係者或有銀行法第 32 條第 1 項及第 33 條第 1 項之授信限制者，未向該金融機構申報完備之利害關係人資料表，使受理貸款分行，無法正確核對，致該金融機構辦理關係人授信案件違反授信程序，由不知情出席常務董事會之常務董事，通過辦理該常務董事之利害

關係人中期擔保放款授信案件，未提報董事會審議，違反銀行法第 33 條規定，常務董事會通過辦理常務董事之利害關係人短期信用放款案件，違反銀行法第 32 條規定。

㈡金融機構總經理主導對利害關係人之授信，且於授信時未審慎評估分析借款用途及還款來源，對徵信調查、授信審核及貸放後管理顯有瑕疵，不符合一般授信常規，嗣借戶無法清償債務，致金融機構遭受損失。資金流向與原申貸用途不符，部分資金或流入金融機構負責人帳戶。甚至金融機構總經理主導對利害關係人授信案件，授信風險過於集中在與主要股東有關之集團企業，且就實際出資之主要股東集團等旗下公司之授信案，未就申請公司之資產、負債、資本、淨值、營收、資金需求、還款財源等綜合評估，考量授信風險、作為審核依據，顯有違授信應考量之資金用途、還款來源、風險評估等原則，無法確保債權，甚且授信總額超逾內規及相關金融法規規定上限。

㈢金融機構之董事兼副董事長、董事二人向該金融機構開發部承辦人員施壓，復利用該金融機構董事長及總經理甫到任，對業務規定及流程不熟之際，勾申鑑價公司製作不實鑑價報告，使該金融機構以高於市場合理價格之價格購入土地，致該金融機構受有財產上之損失，涉案董事從中獲取不法利益。

㈣授信人員假借他人名義，向該授信機構申請貸款，並指示徵信人員寬予估價，徵信人員明知不實而以高過市價甚多倍之高價鑑估擔保品，再經由同有犯意聯絡之主管批轉有決定權層級者核准貸放，以圖利授信人員，貸放後旋亦停止支付利息，並成呆帳。另亦有徵信人員辦理貸款戶貸款案件時，發現借戶之貸款已有繳納本息不正常狀況，遂在「不動產放款值調查報告表」內載明「貸款人已有繳納本息不正常」之事項，然授信人員明知對於逾期未還之借款人及保證人，應自逾期之日起一律停止貸款，直至還清借款為止之規定，竟為圖利借款人仍執意再貸放。甚至在辦理貸款案時，有申請日、估價日、對保日、准貸日、撥款日均為同一日，亦有估價日在申請日之前，貸款戶於取得借款後，均陸續拒繳本息，造成新呆帳。

第六節 對銀行詐欺犯罪

金融機構為資金融通之樞紐,而相關資金之交付、承兌、清算、匯兌等,除了以往人工之對帳外,隨著電腦技術日新月異之進步,金融交易資訊之往來,已邁入電腦化之時代,便捷的高科技資訊產品,如電腦系統、網路及自動櫃員機等已為金融體系帶來革命性之變革,藉著便捷電子產品,可達到效率化、國際化及規模化之功能,但在此同時由於電腦畢竟是人為智慧所設計,無法完全避免狹點之徒利用,故常有被不法之徒予以扭曲濫用之情事,以致各類智慧型犯罪行為應運而生,不法犯罪集團憑藉其綿密之組織結構、精細之技巧訓練及科技化之資訊產品,破解設備與程式圖謀不應得之利益,並假借各種名義、運用人性弱點,肆行轉帳詐欺不法勾當,雖詐欺犯罪依現行刑法第 339 條或第 339 條之 3 規定已有相關規範,且使用偽造、變造信用卡、金融卡、儲值卡或其他相類作為簽帳、提款、轉帳或支付工具之電磁紀錄物,其犯罪亦有刑法第 201 條之 1 之規範,但對銀行詐欺犯罪所得愈高,對金融秩序及社會大眾通常危害愈大,為防範對銀行之詐欺行為,維持金融秩序,針對犯罪所得達新臺幣 1 億元以上者,已於銀行法第 125 條之 3 增訂處 3 年以上 10 年以下有期徒刑,得併科新臺幣 1 千萬元以上 2 億元以下罰金之規定。準此,對銀行詐欺之犯罪行為,可分為對一般民眾利用銀行轉帳之詐欺,其對象為存款戶,另一種為對銀行本身之詐欺,其受害對象則為銀行,應適用銀行法第 125 條之 3 規定,茲進一步分述如下 [19]:

---

[19] 對於金融詐欺之犯罪行為,除銀行法於 93 年 2 月 4 日修正第 125 條之 3 以加重其刑事責任外,另金融控股公司法第 57 條之 1、票券金融管理法第 58 條之 1、信託業法第 48 條之 2 亦於同時所謂金融六法之加重刑責中一併增訂。

一、利用銀行存款帳戶進行詐欺

　　現行屢見犯罪集團利用電話、電信及金融設備等進行詐騙，先於金融機構設立人頭帳戶，再利用電信設備恐嚇、詐欺或發送不實訊息或簡訊，誘騙被害人至自動櫃員機 (ATM) 匯款、轉帳，遂行詐騙之目的[20]。其常見之手法如下：

㈠開立人頭戶

　　最典型之作法為犯罪行為人利用偽造變造他人遺失或竊取所得之身分證向金融機構申請存款開戶、辦理貸款、申請信用卡，並以相同偽造文件向不同金融機構申請，以獲取人頭帳戶。

㈡詐騙手法

1.電話詐騙

　　有以假借各種機關為民服務之名義，以電話佯稱溢收稅捐、健保費、電話費、水電費、繳交中獎獎金需先行扣繳稅款、假信用貸款要求墊支保證金等方式，設計虛擬的機關情境取信於民，使受害者失去防衛心，依其指示至自動櫃員機操作，藉機詐騙，以達假退費真詐財之不法目的。

2.手機簡訊詐騙

　　利用各電信公司行動電話大量發送「信用卡遭盜刷」、「確認百貨公司消費」、「確認銀行刷卡」等簡訊，向不特定對象詐財，其利用民眾對金融機構之信賴，而假借某銀行名義傳送刷卡消費之簡訊通知，造成民眾之疑惑或恐慌，並依簡訊上所載電話回復，俾利行詐騙之行為。

㈢利用 ATM 詐財

　　犯罪行為人主要之目的在勸誘或脅迫被害人依其指示將存款帳戶金額透過 ATM 轉帳至歹徒指定之帳戶。此乃因 ATM 之使用或轉帳無須親至金融機構臨櫃提款，且 ATM 機器無法辨識提款人之身分。

---

[20]　參見行政院金管會銀行局，〈防制犯罪集團利用銀行存款帳戶進行詐騙之執行成果報告〉，法務部調查局經濟犯罪防制執行會報，第 101 次會議專題報告，第 3 頁至第 4 頁，93 年 12 月 29 日。

二、犯罪構成要件

犯詐欺罪必須具備主觀上有意圖為自己或第三人不法之所有，以詐術使銀行將銀行或第三人之財物交付、或以不正方法將虛偽資料或不正指令輸入銀行電腦或其相關設備，製作財產權之得喪、變更紀錄而取得他人財產，而所謂詐術係指以積極詐騙行為，如偽造存摺之假債權，甚至以消極不作為，包括有應告知義務卻未告知等，使銀行陷於錯誤而將銀行或第三人之財產處分而造成損失。另外基於電腦科技的發達，熟悉電腦程式的行為人每每可透過電腦，將虛偽之數位資料輸入電腦或其相關設備，或將不正指令輸入銀行電腦或其相關設備，而製作財產權之得喪、變更紀錄並且由於此等與事實不符之紀錄而引致錯誤之財產處分，通常之電腦駭客若有竄改金融機構或財金資訊中心之電腦程式謀利者，即可構成本罪。

三、一般詐欺銀行之案例

㈠授信機構之負責人藉其身分及職權與會計主任，指示所屬出納人員、會計人員、業務主管、經辦人員等集體舞弊，偽造定期存單、擅將客戶到期續存存單辦理解約挪用、偽造客戶印鑑辦理存單質借資金轉入人頭戶及該涉案人本人戶頭、偽造客戶印鑑辦理放款，將資金流入人頭戶及該涉案人本人戶頭，及偽造不實存放金融機構之對帳單，造成客戶及該授信機構之損害。

㈡授信機構之負責人及職員共同為渠等不法之利益，以「人頭冒貸分散借款集中使用」或以「人頭超額冒貸」方式，致生損害於授信機構之財產，放款經辦明知借戶係人頭申請戶且故意將擔保品土地位置繪成位處堤防外且鄰近馬路，登載於不動產放款值調查報告表，借戶因而超額貸款，致使授信機構遭受損失。

㈢授信機構之負責人對於客戶欲開發休閒農場急需現款償還貸款，乃告知以人頭戶貸款，由代書出面找尋 8 名人頭，假借「建築融資」、「資金周轉」之名義，向授信機構申請貸款，放款經辦未實際前往現場查估土地

價值，亦未對申請人作財產信用徵信調查，明知該 8 人均係欲以「分散貸款、集中使用」之方式貸款之人頭戶，仍完成資格之審查，辦理抵押貸款之書面手續，致生損害於授信機構。

第七節　違反反面承諾之行為

一、立法理由

　　為擔保銀行之債權之履行，銀行於辦理放款、保證等授信業務時，會要求債務人或第三人提供動產、不動產或其他財產為設定抵押權或質權，惟辦理抵押權之設定，需辦理過戶登記等事項，而質權之設定需移轉占有，故需配合辦理繁雜之手續，以致耗費時日與相當費用，對銀行及授信人雙方均有不便。準此，於 64 年 7 月修正銀行法時，特參照美國「反面承諾」(Negative Pledge) 之規定，增訂第 30 條有關反面承諾之規範，用以簡化銀行辦理放款擔保之程序，俾經營及信用良好之股份有限公司組織企業，得以較簡便之手續，較短之時間，得到銀行在信用或資金方面之協助。

　　而其立法理由主要在考量對經營良好、財務健全、信譽較佳之股份有限公司，一方面固可免除繁雜之物權登記手續，而順利得到銀行資金或信用之融資，另一方面可使債務人凜於承諾責任，而務求免犯刑章，重諾守信。就銀行本身之確保債權言，實優於完全放棄物權之無擔保放款，而利於企業之經營。

二、規範之內容

　　基於前述理由，銀行法第 30 條規定，銀行辦理放款、開發信用狀或提供保證，其借款人、委任人或被保證人為股份有限公司之企業，如經董事會決議，向銀行出具書面承諾，以一定財產提供擔保，及不再以該項財產提供其他債權人設定質權或抵押權者，得免辦或緩辦不動產或動產抵押權

登記或質物之移轉占有。但銀行認為有必要時，債務人仍應於銀行指定之期限內補辦之。借款人、委任人或被保證人違反前開承諾者，除其參與決定此項違反承諾行為之董事及行為人應負連帶賠償責任之外，另應依第126條及第127條之4規定，處3年以下有期徒刑、拘役或科或併科新臺幣180萬元以下罰金。並就負責人、代理人、受雇人或其他職員，因執行業務違反此一規定者，除依各該條規定處罰其行為負責人外，對該法人亦科以罰金。

三、實務上之承諾書案例

㈠立承諾書人經公司董事會於○年○月○日合法決議向貴行申請放款、開發信用狀、提供保證，依銀行法第30條之規定，承諾提供如附表所列之本公司所有財產作為擔保，絕不再以所列之不動產或動產提供其他債權人設定抵押權或質權。或就同一標的物，另向其他債權人作重複之承諾。

㈡貴行認為必要時，得通知立承諾書人限期補辦抵押權登記或質物之移轉占有，如立承諾書人逾期不辦者，視同拋棄一切債務期限利益。

㈢立承諾書人如違反承諾者，參與決定之董事及行為人除應負連帶賠償責任外，並願接受銀行法第126條規定之處罰。

㈣特立此承諾書並附董事會決議紀錄及提供擔保財產目錄表各乙份為據。

四、實務見解

㈠某股份有限公司向銀行借款，並經該公司董事會決議向銀行出具書面承諾，以公司之特定財產供銀行作為擔保，並不再以該特定財產為第三人設定抵押權及質權，詎該公司於取得借款後，將該財產變賣，則參與此項變賣決定之董事及行為人，依「入人於罪者，舉輕以明重」之法理，該公司既以承諾就特定財產不再為第三人設定質權或抵押權，則自然更不可為變賣之處分行為，如該公司變賣該財產自亦係違反對銀行所為之反面承諾，參與該變賣決定之董事及行為人應依銀行法第126條論處[21]。

㈡非屬公司內部人員，法律上雖不具有表決公司內部事務之權利，惟決定違反承諾之行為，非須公司之有權代表人始得為之，倘有證據足資認定非屬公司內部人員為參與決定之人時，則該行為人仍該當銀行法第 30 條第 2 項或第 126 條所稱之「參與決定之行為人」❷。

第八節　拒絕主管機關依法所為之處置或虛偽隱匿相關事證

一、違反主管機關所為之處置

　　金融機構之管理事涉客戶之權益與金融秩序之維護，故平時即應督促業者遵守法令之規定，做好風險管理與財務業務勾稽控管工作，一旦在業務或財務狀況發生有顯著惡化，甚至無法支付債務或有損及存款人利益之虞時，必須依照主管機關之指示，為必要之緊急處置，以避免產生擠兌或系統性信用危機之金融風暴發生，因此銀行法第 62 條第 1 項規定，賦予主管機關得勒令停業並限期清理、停止其一部業務、派員監管或接管等之必要措施，而主管機關以公權力介入為清理、監管或接管，已動用政府資源，甚至包括金融重建基金 (Resolution Trust Cooperation, RTC)，其目的在能適時挽救存款人之信心，並能適時清理問題之金融機構，維護金融之安定，此際必須有賴金融機構之配合，其若有拒絕、隱匿、延宕或湮滅相關帳冊或事證，將加劇問題處理之困難，因此銀行法第 127 條之 2 第 1 項、信託業法第 53 條第 1 項及票券金融管理法第 59 條第 1 項規定處以刑責，對於應配合處置而未依規定配合，或不得為虛偽、隱匿、毀棄而為之者，以資嚇阻。就犯罪構成要件而言，為銀行或經營貨幣市場業務之機構違反主管

---

❷　參閱法務部法律座談會，《銀行法法令彙編》，87 年 3 月版，第 516 頁。

❷　參閱原財政部 88 年 11 月 16 日臺財融㈠字第 88769721 號函，《財政部公報》，第 37 卷，1882 期。

機關依銀行法第 62 條第 1 項、信託業違反主管機關依信託業法第 43 條準用銀行法第 62 條規定，或票券金融管理法第 52 條準用銀行法第 62 條第 1 項所為之處置，足以生損害於公眾或他人者，其行為負責人處一年以上七年以下有期徒刑，得併科新臺幣 2 千萬元以下罰金❷。

二、隱匿、捏造或毀損相關書件

㈠法律之規定

　　另銀行、信託業或票券金融公司之負責人或職員於主管機關指定機構派員監管或接管或勒令停業進行清理時，為求能迅速有效處理問題銀行，並避免銀行或信託業相關人員藉拒絕移交、隱匿或毀損帳冊文件或財產，不為答覆，捏造、承認不真實之債務等手段拖延破壞中央主管機關之處理，故對於有下列情形之一者,依銀行法同條第 2 項及票券金融管理法第 59 條第 2 項規定得處一年以上七年以下有期徒刑，得併科新臺幣 2 千萬元以下罰金，信託業法同條第 2 項規定則得處 3 年以下有期徒刑、拘役或科或併科新臺幣 1 千萬元以下罰金：

　　1.於主管機關指定期限內拒絕將業務、財務有關之帳冊、文件、印章及財產等列表移交予主管機關指定之監管人、接管人或清理人，或拒絕將債權、債務有關之必要事項告知，或拒絕其要求，不為進行監管、接管或清理之必要行為。

　　2.隱匿或毀損有關業務或財務狀況之帳冊文件。

　　3.隱匿或毀棄財產或為其他不利於債權人之處分。

　　4.對主管機關指定之監管人、接管人或清理人詢問無正當理由不為必需之答復或為虛偽之陳述，或拒絕其要求，不為監管、接管或清理之必要行為。

　　5.捏造債務或承認不真實之債務。

---

❷　對於經營貨幣市場業務之機構,包括郵局、信用合作社、農漁會及外國銀行等,依銀行法第 47 條之 2 或第 123 條準用第 62 條第 1 項、第 62 條之 2 或第 62 條之 5 規定所為之處置,依同法第 127 條之 2 第 3 項規定亦適用之。

㈡犯罪構成要件

1.行為主體

犯前述各該條之犯罪行為，為銀行、信託業、票券金融公司或其他金融機構之負責人或職員，而負責人應指派公司法第 8 條規定，包括當然之負責人、職務上之負責人與實質上有決定權及指揮監督權之負責人，至於職員之範圍，除公司之從業人員外，尚應包括受僱人在內，對於在公司服務領有薪資並反覆為業務有關之人亦應涵蓋在內。

2.隱匿、捏造及毀損

所謂隱匿係指隱密藏匿使不易發現，捏造則包括偽造或變造，就無著作權而擅自製作或無改造權而更改其內容而言，至於毀損或毀棄，指毀壞拋棄使喪失效用。

第九節　金融犯罪所得之移轉與民事責任

對於重大金融犯罪之行為，考量刑事之制裁往往緩不濟急，犯罪行為人必須經過偵查、起訴及三審方能定讞，遲來之正義無法完全顯現真正之公平正義，尤其對於重大金融犯罪者，其所得龐大，為防止有充裕時間從事脫產以規避民事之賠償責任，使受害之客戶及投資人求償無門，故 94 年 5 月 18 日修正證券交易法、銀行法、票券金融法、信託業法及金融控股公司法等規定，增訂犯罪行為人所為之無償行為，有害及公司或投資人權利者，受害之公司得聲請法院撤銷❷④。茲就其規定分別說明如下。

---

❷④　證券交易法第 174 條之 1 規定之增訂，原草案規定為「無效」，而所謂無效是自始、確定、絕對、嗣後之無效力，與撤銷在未撤銷前仍為有效不同，其懲罰之效果更嚴厲，惟無效之行為在有爭議時仍須提起確認之訴，故幾經討論之結果統一明定為得撤銷。

一、法律規定

(一)證券交易法第 174 條之 1

1.第 171 條第 1 項第 2 款、第 3 款或第 174 條第 1 項第 8 款之已依本法發行有價證券公司之董事、監察人、經理人或受僱人所為之無償行為，有害及公司之權利者，公司得聲請法院撤銷之。

2.前項之公司董事、監察人、經理人或受僱人所為之有償行為，於行為時明知有損害於公司之權利，且受益人於受益時亦知其情事者，公司得聲請法院撤銷之。

3.依前二項規定聲請法院撤銷時，得並聲請命受益人或轉得人回復原狀。但轉得人於轉得時不知有撤銷原因者，不在此限。

4.第 1 項之公司董事、監察人、經理人或受僱人與其配偶、直系親屬、同居親屬、家長或家屬間所為之處分其財產行為，均視為無償行為。

5.第 1 項之公司董事、監察人、經理人或受僱人與前項以外之人所為之處分其財產行為，推定為無償行為。

6.第 1 項及第 2 項之撤銷權，自公司知有撤銷原因時起，一年間不行使，或自行為時起經過十年而消滅。

(二)銀行法第 125 條之 5

1.第 125 條之 2 第 1 項之銀行負責人、職員或第 125 條之 3 第 1 項之行為人所為之無償行為，有害及銀行之權利者，銀行得聲請法院撤銷之。

2.前項之銀行負責人、職員或行為人所為之有償行為，於行為時明知有損害於銀行之權利，且受益人於受益時亦知其情事者，銀行得聲請法院撤銷之。

3.依前二項規定聲請法院撤銷時，得並聲請命受益人或轉得人回復原狀。但轉得人於轉得時不知有撤銷原因者，不在此限。

4.第 1 項之銀行負責人、職員或行為人與其配偶、直系親屬、同居親屬、家長或家屬間所為之處分其財產行為，均視為無償行為。

5.第 1 項之銀行負責人、職員或行為人與前項以外之人所為之處分其

財產行為，推定為無償行為。

　　6.第 1 項及第 2 項之撤銷權，自銀行知有撤銷原因時起，一年間不行使，或自行為時起經過十年而消滅。

　　7.前六項規定，於第 125 條之 2 第 4 項之外國銀行負責人或職員適用之。

(三)信託業法第 48 條之 4

　　1.第 48 條之 1 第 1 項之信託業負責人、職員或第 48 條之 2 第 1 項之行為人所為之無償行為，有害及信託業之權利者，信託業得聲請法院撤銷之。

　　2.前項之信託業負責人、職員或行為人所為之有償行為，於行為時明知有損害於信託業之權利，且受益人於受益時亦知其情事者，信託業得聲請法院撤銷之。

　　3.依前二項規定聲請法院撤銷時，得並聲請命受益人或轉得人回復原狀。但轉得人於轉得時不知有撤銷原因者，不在此限。

　　4.第 1 項之信託業負責人、職員或行為人與其配偶、直系親屬、同居親屬、家長或家屬間所為之處分其財產行為，均視為無償行為。

　　5.第 1 項之信託業負責人、職員或行為人與前項以外之人所為之處分其財產行為，推定為無償行為。

　　6.第 1 項及第 2 項之撤銷權，自信託業知有撤銷原因時起，一年間不行使，或自行為時起經過十年而消滅。

(四)票券金融管理法第 58 條之 3

　　1.第 58 條第 1 項之票券金融公司負責人、職員或第 58 條之 1 第 1 項之行為人所為之無償行為，有害及票券金融公司之權利者，票券金融公司得聲請法院撤銷之。

　　2.前項之票券金融公司負責人、職員或行為人所為之有償行為，於行為時明知有損害於票券金融公司之權利,且受益人於受益時亦知其情事者，票券金融公司得聲請法院撤銷之。

　　3.依前二項規定聲請法院撤銷時，得並聲請命受益人或轉得人回復原

狀。但轉得人於轉得時不知有撤銷原因者，不在此限。

4. 第 1 項之票券金融公司負責人、職員或行為人與其配偶、直系親屬、同居親屬、家長或家屬間所為之處分其財產行為，均視為無償行為。

5. 第 1 項之票券金融公司負責人、職員或行為人與前項以外之人所為之處分其財產行為，推定為無償行為。

6. 第 1 項及第 2 項之撤銷權，自票券金融公司知有撤銷原因時起，一年間不行使，或自行為時起經過十年而消滅。

㈤金融控股公司法第 57 條之 3

1. 第 57 條第 1 項之金融控股公司負責人、職員或第 57 條之 1 第 1 項之行為人所為之無償行為，有害及金融控股公司之權利者，金融控股公司得聲請法院撤銷之。

2. 前項之金融控股公司負責人、職員或行為人所為之有償行為，於行為時明知有損害於金融控股公司之權利，且受益人於受益時亦知其情事者，金融控股公司得聲請法院撤銷之。

3. 依前二項規定聲請法院撤銷時，得並聲請命受益人或轉得人回復原狀。但轉得人於轉得時不知有撤銷原因者，不在此限。

4. 第 1 項之金融控股公司負責人、職員或行為人與其配偶、直系親屬、同居親屬、家長或家屬間所為之處分其財產行為，均視為無償行為。

5. 第 1 項之金融控股公司負責人、職員或行為人與前項以外之人所為之處分其財產行為，推定為無償行為。

6. 第 1 項及第 2 項之撤銷權，自金融控股公司知有撤銷原因時起，一年間不行使，或自行為時起經過十年而消滅。

二、立法理由

㈠前開金融機構之公司負責人、職員或各該法條規定之犯罪行為人所為之無償行為，有害及公司之權利者，參考民法第 244 條第 1 項規定，應允許公司得聲請法院撤銷之，以保護各該公司之權利。

㈡各該公司負責人、職員或犯罪行為人所為之有償行為，於行為時明

知有損害於公司之權利，且以受益人於受益時亦知其情事者為限，參照民法第 244 條第 2 項規定，應允許公司得聲請法院撤銷之，俾受益人及公司之利益，均得保護。

㈢為使各該公司除行使撤銷權外，如有必要，並得聲請命受益人或轉得人返還財產權及其他財產狀態之復舊，爰參考民法第 244 條第 4 項規定，賦予公司對明知有損害公司之受益人或轉得人有回復原狀之請求權。但轉得人於轉得時不知有撤銷原因者，為保障其交易安全，爰為例外規定。

㈣為利公司撤銷權之行使，並防止公司負責人、職員或行為人假借與其配偶、直系親屬、同居親屬、家長或家屬間所為之處分其財產行為，以規避賠償責任，爰參酌破產法第 15 條第 2 項規定，將其擬制為無償行為。

㈤各該公司負責人、職員或行為人與有親戚關係以外之人所為之處分其財產行為，則明定為舉證責任倒置，將其推定為無償行為。

㈥撤銷權永久存續，則權利狀態，永不確定，實有害於交易之安全，爰參考民法第 245 條，明定撤銷權為除斥期間之規定。

第十章　金融相關稅賦

第一節　前　言

　　國家政府任何施政，需要有財源，舉凡社會福利、國防、各項建設等都必須仰賴資金之挹注，然為充裕國庫，依法律納稅為人民之義務❶，現行稅法法令多如牛毛❷，如何能瞭解並遵行納稅之義務，則唯有釐清熟識稅法之規範，而賦稅之規劃首先必須達到實現公平正義之要求，使國家社會之每一分子皆得以竭盡所能擔負應有之責任，金融市場為我國經濟發展之重要支柱，金融活動無論是直接金融或間接金融，往往涉及創造盈餘並分配所得，基於有所得就必須納稅之原則，對於金融市場活動主體之金融機構其營業行為，或參與活動對象之客戶投資、交易等金融活動之行為，甚或金融商品之設計規劃與交易行為，都可能與稅法之規定息息相關，稅法之規定主要建立在稅賦公平、社會正義與國家整體利益之均衡上，就各種不同之租稅客體，或不同之納稅人課徵不同之稅賦，包括依所得的比率或納稅之能力來課稅，但法律之制定有時不見得能完全達到十全十美之公平與正義，遂有修正調整之必要，例如有價證券之證券交易所得是否課徵證券交易所得稅，歷來爭議不休，此不僅在稅制規劃上需加以考量，對於稽徵之成本、技術與投資人之反映等，亦需配套加以克服，本章擬就金融活動有關稅賦之相關規定提出探討。

第二節　信託行為之稅制規範

　　信託已為金融活動之基礎法律行為，而信託之特質在形式上所有權與

---

❶　憲法第 19 條規定，人民有依法律納稅之義務。

❷　依財政部編印之《稅法輯要》，列入之稅法法規即有 67 種之多，其他函令解釋更是不勝枚舉，參見財政部編印，《稅法輯要》，92 年 11 月。

實質上之受益權得加以分離，其種類繁多，通常信託係由委託人與受託人訂定信託契約，將其財產權移轉或為其他之處分，使受託人得依信託本旨，為受益人之利益或特定之目的，為管理或處分信託財產，並將信託利益交付予受益人，而受益人若為信託之委託人則為自益信託，信託之受益人若為委託人以外之第三人則為他益信託，就信託財產之形式上所有權已移轉為受託人所有，而受託人管理、處分信託財產之利益，可依約定移轉予受益人之第三人或委託人自己，其移轉予第三人者，實質上與贈與相同，因此這涉及賦稅上是否課徵贈與稅或其他稅負之問題，茲進一步分述如下：

一、他益信託與贈與之區別

他益信託之信託財產雖名義上之所有權人為受託人，而實質上之所有權人為受益人，而贈與之財產權所有權人為受贈人，他益信託之信託財產由受託人以公正或專業管理人之立場加以管理處分，而贈與則於贈與後由受贈人自行管理，在信託財產未移轉予受益人前，信託財產具有獨立性，受益人之債權人不得查封扣押信託財產或行使其他權利，贈與則受贈人之債權人得直接要求清償與執行，另就課稅之時間點而言，贈與本身為有相對人之契約行為，依民法第406條規定，於受贈與人同意時方能成立，而贈與於贈與標的物交付時始產生效力，否則贈與人得隨時撤回，故贈與稅之課徵，必須在交付財產時始需課稅，但信託契約於訂立信託契約時，即已生效，故他益信託即需課徵贈與稅。

二、信託之所得稅制原則

有關信託之所得稅制在信託法及信託業法相繼立法通過及施行後，對於信託之稅制規定，所得稅法亦配合於90年6月13日修正，其中增訂第3條之4，明定信託之所得稅制，係採信託導管論及實際受益者課稅之原則❸，亦即信託財產以信託導管移轉予受益人，應以實際受益者為課予所

---

❸ 參閱財政部94年5月24日臺財稅字第09404527580號函，該函說明二、提及「我國有關信託之所得稅制，依所得稅法第3條之4第1項規定，係採信託導

得稅之客體，其規定對信託財產發生之所得課稅方式：

(一)信託之所得稅

1.受益人負擔

信託財產發生之收入，受託人應於所得發生年度，按所得類別依規定，減除成本、必要費用及損耗後，分別計算受益人之各類所得額，由受益人併入當年度所得額，依本法規定課稅。

2.受益人為二人以上時

受益人有二人以上時，受託人應按信託行為明定或可得推知之比例計算各受益人之各類所得額；其計算比例不明或不能推知者，應按各類所得受益人之人數平均計算之。

3.受益人尚未特定時

受益人不特定或尚未存在者❹，其於所得發生年度依規定計算之所得，應以受託人為納稅義務人，於規定期限內，按規定之扣繳率申報納稅，其依規定計算之已扣繳稅款，得自其應納稅額中減除；其扣繳率由財政部擬訂，報請行政院核定發布之。

4.公益信託之核科

公益信託其信託利益於實際分配時，由受益人併入分配年度之所得額，依本法規定課稅。

管理論及實際受益者課稅之原則，受益人特定，且委託人無保留指定受益人及分配、處分信託利益權利之信託，受益人僅享有孳息之信託利益者，其信託財產運用所獲配之股票，為受益人之營利所得，以股票面額計算信託財產之收入，由受託人依所得稅法第3條之4第1項及同法施行細則第83條之1第2項規定，計算受益人之所得額」。

❹ 參閱法務部93年3月18日法律字第0930010466號函說明二，就所稱「受益人不特定」，係指受益人已存在但尚不能確定孰為受益人之情形，如公益信託或信託行為訂定以校內成績最佳者為受益人，而成績尚未計算出，或以身心障礙者為受益人等是，所稱「尚未存在」，係指在信託設立之時，受益對象尚未出生（自然人）或尚未設立完成（法人），如以胎兒為受益人，或以籌設中之財團法人為受益人，屬之。

5.共同基金之核科

依法經主管機關核准之共同信託基金、證券投資信託基金，或其他經財政部核准之信託基金，其信託利益於實際分配時，由受益人併入分配年度之所得額，依本法規定課稅。

㈡信託之導管理論

由於受託人之管理處分僅為導管體，故對於未有實際所得之情形，不科以所得稅，所得稅法第 3 條之 3 第 1 項規定，信託財產於下列各信託關係人間，基於信託關係移轉或為其他處分者，不課徵所得稅：

1.因信託行為成立，委託人與受託人間。

2.信託關係存續中受託人變更時，原受託人與新受託人間。

3.信託關係存續中，受託人依信託本旨交付信託財產，受託人與受益人間。

4.因信託關係消滅，委託人與受託人間或受託人與受益人間。

5.因信託行為不成立、無效、解除或撤銷，委託人與受託人間。

6.但前述信託財產在移轉或處分前，因受託人管理或處分信託財產發生之所得，應依第 3 條之 4 規定課稅。

㈢營利事業為委託人之民事信託所得稅制

為明確規範營利事業為委託人之信託，於信託成立、變更或追加信託財產時，其課徵所得稅之原則，所得稅法第 3 條之 2 規定如下：

1.他益信託時

委託人為營利事業之信託契約，信託成立時，明定信託利益之全部或一部之受益人為非委託人者，該受益人應將享有信託利益之權利價值，併入成立年度之所得額，依本法規定課徵所得稅。

2.自益信託變更為他益信託時

信託利益之全部或一部之受益人為委託人，於信託關係存續中，變更為非委託人者，該受益人應將其享有信託利益之權利價值，併入變更年度之所得額，依本法規定課徵所得稅。

3.信託利益之追加時

信託契約之委託人為營利事業，信託關係存續中追加信託財產，致增加非委託人享有信託利益之權利者，該受益人應將其享有信託利益之權利價值增加部分，併入追加年度之所得額，依本法規定課徵所得稅。

4.受益人不特定時

受益人不特定或尚未存在者❺，應以受託人為納稅義務人，就信託成立、變更或追加年度受益人享有信託利益之權利價值，於規定期限內，按規定之扣繳率申報納稅；其扣繳率由財政部擬訂，報請行政院核定發布之。

四營利事業捐助成立之公益信託所得

營利事業提供財產成立、捐贈或加入公益信託者，受益人享有該信託利益之權利價值免納所得稅，不適用民事信託所得課稅之規定，但其公益信託依所得稅法第4條之3規定，必須符合下列之條件：

1.受託人為信託業法所稱之信託業。

2.各該公益信託除為其設立目的舉辦事業而必須支付之費用外，不以任何方式對特定或可得特定之人給予特殊利益。

3.信託行為明定信託關係解除、終止或消滅時，信託財產移轉於各級政府、有類似目的之公益法人或公益信託。

三、信託之遺產與贈與稅

信託財產因信託之成立為形式所有權之移轉，而信託有因遺囑而成立者，亦有因信託契約而成立者，遺囑成立之信託其信託行為之書立遺囑者於死亡時遺囑發生效力，故其遺產所有權當然移轉並由受託人處理後其利益歸屬於受益人，而依信託契約成立之信託行為，可能包括自益信託與他益信託，於自益信託之情形，其信託財產終歸屬委託人，並未有贈與之實質，但他益信託，由於信託財產之利益歸屬於委託人以外之第三人，故有實質贈與之內容發生，遺產及贈與稅法爰就他益信託之成立課予贈與稅，茲就其規定分述如後。

一遺囑信託之遺產稅

---

❺　同前註。

依遺產及贈與稅法第 3 條之 2 規定，因遺囑成立之信託，於遺囑人死亡時，其信託財產應依規定，課徵遺產稅。信託關係存續中受益人死亡時，應就其享有信託利益之權利未領受部分，依規定課徵遺產稅。

㈡他益信託之贈與稅

依遺產及贈與稅法第 5 條之 1 規定，信託契約明定信託利益之全部或一部之受益人為非委託人者，視為委託人將享有信託利益之權利贈與該受益人，依規定課徵贈與稅。信託契約明定信託利益之全部或一部之受益人為委託人，於信託關係存續中，變更為非委託人者，於變更時，亦應依規定課徵贈與稅。信託關係存續中，委託人追加信託財產，致增加非委託人享有信託利益之權利者，於追加時，就增加部分，適用有關贈與稅之課徵。贈與稅之納稅義務人為委託人。但委託人有行蹤不明或逾期未繳納又無可供執行之財產時，以受託人為納稅義務人。

㈢信託關係人間之移轉，不課徵贈與稅

對於信託關係人間有關信託財產之移轉或為其他處分，由於並無實質所有權或信託利益之贈與，故不課徵贈與稅，其情形依遺產及贈與稅法第 5 條之 2 規定，可說明如次：

1. 因信託行為成立，委託人與受託人間。
2. 信託關係存續中受託人變更時，原受託人與新受託人間。
3. 信託關係存續中，受託人依信託本旨交付信託財產，受託人與受益人間。
4. 因信託關係消滅，委託人與受託人間或受託人與受益人間。
5. 因信託行為不成立、無效、解除或撤銷，委託人與受託人間。

㈣遺產捐助成立公益信託者，不計入遺產總額

依遺產及贈與稅法第 16 條之 1 及第 20 條之 1 規定，遺贈人、受遺贈人或繼承人提供財產，捐贈或加入於被繼承人死亡時已成立之公益信託並符合下列各款規定者，該財產不計入遺產總額：

1. 受託人為信託業法所稱之信託業。
2. 各該公益信託除為其設立目的舉辦事業而必須支付之費用外，不以

任何方式對特定或可得特定之人給予特殊利益。

　　3.信託行為明定信託關係解除、終止或消滅時，信託財產移轉於各級政府、有類似目的之公益法人或公益信託。

　　4.因委託人提供財產成立、捐贈或加入符合規定之公益信託，受益人得享有信託利益之權利，亦不計入贈與總額。

四、信託契約形式態樣與稅負

　　信託契約為民事契約，得依當事人之約定為之，其對於受益人之範圍，可能為特定或不特定之情形，例如公益信託或共同信託基金，其受益人可能隨時產生或受益證券之持有人在信託契約存續期間可能隨時因交易、移轉而產生變動，故未明定特定之受益人。亦可能於信託契約中約定保留變更受益人及分配、處分信託利益之情事，而其稅負之課徵亦有所不同，茲分述如下❻：

　　㈠信託契約未明定特定之受益人，亦未明定受益人之範圍及條件者，不適用遺贈稅法規定課徵贈與稅，信託財產發生之收入，屬委託人之所得，應由委託人併入其當年度所得額課徵所得稅。俟信託利益實際分配予非委託人時，屬委託人以自己之財產無償贈與他人，應依遺贈稅法第 4 條規定課徵贈與稅。

　　㈡信託契約明定有特定之受益人者

　　1.受益人特定，且委託人無保留變更受益人及分配、處分信託利益之權利者，依遺贈稅法第 5 條之 1（自然人贈與部分）或所得稅法第 3 條之 2（營利事業贈與部分）規定辦理。信託財產發生之收入，依所得稅法第 3 條之 4 規定課徵受益人所得稅。

　　2.受益人特定，且委託人僅保留特定受益人間分配他益信託利益之權利，或變更信託財產營運範圍、方法之權利者，依遺贈稅法第 5 條之 1（自然人贈與部分）或所得稅法第 3 條之 2（營利事業贈與部分）規定辦理。

❻　參見財政部 94 年 2 月 23 日臺財稅字第 09404509000 號函，就「研商信託契約形式態樣及其稅捐審查、核課原則」之會議決議。

信託財產發生之收入，依所得稅法第 3 條之 4 規定課徵受益人所得稅。

　　3.受益人特定，但委託人保留變更受益人或處分信託利益之權利者，不適用遺贈稅法規定課徵贈與稅，信託財產發生之收入，屬委託人之所得，應由委託人併入其當年度所得額課徵所得稅。俟信託利益實際分配予非委託人時，屬委託人以自己之財產無償贈與他人，應依遺贈稅法第 4 條規定課徵贈與稅。

　　㈢信託契約雖未明定特定之受益人，惟明定有受益人之範圍及條件者

　　1.受益人不特定，但委託人保留指定受益人或分配、處分信託利益之權利者，不適用遺贈稅法規定課徵贈與稅，信託財產發生之收入，屬委託人之所得，應由委託人併入其當年度所得額課徵所得稅。俟信託利益實際分配予非委託人時，屬委託人以自己之財產無償贈與他人，應依遺贈稅法第 4 條規定課徵贈與稅。

　　2.受益人不特定，且委託人無保留指定受益人及分配、處分信託利益之權利者，依遺贈稅法第 5 條之 1（自然人贈與部分）或所得稅法第 3 條之 2（營利事業贈與部分）規定辦理。信託財產發生之收入，依所得稅法第 3 條之 4 第 3 項規定課徵贈與稅。

五、指定用途信託投資之所得稅

　　我國所得稅法係採行屬地主義非採屬人主義，依所得稅法第 2 條及第 3 條第 1 項規定，凡有中華民國來源所得之個人，應就其中華民國來源之所得，依法課徵所得稅，凡在中華民國境內經營之營利事業，應依規定課徵營利事業所得稅，而信託之所得課稅原則前述依所得稅法第 3 條之 4 第 1 項規定，應由受託人依所得發生之年度按所得類別，減除成本、必要費用及損耗後，分別計算受益人之各類所得額，由受益人併入當年度所得額課稅，然金錢信託依其種類包括指定用途、不指定用途及特定營運範圍或方法之信託❼，指定營運範圍或方法之信託由受託人與委託人簽訂信託契

---

　　❼　參照原財政部 91 年 7 月 9 日臺財融㈣字第 0910026302 號令發布之信託業法施行細則第 8 條之規定，依該條規定就信託業法第 16 條第 1 款之金錢信託所

約，由委託人概括指定信託資金之用途，受託人於該指定範圍內具有運用決定權，不指定營運範圍或方法之信託，則委託人不指定用途，由受託人於信託目的範圍內，加以管理運用，至於特定管理運用之信託，則由委託人對信託資金保留運用決定權，委託人或受託人委任之第三人，對於信託財產，就投資標的、運用方式、金額、條件、期間等事項為具體特定之運用指示，並由受託人依指示為管理或處分。準此，就指定用途信託資金投資有價證券有關之課稅❽，其投資於國內自然適用所得稅法第 3 條之 2 至第 3 條之 4 規定，但其投資國外有價證券者，則應為如何之課稅，茲就實務之見解說明如下：

㈠財政部 75 年 7 月 25 日之函釋❾

　　1.對於銀行辦理指定用途信託資金投資國外有價證券業務，由委託人以新臺幣委託折購外國政府機構公債或國庫券及外國銀行之定期存單，委託人如為自然人，其所取得信託收益，因境外所得不課稅，故不發生課徵營業稅問題，如為法人，上項勞務之使用係在我境外，其信託收益，准免徵營業稅，但應依所得稅法第 3 條規定課徵營利事業所得稅，至承辦上項業務所得之手續費自應依法課徵營業稅。

　　2.委託人與受託人雙方所訂之信託契約，如未於契約載明或註記收到銀錢文字者，非屬印花稅法第 5 條規定課徵印花稅範圍，應免納印花稅。

㈡財政部 79 年 11 月 22 日之函釋❿

　　1.國內銀行信託部辦理指定用途信託資金投資國外有價證券業務，其

作之分類及定義。

❽　基於信託業法施行細則第 8 條之分類及定義，所謂指定用途信託投資國外有價證券業務，由於其投資之標的係由委託之投資人經推介顧問或其他蒐集資訊分析研判後所作之決定，故應屬特定管理運用之信託，因此行政院金管會於 94 年 8 月發布之境外基金管理辦法已隨同調整修正原指定用途信託之用語為特定用途之金錢信託。

❾　參閱財政部 75 年 7 月 25 日臺財稅第 7532996 號函說二、三。

❿　參閱財政部 79 年 11 月 22 日臺財稅第 790703723 號函說二、三，本號函釋，由於具通案性質，宜以令發布為妥。

所孳生之利息收入、股利收入及證券交易所得，分配給委託人時，該委託人如屬我國境內居住之個人，其取自國外之收益非屬中華民國來源所得，可免納所得稅。

2.委託人如為總機構在我國境內之營利事業，該項收益，仍應依所得稅法第 3 條規定課徵營利事業所得稅，其處理方式如下：

⑴委託人所支領信託資金之收益，如屬利息收入，應由承辦該項業務之機構（即受託人）依所得稅法第 88 條、第 89 條及第 92 條規定辦理扣繳。

⑵委託人所支領信託資金之收益，如屬證券交易所得，因非屬所得稅法第 88 條扣繳範圍，受託人於結付時，可免辦理扣繳。

⑶信託期間，受託人應於每年底提供信託資金損益計算表，列明當年度信託資金所產生之利息收入、股利收入及證券交易所得（或虧損），供委託人申報當年度之營利事業所得稅。

(三)財政部 91 年 12 月 10 日令釋 ⓫

信託行為之受託人對於個人因投資「指定用途信託資金投資國外有價證券」產生之境外所得，免依所得稅法第 92 條之 1 規定辦理申報 ⓬。

(四)財政部 93 年 2 月 4 日令釋 ⓭

信託行為受託人對於個人投資「指定用途信託資金投資國外有價證券」之所得，自 94 年申報 93 年度信託所得案件起，應依所得稅法第 92 條之 1 規定辦理申報，不再適用財政部 91 年 12 月 10 日臺財稅字第 0910456205 號令規定。

綜據前述財政部歷年發布之函令，對於特定管理運用之信託行為，其實質與為客戶之投資人自己進行下單之買賣相同，信託業者就如同證券經

⓫　參見財政部 91 年 12 月 10 日臺財稅字第 0910456205 號令。

⓬　依所得稅法第 92 條之 1 規定，信託行為之受託人應於每年 1 月底前，填具上一年度各信託之財產目錄、收支計算表及應計算或分配予受益人之所得額扣繳稅額資料等相關文件，依規定格式向該管稽徵機關列單申報，並應於 2 月 10 日前將扣繳憑單或免扣繳憑單及相關憑單填發納稅義務人。

⓭　參見財政部 93 年 2 月 4 日臺財稅字第 0930450538 號令。

紀商以受託為客戶下單買賣，在稅制之課徵上僅由受託人填列相關申報書件及進行申報尚有差異而已，但境外所得不課稅，導致國內外業者競爭基礎之不公平及間接鼓勵資金外移等不合理之現象，所得稅法是否參考外國立法例，並考量稅基之擴大與公平合理等因素，作配套之因應與修正，值得進一步去深思探討。

六、其他有關信託稅制之行政解釋

㈠以緩課股票為信託課稅資料之填發與申報規定❹

　　1.核釋以 88 年底修正前促進產業升級條例第 16 條及第 17 條規定適用緩課之記名股票為信託，相關課稅資料填發與申報之規定：

　　⑴信託契約明定信託利益之受益人為委託人，於信託關係存續中，受託人處分信託財產者，證券商或發行公司於辦理該項股票之移轉、過戶時，應依同條例施行細則第 46 條第 2 項規定期限，填發以受託人為所得人之「緩課股票轉讓所得申報憑單」，並將相關資料申報所在地稅捐稽徵機關；上開憑單之所得金額，不計入受託人之所得額課稅，但受託人應於處分上開信託財產之次年一月底前，依前開所得金額填發處分年度以委託人為所得人之「緩課股票轉讓所得申報憑單」，並將有關資料申報所在地稅捐稽徵機關。

　　⑵信託契約明定信託利益之受益人為委託人，於信託關係存續中，變更為非委託人者，受託人應即將信託契約變更情形通知該項股票之證券商或發行公司，證券商或發行公司應依同條例施行細則第 46 條第 2 項規定期限，填發變更年度委託人之「緩課股票轉讓所得申報憑單」，並將有關資料申報所在地稅捐稽徵機關。

　　⑶信託契約明定信託利益之受益人為非委託人者，證券商或發行公司於辦理該項股票之移轉、過戶時，應依同細則第 46 條第 2 項規定期限，填發信託成立年度以委託人為所得人之「緩課股票轉讓所得申報憑單」，並將有關資料申報所在地稅捐稽徵機關。

---

❹　參見財政部 93 年 7 月 7 日臺財稅字第 0930451434 號。

2. 信託關係存續中，追加同條例第 16 條及第 17 條規定適用緩課之記名股票為信託財產，致增加非委託人享有信託利益之權利者，證券商或發行公司於辦理該項股票之移轉、過戶時，應依同條例施行細則第 46 條第 2 項規定期限，填發追加年度以委託人為所得人之「緩課股票轉讓所得申報憑單」，並將有關資料申報所在地稅捐稽徵機關。

3. 1. 及 2. 之信託，如係以獎勵投資條例第 13 條規定適用緩課之記名股票為之者，證券商、發行公司及信託契約受託人應依前述各點規定原則，辦理相關課稅資料之填發與申報事宜。

㈡不動產信託，委託人於辦竣移轉登記前死亡者，信託未成立，該不動產仍應列入遺產課稅[15]

被繼承人生前雖已向稽徵機關辦理土地、房屋信託贈與稅申報，惟至死亡時尚未辦竣移轉登記，依據信託法第 1 條規定，信託關係仍未成立，應以「土地、房屋」，併入遺產總額課徵遺產稅，已核定之贈與稅應予註銷。按信託法第 1 條規定：「稱信託者，謂委託人將財產權移轉或為其他處分，使受託人依信託本旨，為受益人之利益或為特定之目的，管理或處分信託財產之關係。」準此，信託關係之成立，除受託人須依信託本旨，為受益人之利益或為特定之目的，積極管理或處分信託財產外，尚須以委託人將財產權移轉或為其他處分為前提。委託人如僅與受託人簽訂信託契約，而未將財產權移轉於受託人，信託仍未成立。是以，委託人於死亡前雖已向稽徵機關辦理土地、房屋信託贈與申報，惟至死亡時尚未辦竣移轉登記，該信託關係仍未成立，自無從對委託人之繼承人產生履行移轉登記之義務。

㈢公益信託之課稅[16]

1. 信託契約之受託人為信託業，且其受益人均為符合所得稅法第 11 條第 4 項及行政院頒訂「教育文化公益慈善機關或團體免納所得稅適用標準」（以下簡稱免稅標準）規定之機關團體者，其信託財產發生之收入，扣繳

---

[15] 參見財政部 92 年 10 月 27 日臺財稅字第 0920062100 號函及法務部 92 年 10 月 8 日法律字第 0920038195 號函。

[16] 參見財政部 91 年 1 月 21 日臺財稅字第 0910450548 號函。

義務人於依所得稅法第 89 條之 1 第 1 項規定辦理扣繳時，如驗明受託人提示之信託契約及其受益人所取得稽徵機關核發之免扣繳證明後，可於給付時免予扣繳所得稅款，但仍應以受託人為納稅義務人依同法第 89 條第 3 項規定填報免扣繳憑單。

2.符合所得稅法第 4 條之 3 各款規定之公益信託，受託人實際分配信託利益，並依同法第 89 條之 1 第 4 項規定辦理扣繳時，其受益人如為符合所得稅法第 11 條第 4 項及免稅標準規定之機關團體，並提示稽徵機關核發之免扣繳證明者，受託人可免予扣繳所得稅款，但仍應依同法第 92 條之 1 規定填報免扣繳憑單。

第三節　結構式債券、公司債及金融債券分割之賦稅

為配合解決債券型基金 (Bond Fund) 之流動性需求，尤其是在結構式債券在利率上漲之風險，並配合保本型與保證型基金之發行，使一般散戶之投資人有機會參與公司債、金融債券等之投資，以擴大債券市場之規模與活絡，爰有分割債券之擬議，然分割債券包括零息債券之發行，必須在稅制上作適度之配合，克服賦稅上之困難方能進行，在行政院金管會與財政部賦稅署通力合作下，就賦稅上提出解決方案，茲進一步分述如下❼：

一、分割公司債及金融債券的定義

所謂分割公司債及金融債券係指將附息公司債及金融債券之利息及本金分割，成為各自獨立之「本金債券」(PO) 及「利息債券」(IO)，到期前可在市場上進行交易，到期時領取票面金額。本金債券及利息債券可再重新組合成為附息公司債及金融債券。

---

❼　參見財政部 94 年 1 月 28 日臺財稅字第 0940450909 號函及其附件。

二、分割公司債及金融債券交易規範

㈠固定票面利率及浮動票面利率之附息債券均可分割，惟僅證券自營商得向財團法人中華民國證券櫃檯買賣中心申請分割及重組。

㈡固定票面利率之附息債券分割後，第一期利息債券應由申請分割者繼續持有至到期日，不得出售；第二期及以後利息債券得在電腦自動成交系統及營業處所議價買賣交易，交易對象不受限制。

㈢浮動票面利率之附息債券分割後，第一期利息債券應由申請分割者繼續持有至到期日，不得出售；第二期及以後利息債券經財團法人中華民國證券櫃檯買賣中心核准後，得於營業處所出售予其他證券自營商。

㈣投資人以直接撥帳方式進行分割債券附條件買入者，於附條件買賣到期前，不得再將分割債券賣出，但證券自營商得以開立債券存摺方式繼續進行附條件賣出。

三、分割公司債及金融債券之賦稅課徵方式

㈠以固定利率公司債或金融債券分割之債券

將以固定利率計息之附息債券分割後，其本金債券及利息債券到期給付金額，分別與附息債券之本金及息票相同，故以附息債券固定票面利率，作為計算本金債券及利息債券現值之基礎。

1.利息收入金額之計算

⑴依附息債券固定票面利率及到期年限分別計算本金債券及利息債券之現值。

⑵到期金額與現值之差額為利息。

⑶依利息分攤基礎表各年所列金額，計算投資人實際持有期間之利息收入。

⑷利息分攤基礎表係由該附息債券第一次申請分割者編製。

2.利息所得認列時點

⑴營利事業：依實際持有期間之利息，採權責基礎併入各年度收入課

稅。

⑵個人：依實際持有期間之利息，採現金收付基礎併入到期或出售年度所得課稅。

3.扣繳金額及時點

⑴到期時：按到期時持有人實際持有本金債券及利息債券期間之利息，依規定扣繳所得稅。

⑵出售時：按出售人實際持有本金債券及利息債券期間之利息，依規定扣繳所得稅。

⑶繼承時：被繼承人於死亡日前持有分割債券之利息，尚未給付者，屬被繼承人遺留權利，應課徵遺產稅，不課徵所得稅；死亡日至過戶日之間分割債券之利息，屬繼承人所得，應併同繼承人過戶日至到期日或出售時持有債券之利息，依規定扣繳所得稅。

⑷贈與時：贈與人將分割債券贈與他人時，雖無現金流量，惟因課稅主體變更，其持有期間之利息視同實現，故扣繳義務人應於贈與行為發生日，就贈與人至贈與時持有期間之利息，開立免扣繳憑單。贈與行為發生日至過戶日之間分割債券之利息，屬受贈人所得，應併同受贈人過戶日至到期日或出售時持有債券之利息，依規定扣繳所得稅。

⑸提存時

A.提存人因民事訴訟程序擔保之需要，將分割債券向法院提存時，分割債券形式上雖轉由法院占有，惟其實際所有權仍屬提存人，故提存人將債券自原債券帳戶轉出並轉入法院債券帳戶時，非屬所得稅法第 88 條第 1 項所稱給付時，尚無課稅問題。

B.提存人提存前及提存期間之利息，係歸屬於原提存人：

⒜如該債券返還原提存人者，提存人嗣後出售分割債券或分割債券到期時，扣繳義務人應將前開應計利息併入提存人之利息所得扣繳所得稅。

⒝如係經由法院拍賣，且扣繳義務人亦經手拍賣價款者，扣繳義務人應就提存人拍賣時之利息所得扣繳所得稅。

⒞如係交由第三人領取者，該時點雖無現金流量，但債券已轉讓，故

扣繳義務人應就歸屬於提存人之利息，開立免扣繳憑單。第三人嗣後出售分割債券或分割債券到期時，扣繳義務人應就其領取後實際持有分割債券期間之利息所得扣繳所得稅。

(D)分割債券如係於提存期間到期者，扣繳義務人應先就提存人到期時實際持有分割債券之利息所得扣繳所得稅。

(6)附條件交易

(A)證券自營商以開立債券存摺方式進行本金債券或利息債券附條件交易者，因該債券並未轉出，故附條件交易期間之應計利息，仍歸屬該證券自營商所有。開立債券存摺時，無須先就證券自營商持有期間之利息扣繳所得稅。嗣後該證券自營商出售分割債券或分割債券到期時，扣繳義務人應就其實際持有分割債券期間之利息所得扣繳所得稅。

(B)投資人以直接撥帳方式進行分割債券附條件買入者，因附條件買賣到期前，買方不得再將分割債券賣出，故附條件交易期間之應計利息，仍歸屬原賣方所有。債券移轉時，無須先就投資人持有期間之利息扣繳所得稅。嗣後該投資人出售分割債券或分割債券到期時，扣繳義務人應就其實際持有分割債券期間之利息所得扣繳所得稅。

(C)分割債券持有人因進行附條件交易所給付融資之利息，應依規定扣繳所得稅。

(7)信　託

(A)自益信託：委託人辦理信託轉帳時，不課徵所得稅，扣繳義務人應將委託人信託前持有期間之利息累計於受託人帳戶，並於受託人嗣後出售債券或債券到期時，以受託人為納稅義務人，就受託人持有期間之利息依規定扣繳所得稅。

(B)他益信託：扣繳義務人應於贈與行為發生日，就委託人至贈與時持有期間之利息，開立免扣繳憑單。扣繳義務人應將委託人贈與行為發生日至過戶日之間持有分割債券之利息累計於受託人帳戶，並於受託人嗣後出售債券或債券到期時，以受託人為納稅義務人，就受託人持有期間之利息依規定扣繳所得稅。

4.分割債券重組

⑴分割債券重組後，比照現行附息債券課稅方式辦理。

⑵扣繳義務人每年應將申請重組者重組前實際持有分割債券之應計利息，以開立免扣繳憑單方式通報稽徵機關，俾利稽徵機關勾稽運用。

5.附息債券分割前應計利息之處理方式

⑴附息債券前次付息日至申請分割日之應計利息，應由扣繳義務人以申請分割者為納稅義務人，於分割後第一個到期日，併同利息債券分割日至第一個到期日之應計利息，依規定扣繳所得稅。

⑵附息債券前次付息日至申請分割日之應計利息，非屬申請分割者持有部分，可由申請分割者辦理轉開扣繳憑單。

6.扣繳義務人

分割債券之扣繳義務人為原始債券之還本附息機構。

㈡以浮動利率公司債或金融債券分割之債券

以浮動利率計息之附息債券，尚乏固定利率計算債券分割後之現值，故採用課稅基準利率作為計算本金債券及利息債券現值之基礎。俟利息債券到期時，就依課稅基準利率計算與依實際票面利率計算之利息差額予以調整。除此之外，其課稅方式均與固定票面利率者相同：

1.利息收入金額之計算

⑴課稅基準利率以申請分割日之中央信託局、臺灣銀行、合作金庫及第一銀行三年期定期儲蓄存款固定利率之簡單平均數訂定。

⑵實際到期金額與現值之差額為本金債券之利息。

⑶按課稅基準利率計算之到期金額與現值之差額為利息債券之利息。

2.利息債券到期時，「依實際票面利率計算之到期金額」超過「按課稅基準利率計算之到期金額」者，持有人應將該差額依其實際持有債券期間認列其他收入；「依實際票面利率計算之到期金額」小於「按課稅基準利率計算之到期金額」者，持有人應將該差額依其實際持有債券期間認列其他損失。

第四節　金融活動之租稅優惠

　　為提升金融產業之競爭能力，促進金融服務品質之升級，或以激勵投資之方式達到籌集營運所需之資金，制定特別法律之規定，運用租稅之優惠措施獎勵特定之金融活動,提供誘因以引導並推動完成特定目標之效果，其立法理由在於產業之提昇或投資效果產生乘數之作用，可擴大未來之稅基，此種租稅優惠之規定，散見於金融法規之中，雖亦有認為租稅之獎勵為專對某特定之組群或產業，以違反租稅公平之方式來達到錦上添花之效果是否合理不無商榷之餘地❶，同時也間接減少政府應收入之稅收，加重財政負擔，犧牲其他整體未受優惠者之利益，或可能因優惠措施致使金融機構變成酷斯拉之金融怪獸，所以應否予以租稅優惠，需審慎為之。以下就金融法律中涉及租稅優惠之規定分別加以敘述。

第一目　金融控股公司之租稅優惠

　　為鼓勵成立金融控股公司以提昇金融機構之競爭力，並發揮綜合效果之意願，我國金融控股公司法第 28 條及第 49 條規定，可減免相關租稅及以連結稅制方式獎勵設立金融控股公司。

一、減免相關之租稅

㈠法律依據

　　依金融控股公司法第 28 條規定,金融機構經主管機關許可轉換為金融控股公司或其子公司者❶，依下列規定辦理，得減免相關之費用及租稅:

---

❶　參見黃仁德、胡貝蒂著，〈從國際產業租稅獎勵措施比較我國相關規範〉，第 26 頁，《實用稅務業刊》，第 364 期，94 年 4 月號。

❶　金融控股公司法第 28 條規定之轉換，依同法第 4 條第 5 款之定義，包括股份

1. 相關規費

　　辦理所有不動產、應登記之動產、各項擔保物權及智慧財產權之變更登記時，得憑主管機關證明逕行辦理，免繳納登記規費；辦理公司登記時，其公司設立登記費，以轉換後之資本淨增加部分為計算基礎繳納公司設立登記費。

2. 土地增值稅

　　原供金融機構直接使用之土地隨同移轉時，經依土地稅法審核確定其現值後，即予辦理土地所有權移轉登記，其應繳納之土地增值稅准予記存，由繼受公司於轉換行為完成後之該項土地再移轉時一併繳納之；其破產或解散時，經記存之土地增值稅，應優先受償。

3. 其他租稅

　　因營業讓與所產生之印花稅、契稅、所得稅、營業稅及證券交易稅，一律免徵。因股份轉換所產生之所得稅及證券交易稅，一律免徵。

㈡相關法律規定適用之疑義

1. 原供金融機構直接使用土地之認定

　　為鼓勵金融控股公司之設立及避免子公司之轉換為金融控股公司之隸屬主體或名稱改變，而需繳納土地增值稅，故法律明定得先為記存，惟為預防其範圍之無限擴張，爰限制以原供直接使用之土地為限，而其認定以所有權登記、土地所在地為公司執照所載地址或核准合併前一年內非出租或非供他人使用，另保險機構依保險法第 146 條之 2 規定合法投資者，亦得認定在此一範圍內[20]。至於計算土地增值稅標準之現值，應以併購或轉換基準日當期之公告土地現值為準，惟申報已逾基準日三十日者，以受理申報收件日當期之公告土地現值為準[21]。

轉讓與營業讓與,金融機構之子公司調整金融控股公司之兄弟姊妹公司依金融控股公司法第 31 條第 1 項規定，亦得準用。另對於子公司之簡易合併、金融控股公司之合併或子公司之分割等，依金融控股公司法第 18 條之規定，則準用金融機構合併法第 17 條之租稅優惠。

[20]　參閱財政部 92 年 8 月 12 日臺財稅字第 0920454761 號令。

2.企業併購法、金融機構合併法及金融控股公司法之適用順序

對於金融機構因轉換為金融控股公司或子公司有關租稅優惠之規定上可能涉及企業併購法第 34 條、金融機構合併法第 17 條及金融控股公司法第 28 條之規定，其優惠之租稅減免內容稍有差異，除金融控股公司法之規定外，企業併購法及金融機構合併法之規定內容如下：

⑴企業併購法第 34 條規定

公司依規定收購財產或股份，而以有表決權之股份作為支付被併購公司之對價，並達全部對價 65% 以上，或進行合併、分割者，適用之租稅優惠包括所書立之各項契據憑證一律免徵印花稅、取得不動產所有權者免徵契稅、應納之證券交易稅一律免徵、其移轉貨物或勞務非屬營業稅之課徵範圍、公司所有之土地移轉之土地增值稅，准予記存於併購後取得土地之公司名下。

⑵金融機構合併法第 17 條規定

金融機構經主管機關許可合併者，其存續機構或新設機構於申請對消滅機構所有不動產、應登記之動產及各項擔保物權之變更登記時，得憑主管機關證明逕行辦理登記，免繳納登記規費，因合併而發生之印花稅及契稅，一律免徵；原供消滅機構直接使用之土地隨同移轉時，其應繳納之土地增值稅准予記存；消滅機構依銀行法第 76 條規定承受之土地，因合併而隨同移轉予存續機構或新設機構時，免徵土地增值稅。就前述租稅減免之項目由於有所不同，對於金融機構轉換為金融控股公司或因合併而產生稅課之規定，應如何適用，依企業併購法第 2 條第 2 項規定，金融機構之併購，依金融機構合併法及金融控股公司法之規定，該二法未規定者，始依本法之規定。又依金融控股公司法第 28 條第 3 款規定，金融機構依主管機關許可轉換為金融控股公司或其子公司者，因營業讓與所產生之印花稅、契稅、所得稅、營業稅及證券交易稅，一律免徵。金融機構合併法第 17 條第 1 項第 1 款規定，金融機構經主管機關許可合併者，因合併而發生之印花稅、契稅，一律免徵。因此，就金融機構合併而言，基於金融機構合併

❷ 參見財政部 93 年 10 月 19 日臺財稅字第 09304551970 號令。

法及金融控股公司法是企業併購法之特別法，故金融機構合併時，消滅公司之貨物或勞務移轉至存續公司是否非屬營業稅課稅範圍，應優先適用金融機構合併法及金融控股公司法之規定辦理。其未有規定時方適用企業併購法，而企業得選擇最有利之適用方式為之❷。

3.依公司法發行新股作為轉換對價之租稅適用

對於金融控股公司成立後，依公司法第 156 條第 6 項規定以發行新股作為受讓他公司股份之對價，進行孫公司兄弟化之組織調整，得否適用金融控股公司法第 28 條所規定之租稅優惠，由於公司法第 156 條第 6 項有關發行新股作為受讓他公司股份之對價之規定，與金融控股公司法第 26 條有關股份轉換之規定，兩者之適用條件並不相同：金融控股公司法第 26 條係適用於金融機構為成立金融控股公司而以股份轉換成金融控股公司之子公司或金融控股公司成立後，得為轉換主體之金融機構以轉換方式轉換為該金融控股公司之子公司。至於金融控股公司成立後依同法第 36 條、第 37 條進行轉投資時，其對價方式並無特別規定，依同法第 2 條即得適用公司法或其他法律，包括企業併購法及公司法第 156 條第 6 項規定辦理。另金融控股公司成立後，如選擇依公司法第 156 條第 6 項規定方式進行轉投資，則無法享有金融控股公司法第 28 條規定之租稅及規費優惠❸。

二、所得稅連結稅制

(一)立法目的與規範內容

金融機構之各子公司在營業年度中，可能因其營運狀況而有盈虧，由於原為獨立之法人格與個體，其年度之營利事業所得稅應分別計算課徵，而所得稅採累進計算，虧損公司自不必負擔，而有盈餘之公司則須依法累進計算繳納，不得相互抵扣，基於鼓勵透過成立金融控股公司以整合金融產業，發揮經營之競爭力與綜效，故金融控股公司法第 49 條規定，就金融控股公司達一定條件者得予以所得稅連結，允許金融控股公司之各子公司

---

❷　參閱財政部 92 年 9 月 4 日臺稅二發字第 0920411732 號令。

❸　參閱財政部 91 年 5 月 20 日臺財融(一)字第 0918010806 號令。

計算營運所得時，其盈餘與虧損得相互扣抵，以優惠方式合併辦理營利事業所得稅申報，其得申報之條件及內容規定為金融控股公司持有本國子公司股份，達已發行股份總數 90% 者，得自其持有期間在一個課稅年度內滿十二個月之年度起❷，選擇以金融控股公司為納稅義務人，依所得稅法相關規定合併辦理營利事業所得稅結算申報及未分配盈餘加徵 10% 營利事業所得稅申報。其立法理由除獎勵成立金融控股公司外，同時也考量金融控股公司與其持有 90% 股份之子公司，以為經濟上之同一實體，與公司內部部門無異，尚不宜因分設子公司而增加其租稅負擔，以維租稅中立原則，故為連結稅制之規定。另依企業併購法第 40 條規定，對於股份有限公司因進行合併、分割或依規定之收購，而持有本國子公司股份達已發行股份總數 90% 時，亦有相同之規定。

(二)連結稅制之適用原則

1.營業虧損扣除❷

(1)合併申報前，各公司經稽徵機關核定尚未扣除之前五年內各期營業虧損之個別營業虧損，得依所得稅法第 39 條但書規定，自各該公司當年度所得額中扣除。

(2)自合併申報年度起，各公司當年度營業之所得額或虧損額，應相互抵銷，合併計算。其經合併計算後仍為虧損者（以下稱合併營業虧損），得依所得稅法第 39 條但書規定，自合併營業虧損發生年度起五年內，從當年度合併結算申報所得額中扣除。

(3)合併申報後，子公司因股權變動而採個別申報時，該個別申報公司，得將經稽徵機關核定尚未扣除之前五年內各期合併營業虧損，逐年按該公司當期營業虧損額占合併申報各公司營業虧損額合計數之比例計算之金

---

❷ 所稱本國子公司，係指公司本身直接持有本國子公司股份，所稱在一個課稅年度內滿十二個月，於會計年度採曆年制之公司，係指 1 月 1 日起至 12 月 31 日止，於會計年度採非曆年制之公司，其期間比照辦理。參照財政部 92 年 2 月 12 日臺財稅字第 0910458039 號函釋。

❷ 參照財政部 92 年 2 月 12 日臺財稅字第 0910458039 號函釋。

額，依所得稅法第 39 條但書規定，自合併營業虧損發生年度起五年內，於個別結算申報所得額中扣除。

2.合併申報公司之投資收益 ㉖

依規定扣除前五年核定合併營業虧損時，合併申報呈虧損之年度，合併申報各公司之投資收益合計數中，屬於獲配自合併申報公司間之投資收益部分，得免先行抵減各該年度之核定合併營業虧損。

3.持股認定之時點 ㉗

計算其持有本國子公司股份之持有期間時，其持股時點之認定，如以營業讓與方式轉換設立者，以營業讓與基準日認定之，其以股份轉換方式轉換設立者，則以股份轉換基準日認定之。

第二目　金融資產及不動產證券化之租稅優惠

為鼓勵證券化之推展，繁榮及活絡金融與不動產市場，並使金融機構能彈性籌措流動性之資金,或持續發展不動產市場帶動國家整體經濟發展，故金融資產證券化條例及不動產證券化條例配合訂定相關之租稅優惠規定，以獎勵證券化推動之意願。

一、法律依據

㈠金融資產證券化條例

1.免徵印花稅、契稅、營業稅及其他規費

依第 18 條及第 38 條規定對於依規定申請核准或申報生效之資產信託證券化計畫所為之資產移轉，其相關稅費依下列規定辦理：

⑴因移轉資產而生之印花稅、契稅及營業稅，除受託機構處分不動產時應繳納之契稅外，一律免徵。

⑵不動產、不動產抵押權、應登記之動產及各項擔保物權之變更登記，

㉖ 參照財政部 93 年 7 月 5 日臺財稅字第 0930453061 號函釋。

㉗ 參照財政部 92 年 1 月 7 日臺財融㈠字第 0910053806 號函釋。

得憑主管機關之證明向登記主管機關申請辦理登記，免繳納登記規費，此之登記規費，係指登記費。

⑶因實行抵押權而取得土地者，其辦理變更登記，免附土地增值稅完稅證明，移轉時應繳稅額依法仍由原土地所有權人負擔。但於受託機構處分該土地時，稅捐稽徵機關就該土地處分所得價款中，得於原土地所有權人應繳稅額範圍內享有優先受償權。

⑷受託機構依資產信託證券化計畫，將其信託財產讓與其他特殊目的公司時，其資產移轉之登記及各項稅捐，準用前述規定。

2.免課受託機構之營利事業所得稅

依第 40 條及第 41 條規定特殊目的信託財產之收入，適用銀行業之營業稅稅率並對於減除成本及必要費用後之收益，為受益人之所得，按利息所得課稅，不計入受託機構之營利事業所得額。前述利息所得於實際分配時，應以受託機構為扣繳義務人，依規定之扣繳率扣繳稅款分離課稅，依財政部 93 年 7 月 21 日修正之各類所得標準第 2 條第 1 項第 3 款規定，按分配利息額扣取 6%，不併計受益人之綜合所得總額或營利事業所得額❷。

㈡不動產證券化條例

1.免徵證券交易稅

依第 49 條規定，對於發行或交付之受益證券，其買賣或經受託機構依信託契約之約定收回者，免徵證券交易稅。

2.利息所得分離課稅

依第 50 條規定，募集或私募之受益證券，其信託利益應每年分配。分配之信託利益，為受益人之所得，按利息所得課稅，不計入受託機構之營利事業所得額。利息所得於分配時，應以受託機構為扣繳義務人，依規定

---

❷ 依財政部 93 年 8 月 2 日臺財稅字第 093410336 號令，認為營利事業因持有依金融資產證券化條例規定發行之受益證券、資產基礎證券或依不動產證券化條例發行之受益證券，由受託機構分配之利息所得，應全額認屬該營利事業之所得，並計入當年度未分配盈餘；其分離課稅之扣繳稅款，可依所得稅法規定，於利息所得實際分配日，計入營利事業當年度股東可扣抵稅額帳戶餘額。

之扣繳率扣繳稅款分離課稅，不併計受益人之綜合所得稅總額或營利事業所得額 **❷❾**。

3. 合併課徵地價稅

依第 51 條規定,就不動產投資信託或不動產資產信託以土地為信託財產，並以其為標的募集或私募受益證券者，該土地之地價稅，於信託關係存續中，以受託機構為納稅義務人。其應納稅額之計算，就該信託計畫在同一直轄市或縣（市）轄區內之所有信託土地合併計算地價總額，依土地稅法第 16 條規定稅率課徵地價稅。

4. 土地增值稅

依第 52 條規定，依不動產資產信託契約約定，信託土地於信託終止後毋須返還委託人者，於信託行為成立移轉土地所有權時，以委託人為納稅義務人，課徵土地增值稅，不適用土地稅法第 28 條之 3 規定。

5. 延長年限提列折舊

依第 53 條規定,對於不動產投資信託計畫或不動產資產信託計畫投資之建築物，得依固定資產耐用年數表規定之耐用年數延長二分之一計算每年之折舊費用。但經選定延長年限提列折舊者，嗣後年度即不得變更。

二、金融資產證券化課稅實務案例 **❸❿**

甲銀行（創始機構）依據金融資產證券化條例之規定，採特殊目的信託架構，將其所擁有之房屋貸款債權，讓與乙銀行（受託機構），並由乙銀行據以發行特殊目的信託住宅抵押貸款受益證券。本案預計發行 A 級、B 級、C 級三個種類的受益證券。其中 C 級受益證券屬次順位受益證券，由甲銀行持有，作為信用增強工具，並約定不得轉讓。與本案有關之資料說明如下：

---

❷❾　同前註。

❸❿　參照財政部 93 年 12 月 31 日臺財稅字第 0930456178 號令檢附之釋例一。

(一)資產池

房屋貸款債權	5,018,000,000
合計	5,018,000,000

(二)預計發行總金額（以面額發行）

A、B 級受益證券	4,830,000,000
C 級受益證券	188,000,000
合計	5,018,000,000

(三)公平價值

創始機構取回現金	4,830,000,000
C 級受益證券	300,000,000
創始機構擔任服務機構估列之服務資產	14,000,000
合計	5,144,000,000

(四)財務會計準則公報第 33 號規定之處理方式

1. 甲銀行身兼創始機構及服務機構，其保留之 C 級受益證券及預估之服務資產，皆屬於未放棄控制之保留權利。故甲銀行移轉資產 $5,018,000,000 所獲取之對價中，符合出售條件者，僅收取現金 $4,830,000,000 部分，其餘為未放棄控制之保留權利。

2. 甲銀行應於移轉日按各項出售資產及保留權利間之相對公平價值，分攤移轉資產原帳面價值。計算如下：

出售金融資產之帳面價值（調整後）＝ 移轉資產原帳面價值 ×

$$\frac{\text{出售資產之公平價值}}{\text{出售資產之公平價值} + \text{未放棄控制保留權利之公平價值}}$$

$$= 5,018,000,000 \times \frac{4,830,000,000}{4,830,000,000 + (300,000,000 + 14,000,000)}$$

$$= 4,711,691,291$$

3. 當期利益＝出售金融資產之公平價值 － 出售金融資產之帳面價值（調整後）

$$= 4,830,000,000 - 4,711,691,291 = 118,308,709$$

(五)賞期利益

　　服務資產係服務機構因合約約定所產生之估計未來收入高於其未來執行服務所需成本之差額。金融資產之服務機構收取之服務費收入，通常包括契約約定之服務費、延滯費等，提供之服務包括向債務人收取本金及利息、代收轉付稅捐、保險費及其他服務項目。係屬提供勞務賺取收入之行為，故應於勞務提供當期，始依法課徵營利事業所得稅，尚不宜於收入未實現時，即據其估列入帳之金額予以課稅。甲銀行應在移轉日按各項出售資產及保留權利（排除服務資產）間之相對公平價值，分攤移轉資產原帳面價值。

　　出售金融資產之帳面價值（調整後）＝移轉資產原帳面價值 ×

$$\frac{\text{出售資產之公平價值}}{\text{出售資產之公平價值} + \text{未放棄控制保留權利之公平價值}}$$

$$= 5,018,000,000 \times \frac{4,830,000,000}{4,830,000,000 + 300,000,000}$$

$$= 4,724,549,708$$

　　當期利益＝出售金融資產之公平價值－出售金融資產之帳面價值（調整後）

$$= 4,830,000,000 - 4,724,549,708 = 105,450,292$$

(六)已實現之投資損益

　　本釋例創始機構係為信用增強目的而持有 C 級受益證券，其基於受益人之地位，獲配之利息所得，可適用金融資產證券化條例第 41 條之規定課稅，另 C 級受益證券應享有剩餘資金分配權，其持有人（甲銀行）乃成為本特殊目的的信託架構下，唯一在本金完全收回後，仍有權利分配剩餘資金之受益人。故 C 級受益證券持有人自發行日起，持有至最終付款日為止，其所獲配之資金總額，與發行當時依法調整後之入帳金額之差額，係屬已實現之投資損益，應併入當年度營利事業所得額，依法課徵營利事業所得稅。

第五節　金融衍生性商品之稅負

一、結構式金融商品之稅負

　　依現行銀行、保險、證券發行或銷售之衍生金融商品，主管機關不僅在審核募集、銷售或私募之標準不同外，在稅負上亦各有差異，尤其是對於結構式商品 (Structured Notes) 之課徵上，外商銀行設計發行之結構式債券，被認定為境外交易，投資人若買進該商品獲利屬於境外所得不課稅，國內銀行發行之結構式存款部分，則採拆分法計算利息所得與財產交易所得，該固定收益之利息所得，仍可每年享有 27 萬新臺幣之儲蓄投資扣除額規定，而國內證券投資信託事業發行之保本型或保護型基金，由於認定為證券交易法第 6 條之有價證券，其中購贖回亦非屬於交易並不課徵證券交易稅，投資人獲利屬於資本利得不課稅，另保險業發行之投資型保單連結股權、基金或其他衍生性商品者，其所得屬保險給付，免徵所得稅，但國內之證券商發行之結構式店頭市場商品,則認定為在我國境內之財產交易，獲利所得屬財產交易所得，個人部分併入綜合所得，法人部分併入營利事業所得，由於產品相類似但稅負成本不一，導致有修正調整之建議❸，而其解決之方案有四，可說明分析如下：

㈠採分離課稅之方式

　　基於各金融產業公平競爭及健全發展之原則，應考量整體課稅公平合理立場，故有建議銀行或信託業透過指定用途信託資金方式投資海外連動式債券、投信業之保本型基金、投資於海外結構型商品、證券商承作結構型商品及壽險業之投資型保單，連結標的為結構型商品者，採分離課稅原則辦理，按所生孳息 10% 分離課稅。此方案雖公平並可兼顧整體稅基，但

---

❸　參見中國時報 B2 版，94 年 8 月 12 日，另財政部賦稅署網站：http://www.dot. gov.tw/ch/display/show.asp?id=1457，上網時間 2005/08/16。

須配合相關法律，包括各業實體法及稅法之修正，工程艱鉅，尚待克服。

(二)依財產交易方式課稅

比照現行櫃檯買賣之結構式商品方式，投資人獲利屬財產交易所得，個人併入綜合所得，法人併入營利事業所得，課徵所得稅，此一方案便無須修改任何規定，但因海外所得不課稅，故資金大舉外移至海外連動債券，而外移資金政府無法課稅，且管理不易，影響國內金融機構生存空間，不利國內金融市場發展，甚至必須考量該財產交易所得稽徵成本太高之問題須解決。

(三)核定為有價證券方式課稅

就國外連動式債券通常認定為證券交易法上之有價證券，且以私募方式銷售，故若將各該國內外結構式商品由主管機關核定為有價證券，則可依債券交易之方式課稅，其名目本金產生之孳息可課予交易稅，此種方式可鼓勵外移資金回流，並可穩定稅收降低稽徵成本，惟對此一方案應考量募集、私募及銷售之審核標準。

(四)公告為期貨交易契約

就此類名目本金外有小部分為促進操作績效而連結有槓桿倍數之衍生性商品，可依期貨交易法第 3 條及第 5 條規定，公告認定為期貨交易契約，準此其獲利不課徵期貨交易所得稅，每筆交易依其整體面額之一定比率收取期貨交易稅，此一方案可兼顧政府稅收、稽徵成本需求，但此種認定與國外實務上通常認定結構式商品係屬有價證券之本質相違，且期貨交易稅之成本仍高，對投資人吸引力有限。

前述各種方案，考量結構式商品本質為證券交易法之有價證券，而證券交易在國內原為課交易稅不課所得稅，因此改課交易稅始符合國內目前金融情勢，即或不然，應以分離課稅之方式為之，如此方能引導因稅制原因而投資海外連動式債券之資金回流至國內結構式商品市場，增加政府稅收且活絡國內金融市場。

二、 認購權憑證之稅負

　　認購（售）權憑證為證券商或第三人發行含有連結選擇權之簡單結構式金融商品，認購（售）權證發行人於發行後，因投資人行使權利而售出或購入標的股票產生之證券交易所得或損失，依財政部解釋認為應於履約時認列損益，並依所得稅法第 4 條之 1 規定辦理，準此權證發行人依臺灣證券交易所所訂「認購（售）權證上市審查準則」第 18 條規定進行避險操作所產生之損益，屬證券交易所得或損失，既不課稅，已不能作為權證之權利金的扣抵項目，券商或銀行發行權證之權利金收入，需全數課 25% 營利事業所得稅，其避險操作之損失則不能扣抵。但外商公司為其在臺灣分公司提供發行認購（售）權證避險操作之技術服務所得之收入，財政部允許其依所得稅法第 25 條第 1 項規定合計營利事業所得額，按該項技術服務收入之 15% 認列所得課徵 25% 之所得稅，亦即稅負占收入之 3.75%，僅及國內發行人須課權利金收入 25% 的一成五。

　　前開見解將被避險項目（發行權證之權利金收入、損失）與避險項目（出售避險部位標的證券收入、成本、費用及稅捐）分離，造成避險項目免稅，被避險項目卻應稅之不一致情形，可能與所得稅法第 24 條第 1 項成本收入配合原則不符，亦與國際上「避險會計」，就避險項目之損益認列基礎與認列時點均屬一致之基本原則有所不同。由於證券商發行權證必須針對權證之標的證券建立避險部位，就權利金收入毛額課稅，而不得將另一項避險部位之損益列入合併計算，值得進一步商權。

　　就上述不合理之規定，證券商同業公會提出所得稅法增訂第 24 條之 1 草案，明定發行認購（售）權證之損益應與避險部位之損益合併計算，作為課稅之基礎，並於草案同條第 2 項規定其他經目的事業主管機關核准發行之衍生性金融商品，經核定對發行收入課徵所得稅者，亦適用前項之規定。本草案若能順利立法，則新金融商品有類似的課稅問題，將可一併解決。至於修法之後可否溯及既往就已收之稅款予以退稅，則事涉政策考量之問題。

第六節　最低稅負制

一、規範目的及定義

　　為維護租稅公平，確保國家稅收，所得基本稅額條例於 94 年 12 月 9 日經立法院三讀通過，並於同月 28 日公布，❸對於營利事業或個人之所得稅繳交規定所謂之最低稅負制，而所謂最低稅負制，係指因法令規定，而得減免稅額之優惠者，為使適用租稅減免規定而繳納較低之稅負，甚至不用繳稅的公司或高所得個人，都能繳納最基本稅款的一種稅制。目的在於使有能力納稅者，對國家財政均有基本的貢獻度。就我國而言，長期以來，政府為達成特定經濟、社會目的，採行各項租稅減免措施。實施結果，減免範圍逐漸擴增，而減免利益並有集中少數納稅義務人之情形，使租稅的公平性受到質疑。而現行所得稅減免規定分散於三十餘種法律當中，欲在短期內全面檢討修正，有其困難。故參考國際經驗，如美國、韓國、加拿大等國的作法，訂定最低稅負制度 (Alternative Minimum Tax)，使適用租稅減免規定而繳納較低所得稅負或甚至免稅之法人或個人，至少負擔一定比例之所得稅，可兼顧既有產業或社會政策，並適度減緩過度適用租稅減免規定造成的不公平，彌補現制的不足，而最低稅負制與金融活動有密切之關係，舉凡境外所得、從事金融商品交易或投資所得等，其是否列入，事涉金融業與投資者之權益。該條例將自 95 年 1 月 1 日施行，而海外所得自 98 年 1 月 1 日起納入個人最低稅負稅基。

二、適用之對象

　　依所得基本稅額條例第 3 條之規定，除了獨資或合夥組織之營利事業，因其原本就不適用租稅減免規定，或因政策上考量對於教育、文化、公益、

---

❸　94 年 12 月 28 日總統華總一義字第 09400212601 號令公布

慈善機構或團體、消費合作社、各級政府公有事業或非在中華民國境內居住之個人或其無固定營業場所及代理人之營利事業；或宣告破產之營利事業；或基本所得額在新臺幣 200 萬元以下之營利事業，基本所得額在新臺幣 600 萬元以下之個人外等情形，其適用對象包括任何之營利事業及個人。❸❸ 換言之，最低稅負制係針對所得甚高，但因享受各項租稅減免致繳納相對為低之稅負或完全免稅之企業或個人，課以最基本之稅負，故對於未適用租稅優惠、或所繳納之一般所得稅額已較最低稅負為高者，不在課徵之列，並非全民或所有企業都須適用。受影響者僅為極小比例的企業或高所得個人，對於中低所得者、一般受薪階級及中小企業稅負並無影響。❸❹

❸❸ 依所得基本稅額條例第 3 條規定,營利事業或個人除符合下列各款規定之一者外，應依本條例規定繳納所得稅：

(一)獨資或合夥組織之營利事業。

(二)所得稅法第 4 條第 1 項第 13 款規定之教育、文化、公益、慈善機關或團體。

(三)所得稅法第 4 條第 1 項第 14 款規定之消費合作社。

(四)所得稅法第 4 條第 1 項第 19 款規定之各級政府公有事業。

(五)所得稅法第 73 條第 1 項規定之非中華民國境內居住之個人或在中華民國境內無固定營業場所及營業代理人之營利事業。

(六)依所得稅法第 75 條第 2 項規定辦理清算申報或同條第 5 項所定經宣告破產之營利事業。

(七)所得稅結算或決算申報未適用法律規定之投資抵減獎勵,且無第 7 條第 1 項各款規定所得額之營利事業。

(八)所得稅結算申報未適用法律規定之投資抵減獎勵,且無第 12 條第 1 項各款規定金額之個人。

(九)依第 7 條第 1 項規定計算之基本所得額在新臺幣 200 萬元以下之營利事業。

(十)依第 12 條第 1 項規定計算之基本所得額在新臺幣 600 萬元以下之個人。前項第 9 款及第 10 款規定之金額,每遇消費者物價指數較上次調整年度之指數上漲累計達 10% 以上時,按上漲程度調整之。調整金額以新臺幣 10 萬元為單位,未達新臺幣 10 萬元者按萬元數四捨五入；其調整之公告方式及所稱消費者物價指數,準用所得稅法第 5 條第 4 項規定。

❸❹ 參閱財政部賦稅署網站所得基本稅額條例模擬問答壹總論第 6 題 http://www.etax.nat.gov.tw/gipadmin/site/public/Attachment/f1135324393100.doc

三、最低稅負制之計算

　　最低稅負制之原則規定為依所得稅法令規定計算之應納稅額，減除依其他法律規定之投資抵減稅額後之餘額為一般所得稅額，營利事業或個人於加計法律規定之已減免稅額後為基本所得額，基本所得稅額就營利事業於扣除新臺幣 200 萬元，個人於扣除新臺幣 600 萬元後，再按一定之比例所計算出來之金額為基本稅額，然後比較一般所得額與基本稅額，一般所得額高於基本稅額時，依一般所得額繳納所得稅，低於基本稅額時，應就一般所得額與基本稅額之差額繳納所得稅，茲就營利事業與個人最低稅負計算方法說明如後。

㈠營利事業

　　依所得基本稅額條例第 8 條第 1 項規定，營利事業之基本稅額，為依規定計算之基本所得額扣除新臺幣 200 萬元後，按行政院訂定之稅率計算之金額；該稅率最低不得低於 10%，最高不得超過 12%，其徵收率由行政院視經濟環境定之。準此規定可分述如後：

1. 基本所得額

　　依所得基本稅額條例第 7 條之規定，營利事業之基本所得額，為依所得稅法規定計算之課稅後所得額，加計依規定之所得額，依該規定營利事業基本所得額應計入項目，原則上應為全部之所得項目，包括課稅所得及各項減免稅所得；惟為簡化計算，若干分離課稅之所得項目等不予納入。有關應計入基本所得額之免稅項目於第一項明定之：

　　⑴證券、期貨交易所得。

　　⑵合於獎勵規定之五年免稅所得、營運總部等免稅所得。

　　⑶國際金融業務分行之免稅所得。

　　⑷為貫徹本條例立法目的，嗣後法律新增之減免稅項目，經財政部公告者，應計入營利事業之基本所得額。

2. 營利事業的基本稅額計算

　　依前述規定，其計算公式如下：　❸❺

(1)基本稅額＝（基本所得額－扣除額）×稅率

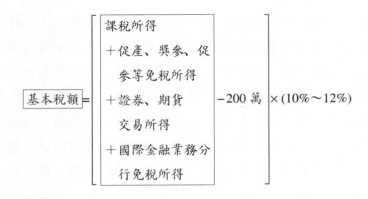

(2)一般所得稅額高於或等於基本稅額者，依一般所得稅額繳納所得稅。一般所得稅額低於基本稅額者，另就差額繳納所得稅。

(二)個　人

依所得基本稅額條例第 12 條及第 13 條規定，個人之一般所得稅額，為個人當年度依所得稅法第 71 條第 1 項、第 71 條之 1 第 1 項或第 2 項規定計算之應納稅額，減除依其他法律規定之投資抵減稅額後之餘額。個人之一般所得額，於加計法律規定已減免之稅額後為基本所得額，基本所得額於扣除新臺幣 600 萬元後，再按 20% 計算出基本稅額。準此可進一步分析如下：

1. 基本所得額

依所得基本稅額條例第 12 條規定，個人之基本所得額，為依所得稅法規定計算之綜合所得淨額，加計下列各款金額後之合計數：

(1)未計入綜合所得總額之非中華民國來源所得、依香港澳門關係條例第 28 條第 1 項規定免納所得稅之所得。但一申報戶全年之本款所得合計數未達新臺幣 100 萬元者，免予計入。

(2)本條例施行後所訂立受益人與要保人非屬同一人之人壽保險及年金

---

❸　參閱同前註財政部賦稅署網站，模擬問答貳營利事業問答第五題 http://www. etax.nat.gov.tw/gipadmin/site/public/Attachment/f1135324393100.doc

保險，受益人受領之保險給付。但死亡給付每一申報戶全年合計數在新臺幣 3 千萬元以下部分，免予計入。

(3)未在證券交易所上市或未在證券商營業處所買賣之公司所發行或私募之股票、新股權利證書、股款繳納憑證及表明其權利之證書之交易所得。

(4)私募證券投資信託基金之受益憑證之交易所得。

(5)依所得稅法或其他法律規定於申報綜合所得稅時減除之非現金捐贈金額。

(6)公司員工依促進產業升級條例第 19 條之 1 規定取得之新發行記名股票，可處分日次日之時價超過股票面額之差額部分。

(7)本條例施行後法律新增之減免綜合所得稅之所得額或扣除額，經財政部公告者。

2.個人基本稅額之計算

總據前述說明，其計算公式如下：　❸❻

(1)基本稅額＝（基本所得額－扣除額）×稅率

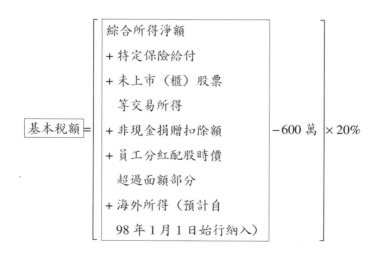

(2)一般所得稅額高於或等於基本稅額者，依一般所得稅額繳納所得稅。

---

❸❻　參閱同前註財政部賦稅署網站，所得基本稅額條例草案 Q&A 參、個人部分之第五題。

一般所得稅額低於基本稅額者，另就差額繳納所得稅。

3.**有償證券交易所得計入個人基本資料所得額之計算 ⑰**

⑴有償證券交易所得之計算，以交易時之成交價格，減除原始取得成本及必要費用後之餘額為所得額。所謂必要費用為證券交易稅及手續費。

⑵私募證券投資信託基金之受益憑證持有人，向證券投資信託事業申請買回其受益憑證時，應以買回價格，減除原始取得成本及必要費用後之餘額為所得額。

⑶中華民國九十五年一月一日以後所發生之有償證券交易損失，得於發生年度之次年度起三年內，自有償證券交易所得中扣除。但以該交易所得及據以扣除之交易損失均按實際成交價格及原始取得成本計算，並經稽徵機關核實認定者為限。

⑰ 參見 95 年 6 月 5 日財政部臺財稅字第 09504537363 號函頒布之「有償證券交易所得計入個人基本所得額查核辦法」之規定。

第十一章　金融機構合併法

第一節　前　言

　　企業併購 (Merger and Acquisition, M&A) 一直為世界先進國家產業及金融市場盛行組織再造之重要活動，靈活運用併購可透過營業與資產之增強擴大市場之占有規模，有效降低營運成本，以提昇市場之競爭能力，而金融機構之國際化與大型化為世界金融發展之趨勢，我國金融體系中，金融機構規模不大，通常在世界銀行 (Banker) 之排名中占 300 名至 600 名間，但因業務種類與家數眾多，包括銀行、證券商、保險公司、信託投資公司、票券金融公司、信用合作社、農會信用部、漁會信用部、證券投資信託公司、證券投資顧問公司等，資源與競爭能力未能有效整合，以致國際知名度低，與其他國際主要國家之金融機構相較，顯未能達到規模經濟之效益，實有必要加以整併，以擴大經營規模、節省經營成本及增進營運效率，進而並提供客戶更完備之金融服務。從國際上合併之案例觀之，合併可擴大客戶群，使業務多量化、分散風險，並可加強經營績效；且透過資本額之增加，可擴充營業據點、業務範圍等；亦因充實資本，可使經營更為健全；另藉由節省系統投資及分支機構與聘僱人員之重複費用，可降低經營成本及提升經營效率。國際上因合併降低經營成本之案例相當多，例如美商花旗銀行 (Citi Bank) 透過其子公司花旗控股 (Citicorp) 與美商旅行家集團 (Traveler's Group) 而成為總資產 7 千億美元並跨業銀行、證券及保險之金融集團 (Citigroup)，其他如 ABN 與 Amro、Chase Manhattan 與 Chemical Bank 及 Bank America 與 Security Pacific 之合併案，除可有效節省成本外，並擴大市場之規模與占有率。

　　為有效因應國內外金融市場之激烈競爭，金融機構之整併勢所難免，國內基層金融機構紛紛尋求與商業銀行合併，以強化其經營體質與競爭能力。銀行為達到合理經濟規模，除透過金融控股公司之整併外，亦可藉由與其他金融機構合併，結合其原有之營業據點、客戶群、員工人脈、地緣

等優勢，有助於提高銀行之營運效率，對於金融市場競爭及金融秩序之維護，皆有正面助益，主管機關本於穩定金融之職責，從旁加以輔導、協助，已有初步之成效❶。

為推動金融機構之整合，參考美國、日本、德國等先進國家有關金融機構合併之制度法令及我國促進產業升級條例等有關合併之相關規範，爰擬具金融機構合併法草案，經立法院三讀通過，總統於 89 年 12 月 13 日公布日起施行❷。

金融機構合併法全文計 20 條條文，除以自願性合併為主要規範對象外，對於須強制性合併之問題金融機構，其進行強制合併或強制概括讓與其資產負債時，就銀行業於銀行法、存款保險條例及其相關規定，對於經營顯著困難之金融機構在監管、接管時由輔導人、監管人、接管人或清理人得行使進行合併之職權者，其合併程序應優先適用銀行法、存款保險條例及其相關規定❸，以迅速、有效處理問題金融機構，在各該等法令並未規範時，始適用金融機構合併法之規定，以補充合併或概括讓與、概括承受之規範，使合併與概括讓與、概括承受之規範更為完整、周延，有助於促進金融安定性。

---

❶ 例如高雄企銀已於 94 年 5 月 31 日順利完成公開標售，由玉山銀行得標，並於 93 年 9 月 4 日概括承受，鳳山信合社業於 93 年 7 月 5 日順利完成公開標售，由中國信託商業銀行得標，嗣後於 93 年 10 月 1 日概括承受，中興銀行並於 93 年 12 月 9 日順利完成公開標售，由聯邦銀行得標等。另國泰金控併世華商業銀行，兆豐金控納併中國商業銀行、中信金控納併萬通銀行並與中國信託銀行合併、復華銀行合併斗六信用合作社、新光金控納併聯信商銀、台新銀行概括承受新竹十信等案例。

❷ 參見 89 年 12 月 13 日⑻⑼華總一義字第 8900295690 號令。

❸ 參見金融機構合併法第 2 條第 3 項之規定。

第二節 立法目的與基本規定

一、立法目的與法律適用原則

為因應金融機構整併之潮流，另訂定金融機構合併法，其立法目的於該法第 1 條明定為規範金融機構之合併、擴大金融機構經濟規模、經濟範疇與提升經營效率，及維護適當之競爭環境。而金融機構合併法之適用範圍，對於併購之行為規範上包括合併、概括讓與、分次讓與或讓與主要部分之營業及資產負債等。其中，有關金融機構之合併由於金融機構合併法為特別法之規定，本法未規定者，則準用公司法有關股份有限公司合併之規定，至於金融機構之概括承受或概括讓與之程序方面，由於金融機構合併法第 18 條第 1 項明定，必須準用該法之相關規定，另外對於金融機構依銀行法、存款保險條例及保險法之規定，為分次讓與或讓與主要部分之營業及資產負債，依同法第 18 條第 3 項之規定，除銀行法、存款保險條例、保險法及其相關之規定已有規範者，應優先適用外，準用金融機構合併法之規定。

二、相關定義

㈠合併之主體

金融機構合併法所稱之合併，係指金融機構同業間之合併，依該法第 4 條第 2 款之規定，係指二家或二家以上之金融機構合為一家金融機構，其範圍涵蓋本法第 11 條至第 13 條所訂之農、漁會讓售其信用部與銀行，或以其信用部作價投資新設立銀行，或其投資併入另一家既有銀行，而結束原有信用部業務之情形。至於該法所規範得合併之金融機構，依第 4 條第 1 款之規定係指下列銀行業、證券及期貨業、保險業所包括之機構，及其他經主管機關核定之機構，茲分述如下：

1.銀行業

包括銀行、信用合作社、農會信用部、漁會信用部、票券金融公司、信用卡業務機構及郵政儲金匯業局。

2.證券及期貨業

包括證券商、證券投資信託事業、證券投資顧問事業、證券金融事業、期貨商、槓桿交易商、期貨信託事業、期貨經理事業及期貨顧問事業。

3.保險業

包括保險公司及保險合作社。

4.信託業等

前述金融機構由於金融機構合併法第 5 條第 2 項規定，銀行業之銀行與銀行業之其他金融機構合併，其存續機構或新設機構應為銀行，在解釋上金融機構之合併，只限制於同種類金融機構之合併，對於金融機構與非金融機構合併則不適用本法之規定❹。依金融機構合併法第 2 條第 4 項之規定，該法未規定者，則適用銀行法、信用合作社法、證券交易法、期貨交易法、保險法、公司法及郵政儲金匯業局、農、漁會信用部等各該金融機構有關法令之規定。由於立法當時仍有少數金融機構尚非屬股份有限公司型態，故於第 2 條第 2 項明定若非屬公司組織金融機構之合併，除依該法規定外，並準用公司法有關股份有限公司合併之規定，如合併程序、異議股東收買股份請求權等。

㈡合併之種類

除自願性之合併外，對於問題銀行業之強制合併，於銀行法第 62 條、存款保險條例第 15 條及第 17 條等，已有相關程序規範，銀行因業務或財務狀況顯著惡化、不能支付其債務或有損及存款人利益之虞時，主管機關得依銀行法第 61 條第 1 項及第 2 項規定，派員監管或接管；並得停止其股東會、董事、監察人之全部或部分職權。其次依銀行法第 62 條第 3 項授權訂定之金融機構接管辦法第 11 條第 1 項第 4 款規定，監管人得協助受監管金融機構與其他金融機構合併。另依同辦法第 13 條規定，金融機構於受主

❹ 參見原財政部 91 年 7 月 4 日臺財融㈠字第 0910030694 號令。

管機關接管處分後，其經營權及財產之管理處分權均由接管人行使之；接管人依同辦法第 14 條規定，於事先報經主管機關核准後，得辦理受接管金融機構與其他金融機構合併。故對於問題金融機構強制合併之程序規定，與一般自願性合併之程序規範有所不同，應予優先適用❺，如此方可迅速處理問題金融機構。至若該等法令未規定者，仍適用金融機構合併法之規定。

　　由於金融機構自願性概括承受、概括讓與之法律效果與合併相同，其概括讓與之承受人（或受讓人）不以一家為限，故金融機構概括承受或概括讓與者，準用金融機構合併法之規定。外國金融機構與本國金融機構合併、概括承受或概括讓與者，亦同。但外國金融機構於合併、概括承受或概括讓與前，於中華民國境外所發生之損失，不得依該法第 17 條第 2 項規定辦理扣除。

三、強制合併之法律適用

㈠銀行法、存款保險條例及保險法之適用順序

　　依金融機構合併法第 18 條第 2 項規定，金融機構依銀行法、存款保險條例及保險法規定，由輔導人、監管人、接管人、清理人或監理人為概括承受、概括讓與、分次讓與或讓與主要部分之營業及資產負債者，除優先適用銀行法、存款保險條例、保險法及其相關之規定外，準用該法之規定。由於問題金融機構強制概括讓與其資產負債，或將其主要部分之營業及資產負債分次讓與其他金融機構，或為避免道德風險，亦有不承受未投保之大額存款，將該損失由原機構承擔者，故問題金融機構概括承受、概括讓與或讓與主要部分之營業及資產負債者，除優先適用銀行法第 62 條、存款保險條例第 15 條、第 17 條及保險法第 149 條之 1、第 149 條之 2 等規定

---

❺　銀行及農漁會因業務或財務顯著惡化，經接管人報經主管機關核准後之強制合併，不須經股東會或會員代表大會之同意，尚符合憲法第 23 條規定之體現，故金融機構合併法規定，命令上訴人將其信用部及其營業所必須之財產權讓與銀行，而未經股東會及會員代表大會決議，完全係符合依法行政原則。參見最高行政法院 93 年 12 月 9 日 93 年判第 1553 號判決。

外，其他如租稅優惠及程序等事項，於該等法並未規定，故亦準用金融機構合併法之規定。

(二)民法有關債權移轉之適用

由於金融機構之債務人（如借款戶）眾多，若依民法第 297 條規定處理，應對其債務人為個別通知，勢將不利於金融機構概括承受、讓與等之進行；另民法第 301 條規定，訂立契約承擔債務者，非經債權人承認，對於債權人不生效力。為求合併進行之時效，實有必要予以排除，故依金融機構合併法第 9 條規定，就債權人公告、對提出異議之債權人為清償等得不適用公司法第 73 條第 2 項及其他法令應分別通知之規定，應優先適用金融機構合併法之規定。同時金融機構合併法第 18 條第 3 項規定，金融機構為概括承受、概括讓與、分次讓與或讓與主要部分之營業及資產負債，或依第 11 條至第 13 條規定辦理者，債權讓與之通知得以公告方式代之，承擔債務時免經債權人之承認，不適用民法第 297 條及第 301 條之規定。

四、不得為合併之規定

為擴大金融機構之經營規模，提升經濟規模效率，並適度規範金融機構申請合併之範圍與類型，原則上對於同類業務之金融機構皆得合併，而金融機構合併法第 5 條第 1 項規定，非農、漁會信用部之金融機構合併，應由擬合併之機構共同向主管機關申請許可。但法令規定不得兼營者，不得合併，則為例外之規定❻。換言之，同法第 4 條所定義之金融機構除農、漁會信用部外，均得提出合併之申請，但法令規定有金融機構不得兼營之營業項目，則不得申請合併。各機構得經營之業務項目，仍以各該適用之法令為主要依據，而依各該金融機構有關兼營之規範，目前得申請合併之金融機構類型，除同種類之金融機構得合併外，其他如銀行業之銀行得與銀行業之機構（銀行、信用合作社、農會信用部、漁會信用部、票券金融

---

❻ 金融機構合併法第 5 條第 1 項但書所規定，法令規定不得兼營者，不得合併，就此一規定而言，應指金融機構合併法中之範圍而已，並不完全排除其他依企業併購法、金融控股公司法或公司法所規定異業間之進行合併。

公司、信用卡業務機構及郵政儲金匯業局）合併；證券及期貨業中證券商得與證券金融事業及期貨商合併；惟依保險法第138條第1項規定，產物保險公司與人壽保險公司除法律另有規定或經主管機關核准以附加方式經營者，則不得合併。另依保險法第136條第2項規定，非保險業不得兼營保險或類似保險之業務，因之，銀行尚不得與保險業合併。

五、合併後存續或新設機構之限制

金融機構合併法將金融機構區分為銀行、證券期貨、保險及信託等四大行業，合併則以「水平合併」，即合併同業金融機構為原則；至於異業間之合併，以往法令係規定金融機構需以轉投資之方式，逐案報經主管機關核准後始得為之，但因有諸多限制，例如轉投資金額之比例、上限、程序上之欠缺彈性等，已明顯無法符合業界之需求。主管機關已於90年7月制訂金融控股公司法，允許「垂直合併」，使金融機構得以控股公司之方式進行異業合併。金融機構合併法就有關同業間之合併規範如下：

(一)銀行間之合併

為鼓勵良質合併，並提升經營效率，由於現行法令之規定，所有金融機構中以銀行法所規定之銀行之業務種類最廣、最為多樣化，故金融機構合併法第5條第2項規定，銀行業之銀行與銀行業之其他金融機構合併，其存續機構或新設機構應為銀行，以達到合理規模經濟、提升經營效益、分散風險、增強競爭能力及提供客戶更完備金融服務之合併目的。

(二)證券、期貨及保險業間之合併

於證券及期貨業中，依現行法令因證券商已得兼營期貨業務，期貨商尚不得兼營證券業務，故金融機構合併法第5條第3項規定，證券及期貨業之證券商與證券及期貨業之其他金融機構合併，其存續機構或新設機構應為證券商。又於保險業中，以保險公司之組織型態最為普遍，且符合保險業現代化經營趨勢。目前主管機關尚未開放保險合作社之設立，且目前保險合作社僅有漁船產物保險合作社一家，並無人壽保險合作社，故金融機構合併法第5條第4項規定,保險業之產物保險公司與保險合作社合併,

其存續機構或新設機構應為產物保險公司。

第三節　合併之審核

一、受理之機關

　　由於金融機構合併案之申請，尚可能涉及跨業別間之合併問題，爰金融機構合併法第3條明定本法之主管機關為財政部。由於行政院金融監督管理委員會已於93年7月1日成立，原財政部對銀行、證券、保險業之監理工作已移由行政院金融監督管理委員會負責，依行政院公告，原金融管理法令之主管機關訂為財政部或財政部證券暨期貨管理委員會者，均調整為行政院金融監督管理委員會。故雖法令尚未修正，本法之主管機關為行政院金融監督管理委員會，業者向單一窗口送件，分由該會轄下之銀行局、證券期貨局或保險局負責審核後，提報金融監督管理委員會予以核駁合併申請之許可。

二、准駁之標準

　　由於金融機構合併之審酌，主要在於衡平考量經營效率與安定性、競爭性及便利性等公益性，包括提升經營機構經營規模之效率，提高我國金融機構之國際競爭力。考量美國銀行合併法規定合併之審核要素包括公平競爭性、申請者之財務狀況及管理能力、合併對社區之需要及便利性；日本金融機構合併及改制法規定之審核標準包括：有助於金融之效率化、無礙該地區之中小企業金融、合併不致有擾亂金融秩序，影響金融機構公平競爭之虞、合併後預見能確實執行業務等因素，我國金融機構合併法爰於第6條規定主管機關為合併之許可時，應審酌下列因素：

　　㈠對擴大金融機構經濟規模、提升經營效率及提高國際競爭力之影響。

　　㈡對金融市場競爭因素之影響。

㈢存續機構或新設機構之財務狀況、管理能力及經營之健全性。

㈣對增進公共利益之影響，包括促進金融安定、提升金融服務品質、提供便利性及處理問題金融機構。

三、逾越法令之調整

鑑於主管機關許可金融機構合併後，將可能發生其存續機構或新設機構與其所適用之法令規定（如銀行法、證券交易法或保險法等）不符之情形。例如：原非為銀行之關係人，可能因合併後成為銀行之關係人，致發生與銀行法第 32 條、第 33 條有關針對利害關係人授信限制規範不符之情事，或發生違反銀行法第 25 條有關同一人或同一關係人持有銀行之股份或逾越銀行法第 74 條有關銀行投資比例規定，或因合併或概括承受而持有之不動產，因營業據點遷移，致原有自用行舍，變更用途為非自用者，如出租時。為避免此類過渡性未符合法定比例規範而影響合併之進行，並兼顧存續或新設金融機構未來之健全經營，故明定金融機構經主管機關許可合併後，因合併而有逾越法令規定範圍者，主管機關應命其限期調整，並請其提出調整期之可行性方案及承諾切結書，以確保能於期限內調整為符合法令規定。如為同一業別金融機構合併時，調整期限最長為二年。但逾越銀行法令有關關係人授信或同一人、同一關係人或同一關係企業授信規定者，調整期限最長為五年。必要時，均得申請延長一次，並以二年為限，此一規定與金融控股公司法第 36 條第 5 項及第 6 項規定相同。

第四節　合併之程序

一、合併許可之申請

㈠吸收合併

一般公司之合併由於事涉公司之存續及股東換股比率等重大權益事

項，必須審慎為之，故依公司法第 317 條規定，原經會議決議後由董事長就合併契約等提股東會特別決議，並應依公司法第 319 條準用第 73 條及第 75 條規定向各債權人通知及公告異議之規定，其間並涉及有關公平交易法有關事業結合之許可申請，及證券交易法第 36 條第 2 項所訂重大事實之公告等，而金融機構之合併由於其為許可事業，必須經目的事業主管機關之許可，故依據金融機構合併法第 16 條之規定，擬合併之金融機構向主管機關申請許可時，應提出合併申請書，並附具下列書件：

　　1. 合併計畫書：載明合併計畫內容（含合併方式、經濟效益評估、合併後業務區域概況、業務項目、業務發展計畫及未來三年財務預測等事項）、預期進度、可行性、必要性、合理性與適法性及第 6 條審酌因素之評估等分析。

　　2. 合併或讓售或投資契約書：除應記載事項外，尚應包括對受僱人之權益處理等重要事項。而所謂受僱人權益，依同法第 19 條規定，係指依勞動基準法所規定之相關員工權益之處理。

　　3. 存續機構及消滅機構股東大會、社（會）員（代表）大會會議紀錄。

　　4. 金融機構合併之決議內容及相關契約書應記載事項之公告（通知）等證明文件。

　　5. 請求收買股份之股東或退還股金之社員資料及其股金金額清冊。

　　6. 會計師對合併換股比率或讓售信用部或以信用部作價投資之評價合理性之意見書。

　　7. 合併前一個月月底擬制性合併自有資本適足明細申報表。

　　8. 合併換股或讓售或投資基準日會計師查核簽證之資產負債表、損益表、財產目錄、股東權益變動表及現金流量表。

　　9. 律師之法律意見書。

　　10. 其他經主管機關規定應提出之文件。

㈡新設合併

　　因合併擬成立新設機構者，除應依前述規定辦理外，並應由新設機構之發起人檢附下列書件，向主管機關申請設立之許可：

1.發起人名冊。

2.發起人會議紀錄。

3.總經理、副總經理、協理之資格證明。

4.新設機構之章程。

5.其他經主管機關規定應提出之文件。

二、金融機構合併契約及程序之規範

金融機構合併法係以「自願性」合併為主要規範，對於惡意併購則尚無規範。依該法第 4 條所定合併規範之適用對象，雖已將農、漁會信用部納入，惟究其性質，僅屬農、漁會之一部門，並無法人格，未能獨立行使法律行為之意思表示。因此，農、漁會讓售其信用部與銀行，或以其信用部作價投資設立新銀行或投資併入另一家既有銀行之法律關係，與一般非農、漁會信用部金融機構之合併之法律基礎仍有差異。因此依金融機構合併法第 8 條、第 9 條、第 11 條至第 13 條之規定，將非農、漁會信用部之金融機構合併與農漁會信用部之合併有關合併契約等予以分別規範。

(一)非農、漁會信用部之金融機構合併

非農、漁會信用部之金融機構合併時，依金融機構合併法第 8 條規定，董（理）事會應就合併有關事項作成合併契約書，並附具經會計師查核簽證且經監察人（監事）核對之資產負債表、損益表及財產目錄，提出於股東會、社員（代表）大會決議同意之。其有關合併契約書，應記載下列事項：

1.合併之金融機構名稱、存續機構或新設機構之名稱、總機構地址、業務區域及發行股份（社股）之總數、種類及數量。

2.存續機構或新設機構對消滅機構之股東（社員）配發股票（社股）之總數、種類及數量與配發之方法及其他有關事項。

3.存續機構或新設機構對債權人、基金受益人、證券投資人或期貨交易人之保障方式。

4.存續機構之章程變更事項或新設機構之章程。

5.非農、漁會信用部之金融機構合併時，除公開發行股票之公司應依證券交易法第 36 條第 2 項規定,於事實發生之日起二日內辦理公告並申報外，應於為合併之決議後，於十日內公告決議內容及合併契約書應記載事項，得不適用公司法第 73 條第 2 項及其他法令有關分別通知之規定，該公告應指定三十日以上之一定期間，聲明債權人、基金受益人、證券投資人或期貨交易人，得於期限內以書面提出合併將損害其權益之異議，以排除公司法第 73 條第 2 項有關公司應指定三個月以上之期限,聲明債權人得於期限內提出異議之規定。

6.前述有關之公告，應於全部營業處所連續公告至少七日，並於當地日報連續公告至少五日。

7.金融機構不為公告或公告不符期限之規定，或對於在其指定期間內對提出異議之債權人、基金受益人、證券投資人或期貨交易人，不為清償、了結或不提供相當之擔保者，不得以其合併對抗債權人、基金受益人、證券投資人或期貨交易人。

㈡信用合作社或保險合作社之合併

1.決議之方法

信用合作社或保險合作社由於受合作社法之規範，故該等金融機構辦理合併時，其合併決議之最低出席人數及決議比例不宜與合作社法有不同規範。故信用合作社或保險合作社辦理合併時，依金融機構合併法第 10 條第 1 項規定，其決議應有全體社員或社員代表四分之三以上出席，出席社員或社員代表三分之二以上之同意。

2.社員異議權之行使

合作社之最高權力機關為社員大會,但依合作社法施行細則第 30 條之規定，合作社社員超過二百人以上，不易召集社員大會時，得就地域之便利，分組舉行會議，並依各組社員人數，推選代表出席全體代表大會。另信用合作社法第 13 條第 1 項亦有類似規定。故信用合作社之合併以社員代表大會為合併之決議者，因僅社員代表受合併會議事由之通知並得為表決，社員代表已行使過社員代表大會之職權，為使異議權利不重複行使，並為

保護其他非社員代表之社員，本法規定如係由社員代表大會行使合併之決議者，信用合作社及保險合作社應將決議內容及合併契約書應記載事項以書面通知非社員代表之社員或依金融機構合併法第 9 條第 2 項規定方式公告，並指定三十日以上之一定期間為異議期間。由於信用合作社係人合組織，故參酌信用合作社法第 30 條第 2 項之規定，明定不同意之社員應於指定期間內以書面聲明異議，異議之社員達三分之一以上時，原決議失效。逾期未聲明異議者，視為同意。

另如以社員代表大會為合併之決議者，不同意社員之異議方式，仍準用公司法第 317 條規定，有異議之社員應於集會前或集會中，以書面表示異議，或以口頭表示異議經紀錄者，方得請求退還股金。對於信用合作社或保險合作社不同意社員之保障方式，如請求返還股金、支付價款之期間及應支付股金之價款等，依本法第 2 條第 2 項規定，仍應準用公司法第 317 條、第 187 條及第 188 條等規定，且以社員大會或以社員代表大會所為決議之異議社員均有適用。

(三)農、漁會信用部之合併

1.申請合併之許可與會員代表大會之決議

由於農、漁會信用部屬農、漁會法人財產之一部分，農、漁會讓售其信用部與銀行業者，依金融機構合併法第 11 條第 1 項規定，應有農、漁會全體會員或會員代表三分之二以上出席，出席會員或會員代表三分之二以上之同意。同時也由於農、漁會讓售其信用部或以信用部作價投資銀行者，銀行之分支機構及其資本額均將隨之變動，故應由銀行業向主管機關申請許可；主管機關為許可處分前，應先洽農、漁會中央主管機關之行政院農業委員會之意見。

2.會員代表之異議

農、漁會會員代表為合併之決議，如由會員代表大會行之者，農、漁會應將決議內容及讓售契約書應記載事項以書面通知非會員代表之會員或依金融機構合併法第 9 條第 2 項規定方式公告，並指定三十日以上之一定期間為異議期間。不同意之會員應於指定期間內以書面聲明異議，異議之

會員達三分之一以上時，原決議失效。逾期未聲明異議者，視為同意。

3.合併契約書應記載事項

銀行業及農、漁會依第 1 項規定為受讓或讓售農、漁會信用部之決議時，董（理）事會應就有關事項作成契約書，並附具經會計師查核簽證且經監察人（監事會）核對之資產負債表、損益表及財產目錄，提出於股東會、會員（代表）大會。契約書，依金融機構合併法第 11 條第 4 項規定，應記載下列事項：

　　⑴金融機構名稱，受讓銀行業之名稱、總行地址及業務區域。
　　⑵農、漁會信用部資產與負債之評價及分割之方式與程序。
　　⑶對農、漁會信用部債權人之權益保障方式。
　　⑷受讓銀行業之章程變更事項。

4.公告異議之期間

農、漁會信用部雖已納入本法第 4 條合併規範之適用對象，惟其僅屬農、漁會之一部門，並無法人格，未能獨立為法律行為之意思表示；且農、漁會讓售其信用部與銀行，與公司法所規範之合併本質仍有差異。其需由具法人資格之農、漁會與銀行簽訂有關讓與之契約書，提出於會員（代表）大會，經全體會員或會員代表大會特別決議確定後，辦理對其信用部債權人公告等事宜。由於農、漁會讓售其信用部與銀行或以其信用部作價投資銀行之法律關係，與金融機構合併法第 8 條及第 9 條所定之合併有所不同，亦與公司法規範合併之法律基礎有所差異，故金融機構合併法第 11 條第 5 項規定，爰明定農、漁會為合併之決議後，應於十日內公告決議內容及契約書應記載事項，該公告應指定三十日以上之一定期間，聲明債權人得於期限內以書面提出農、漁會讓售信用部與銀行業將損害其權益之異議。該公告應於全部營業處所連續公告至少七日，並於當地日報連續公告至少五日。

5.未依規定公告之效果

依據農會財務處理辦法第 7 條規定，農會各類事業應按其部門別為會計分別獨立之編造，故農、漁會信用部之資產與負債自亦得清楚區分、分

割，農、漁會信用部之存款人與債權人亦可區分，爰應特別就其信用部之債權人予以保障規定。因銀行受讓農、漁會之信用部，其法律主體並無影響，對債權人所承擔之義務亦不變，應不致影響債權人之權益，而公司法對類此之讓與或受讓對債權人亦無特別之規定。故若農、漁會不為公告或公告不符規定，或對於在其指定期間內提出異議之債權人不為清償或不提供相當之擔保者，不得以其信用部讓與銀行業對抗債權人。

6.農漁會結束信用部之處理

農、漁會將其信用部資產扣抵負債後之淨值投資新設立銀行，或投資併入另一家既有銀行，並結束原信用部之業務，即所謂農、漁會投資銀行或以其信用部作價投資銀行者，應由銀行向主管機關申請許可；主管機關為許可處分前，應先洽農、漁會中央主管機關之意見。

7.農漁會投資銀行之規範

另依公司法第 128 條第 3 項但書規定，法人為股份有限公司設立之發起人者，以公司為限。因農、漁會並非屬公司型態之組織，尚難依公司法之規定擔任發起人，故農、漁會投資新設銀行或以其信用部作價投資新設銀行者，發起人得為農、漁會，不受公司法第 128 條第 3 項但書規定之限制。農、漁會投資新設銀行或以其信用部作價投資新設銀行之程序及銀行設立之標準，由主管機關洽農、漁會中央主管機關另定之。

8.財務困難農漁會之會員代表權限制

為解決農、漁會信用部業務或財務狀況惡化之問題，以避免因持續惡化未及早處理而造成處理之社會成本增加，本法第 13 條明定農、漁會信用部因業務或財務狀況顯著惡化，不能支付其債務或調整後淨值為負數時，主管機關得洽農、漁會中央主管機關後，停止農、漁會會員代表、理事、監事或總幹事全部職權或其對信用部之職權，不適用農會法第 45 條及第 46 條、漁會法第 48 條及第 49 條之規定；其被停止之職權並得由主管機關指派適當人員行使之。此乃大法官決議釋字第 488 號及第 489 號解釋，對於以現行銀行法第 62 條規定,中央主管機關所為之必要處置是否包括命令概括讓與在內，係以法律授權之金融機構接管辦法訂定，故應尚符合憲法

第 15 條及第 23 條所揭示之法律保留原則。

　　另主管機關為執行命令農、漁會將其信用部資產、負債讓與銀行之處分，使其程序進行較為順暢，得洽農、漁會中央主管機關後，命令農、漁會將其信用部及其營業所必需之財產讓與銀行，不適用農會法第 37 條及漁會法第 39 條有關對於財產之處分，需經全體會員三分之二以上出席，出席會員三分之二以上之同意決議之規定。

9.豁免少數股東買回請求及依公平交易法所定結合許可之規範

　　為使問題農、漁會信用部之強制讓與順利、迅速完成相關程序，金融機構合併法參酌銀行法第 62 條之 4 規定，明定經代表已發行股份總數過半數股東出席之股東會，以出席股東表決權過半數之同意（即普通決議）行之；不同意之股東不得請求收買股份，免依公司法第 185 條至第 188 條規定辦理。基於對問題農、漁會信用部之強制讓與，為維護社會秩序及公共利益所必須，故若經主管機關認為有緊急處理之必要，且對金融市場競爭無重大不利影響時，免依公平交易法第 11 條第 1 項規定向行政院公平交易委員會申請許可。

10.信用部本部或分部得改為銀行分支機構

　　依農會法、漁業法第 5 條第 2 項規定，農、漁會辦理會員金融事業，應設立信用部，但面臨金融自由化、國際化競爭日益激烈之環境，農、漁會信用部由於規模較小、體質較弱，故於金融機構合併法第 14 條第 1 項及第 2 項明定農、漁會依第 11 條至第 13 條規定，讓與信用部或以信用部作價投資銀行業者，原有之信用部本部或分部得經主管機關之核准，改為該銀行業者之分支機構。銀行業者申請撤銷農、漁會信用部改制之分支機構，導致組織區域內除郵政儲金匯業局以外，無其他銀行業提供金融服務，組織區域之農、漁會得依農、漁會法設立信用部，辦理會員金融事業。

　　至於農、漁會依第 11 條至第 13 條規定，讓與信用部或以信用部作價投資銀行業者，致其推廣經費不足時，依金融機構合併法第 14 條第 3 項規定，由農、漁會中央主管機關依實際需要編列預算支應之。

第五節 資產管理公司

銀行或其他金融機構因不良授信產生之逾期催收帳款,由於列入呆帳,故須以自有資產打銷,為免財務之惡化,故政府以監管、接管或其他措施,以避免連動影響到整體金融市場秩序,而國外有以資產管理公司 (Asset Management Company, AMC) 設立與介入方式解決,其係以收購金融機構之不良債權 (Non-Performing Loan,簡稱 NPL),就其抵押品透過拍賣之方式重新變現,雖與銀行和一般金融機構同樣可使用法院之強制執行程式,惟資產管理公司 (AMC) 之訴求乃重於以雄厚之資金,更專業、更有效率之方式解決金融機構之不良債權。金融機構合併法第 15 條賦予資產管理公司得委託經主管機關認可之公正第三人以更專業、更有效率之方式解決金融機構之不良債權。

一、豁免相關法律規定之適用

依金融機構合併法第 15 條之規定,以收購金融機構不良債權為目的之資產管理公司,其處理金融機構之不良債權,得依下列方式辦理:

㈠不適用民法第 297 條及第 301 條之規定

受讓金融機構不良債權時,適用第 18 條第 3 項規定,通常係指金融機構為概括承受、概括讓與、分次讓與或讓與主要部分之營業及資產負債,或依第 11 條至第 13 條規定辦理者,債權讓與之通知得以公告方式代之,承擔債務時免經債權人之承認,不適用民法第 297 條及第 301 條之規定。

㈡執行名義之效力

金融機構讓與其不良債權時,就該債權對債務人或保證人已取得之執行名義,其效力及於資產管理公司。

㈢委託第三人拍賣

資產管理公司就已取得執行名義之債權,得就其債務人或第三人所提

供第一順位抵押權之不動產,委託經主管機關認可之公正第三人公開拍賣,並不適用民法債編施行法第 28 條之規定。公開拍賣所得價款經清償應收帳款後,如有剩餘應返還債務人。但有資產管理公司以外之其他第二順位以下抵押權人時,應提存法院。另資產管理公司已取得執行名義而有第一順位以下順位債權人之債權者,主管機關得請法院委託前款經主管機關認可之公正第三人,準用強制執行法之規定拍賣之。

㈣選任資產管理人、破產管理人或重整人

法院受理對金融機構不良債權之債務人破產聲請或公司重整聲請時,應徵詢該資產管理公司之意見。如金融機構為該債務人之最大債權人者,法院並應選任該資產管理公司為破產管理人或重整人。

㈤排除公司法及破產法之相關規定

於金融機構之不良債權之債務人受破產宣告前或重整裁定前,已受讓之債權或已開始強制執行之債權,於該債務人破產宣告後或裁定重整後,得繼續行使債權並繼續強制執行,不受公司法及破產法規定之限制。

二、第三人之異議

依金融機構合併法第 15 條之規定,資產管理公司得排除民法、公司法及破產法等相關規定之適用,並採行取得執行名義後,可發動法院拍賣及委託經主管機關認可之第三人為公開拍賣(即民間拍賣)之雙軌制度設計。惟若決定捨棄法院拍賣之模式,以私人途徑求償,如發生聲明異議、債務人異議之訴、第三人異議之訴或對於分配表提起異議之訴時,即應回歸法院拍賣之救濟程序。

三、公開拍賣之程序

依金融機構合併法第 15 條第 2 項授權訂定之「公正第三人認可及其公開拍賣程序辦法」第 6 條之規定為 ❼:

㈠受資產管理公司之委託辦理抵押不動產之公開拍賣。

---

❼ 參見內政部 94 年 4 月 22 日內授中辦地字第 0940724928 號函示。

㈡辦理由主管機關移請法院委託準用強制執行法規定之拍賣。

㈢受強制執行機關之委託及監督,辦理金融機構聲請之強制執行事件。

㈣金融機構金錢債權評價業務。

㈤其他經主管機關核准之業務。

　　準此,公正第三人依據金融機構合併法規定,接受金融機構或資產管理公司之委託辦理不動產拍賣業務,不適用不動產經紀業管理條例之規定;惟為保障不動產交易安全,臺灣金融資產服務公司仍應依據不動產經紀業管理條例第 22 條至第 24 條有關不動產說明書之規定辦理。臺灣金融資產服務公司提供之不動產說明書不需另由經紀人簽章,但須符合內政部頒布之「不動產說明書應記載及不得記載事項」之規定;且臺灣金融資產服務公司之相關委託銷售契約,應以內政部頒布之「不動產委託銷售定型化契約應記載及不得記載事項」、「不動產委託銷售契約書範本」之內容為最低標準。

第六節　租稅及規費之優惠

一、 金融機構合併法之租稅優惠

　　為提供金融機構合併之誘因,政府自應以行政措施提供各項優惠,其中,租稅以及規費之減免實為最有效之方式。金融機構合併法第 17 條第 1 項規定賦予合併金融機構之租稅、規費優惠,明定金融機構經主管機關許可合併者,其存續機構或新設機構於申請對消滅機構所有不動產、應登記之動產及各項擔保物權之變更登記時,得憑主管機關證明逕行辦理登記,免繳納登記規費,並依下列各款規定辦理:

　　㈠因合併而發生之印花稅及契稅,一律免徵。

　　㈡原供消滅機構直接使用之土地隨同移轉時,經依土地稅法審核確定其現值後,即予辦理土地所有權移轉登記,其應繳納之土地增值稅准予記

存，由該存續機構或新設機構於該項土地再移轉時一併繳納之；其破產或解散時，經記存之土地增值稅，應優先受償。

㈢消滅機構依銀行法第 76 條規定承受之土地，因合併而隨同移轉予存續機構或新設機構時，免徵土地增值稅。

㈣因合併產生之商譽得於五年內攤銷之。

㈤因合併產生之費用得於十年內攤銷。

㈥因合併出售不良債權所受之損失，得於十五年內認列損失。

本法優惠之規定主要係參酌促進產業升級條例第 13 條有關印花稅及契稅一律免徵，應繳納之土地增值稅准予記存等規定及存款保險條例第 15 條之 2 有關免繳納登記規費之規定，明定相關租稅及規費之優惠措施。有關契稅得否免徵，雖因合併而存續或另成立之公司，承受消滅公司所有不動產者，尚非屬契稅條例第 2 條第 1 項規定應申報繳納契稅之範圍，惟因本法第 18 條規定金融機構概括承受或概括讓與資產及負債者，仍可準用本法，因概括承受與概括讓與尚非屬上揭函令所包括之範圍，故因合併而產生之契稅應得免徵之❽。

二、連結申報

合併之金融機構，依金融機構合併法第 17 條第 2 項規定，虧損及申報扣除年度，會計帳冊簿據完備，均使用所得稅法第 77 條所稱之藍色申報書或經會計師查核簽證，且如期辦理申報並繳納所得稅額者，合併後存續機構或新設機構於辦理營利事業所得稅結算申報時，得將各該辦理合併之金融機構於合併前，經該管稽徵機關核定之前五年內各期虧損，按各該辦理合併之金融機構股東（社員）因合併而持有合併後存續機構或新設機構股權之比例計算之金額，自虧損發生年度起五年內，從當年度純益額中扣除。

---

❽ 參見財政部 82 年 10 月 6 日臺財稅字第 821498686 號函。

第七節　未來修正之方向

　　94 年 3 月 3 日行政院金融監督管理委員會委員會議通過「金融機構合併法」修正草案，已依法制作業程序送請行政院審查通過後，函送立法院審議。

　　金融機構合併法於 89 年 12 月公布施行以來，為金融機構合併提供了良好的法律環境，並且建立了資產管理公司收購處理金融機構不良債權之機制。依據主管機關所擬之修正條文，已超過現行條文之二分之一，幅度不可謂不大，其修正目的係為明確法律適用關係，完備法院委託公正第三人辦理拍賣變賣不動產業務之程序及修正租稅優惠措施等，以利金融機構不良債權之處理並鼓勵金融機構合併。主要修正重點如下：

　　一、修正金融機構合併法第 4 條規定，使銀行業之範圍不包括農會信用部及漁會信用部，此乃鑑於農業金融法已於 93 年 1 月 30 日施行，農會信用部、漁會信用部之主管機關為行政院農業委員會，該法就經營不善農、漁會信用部之處理另有規範，爰刪除農、漁會信用部適用本法之相關規定。（修正現行條文第 4 條並刪除第 11 條至第 14 條）

　　二、修正金融機構用以合併之對價得包括其他機構股份、現金或其他財產，明定對於存續機構或新設機構換發消滅機構股東所持股份之對價，除存續機構或新設機構發行新股之股份外，其他機構股份、現金或其他財產，亦得作為支付消滅機構股東之對價。（修正現行條文第 8 條）

　　三、修正資產管理公司及公正第三人相關規定（修正現行條文第 15 條）

　　㈠修正得委託公正第三人公開拍賣之不良債權擔保品，擴及其他任何順位抵押權，對於目前資產管理公司委託公正第三人公開拍賣不良債權擔保品時，僅限該擔保品為資產管理公司有第一順位抵押權之不動產，致資產管理公司無法充分利用民間拍賣制度，達到落實民間拍賣所需之經濟規模，爰修正得委託公正第三人公開拍賣之不良債權擔保品，擴及其他任何

順位抵押權，俾加速解決金融機構之不良債權。

　　㈡放寬金融機構或其他經主管機關核准之人亦得委託公正第三人公開拍賣，對於目前金融機構處理不良債權，僅可透過向法院聲請強制執行，為加速金融機構清理不良債權之速度，爰擬放寬使金融機構或其他經主管機關核准之人亦得委託公正第三人公開拍賣。

　　㈢增訂授權司法院訂定其委託公正第三人辦理拍賣之範圍、程序及費用等事項之法源依據，使法院委託公正第三人辦理拍賣變賣不動產業務之程序更加完備。

　　㈣為使我國金融法規與國際規範接軌，提升金融產業之競爭力，並督促金融機構加速處理不良債權，於本條增訂自 94 年 7 月 1 日起成交之不良債權案件，不適用前開規定。故增訂現行條文第 1 項第 5 款、第 6 款及第 5 項之適用期限

　　四、參照企業併購法第 6 條規定，修正本法現行條文第 16 條第 6 款之「會計師」為「獨立專家」，另於同條增訂「第 1 項第 6 款獨立專家之資格、評價作業準則及執業規範，由主管機關定之」。

　　五、配合修訂本法租稅優惠規定，以為鼓勵金融機構合併，於參考「企業併購法」等規定，修正本法相關租稅優惠措施，包括因合併而移轉之有價證券免徵證券交易稅、其移轉貨物或勞務非屬營業稅之課徵範圍及消滅機構所有之土地隨同移轉時得記存土地增值稅等。(修正現行條文第 17 條)

第十二章　結論與建議

金融法規為規範金融活動之準繩，然金融活動隨時在進步與創新，故其賴以之為標準之金融法規必須與時俱進，不斷的檢討改進，為提昇金融產業之競爭力，提供金融優良之經營空間與環境，相關金融法規的研修一直為產業界、主管機關與學術界共同努力的功課，在 89 年及 94 年金融六法、金融七法相繼立法與修正通過之後，主管機關亦積極研擬提出銀行法、信託業法、不動產證券化條例、金融控股公司法、金融機構合併法等之修正案，而現行金融管理法規由於相當繁雜，再加以往往為遷就於現實問題之發生與解決，故其未能符合法制規定之處甚多，尤其事涉人民與業者權利義務之處，不宜以行政指導或不明確之職權命令為依據，故法律構成要件之明確性與管理之所必要規範同等重要，有必要作通盤之檢討，茲就各該法修正草案之重點，並提出建議如下，以代結論。

一、銀行法

㈠退場機制之建立

　　銀行在面臨財務業務狀況顯著惡化，為加強整體之金融秩序之維護、存款戶之保障及避免造成金融危機，政府經考量讓經營不善之金融機構平和順利退出市場，以消弭金融風暴於無形，經參酌美、日、韓等國以公共資金挹注方式，於一定期間內適度實施全額保障存款人權益及彌補問題機構財務缺口等機制，於 90 年 6 月 27 日通過「行政院金融重建基金設置及管理條例」，並於 7 月 9 日奉總統令公布施行，然原編列之基金在經多家銀行及農、漁會相繼發生問題之處理後，已漸告不足，復為擴大基金財源，提高基金運作效能，提報「行政院金融重建基金設置及管理條例修正草案」，該修正案於 94 年 5 月 31 日經立法院三讀通過，並於 94.6.22 奉總統令公布施行。金融重建基金條例兼具整頓金融市場及穩定金融秩序之作用❶，然此種以政府或全民之資源為拯救金融機構經營不善之挹注是否妥當，曾一再被提出質疑。

---

❶　參見金管會銀行局 http://www.cdic.gov.tw/ct.asp?xItem=200&CtNode=217，上網時間 94 年 8 月 20 日。

　　銀行法第 62 條至第 62 條之 9 為處理財務業務發生困難問題金融機構之規定，然銀行法之規定重在主管機關命令接管之程序及費用之攤付等問題解決，甚至提議金融機構於受接管期間，不適用民法第 35 條、公司法第 208 條之 1、第 211 條、第 245 條、第 282 條至第 314 條有關清算及破產法之規定，並使其重整、破產、和解、強制執行等程序當然停止，其目的係在及時整理問題金融機構，維護金融之穩定，為避免銀行之接管程序與公司法臨時管理人之管理、檢查人之檢查、重整程序及破產法，於適用上產生衝突，並避免法院於不同個案裁定結果有異。

　　此一修正目的固然可穩定發生問題金融機構之處理，然銀行是否不能破產、清算，存款人之資金是否永遠受保障，例如問題金融機構提高存款利息以吸收存款，但存款戶為求利息不顧該機構之經營風險，將其轉嫁由國家或其他納稅人負擔，不無商榷之處，是否考量加強存款保險之機制或強制合併甚至必要時予以清理破產等之機制，值得深思。

㈡銀行保密機制之探討

　　依銀行法第 48 條第 1 項規定，銀行非依法院之裁判或其他法律之規定，不得接受第三人有關停止給付存款或匯款、扣留擔保物或保管物或其他類似之請求。同法第 2 項規定，銀行對於顧客之存款、放款或匯款等有關資料，除其他法律或中央主管機關另有規定者外，應保守秘密。由於存款等相關資訊為個人財產之隱私權，應受合法之保障，同時若客戶之資訊可能隨時曝光，將使客戶視為畏途，不利銀行業務之經營，然對於重大的呆帳逾放款項，或因關係人授信、掏空銀行等重大金融犯罪，若得受保密之保護，將嚴重侵蝕金融秩序並影響存款戶信心與國家利益，爰有建議逾期放款轉銷呆帳或違反銀行法第 125 條之 2、第 125 條之 3 及第 127 條之 1 規定，經檢察官提起公訴案件者，應予以公告揭露有關之資料。

　　由於經檢察官提起公訴時，被告僅為嫌疑人，並未判決確定，此時銀行可例外提供司法機關之資料，原則上應限於檢察官或法院有調閱資料之必要者，若銀行得例外提供資料，如該客戶雖經起訴，但損及公眾利益之程度輕微，且後來經判決無罪，銀行對該客戶之資料卻無保密義務，對客

戶隱私權之保密有欠周延。故本文建議如下：

1.本修正提議牽涉個人資料保密之規定，銀行如將客戶資料提供予第三人，將涉及個人隱私權或財產權等課題，故應慎重為宜。

2.逾期放款屬全部轉銷呆帳帳戶者，銀行可對外提供資料，惟轉銷呆帳金額如很小或呆帳係因不可抗力因素而產生者，銀行即可對外提供該客戶資料，恐有違反行政法上之比例原則，故建議刪除，另若須將重大逾期放款或金融犯罪者予以公布，此已屬懲罰性之規定，此時行為人涉及犯罪等情事，已無保護之必要，自得立法明定予以懲處，故建議移至第 127 條之 5，併同罰則規定。

二、信託業法

信託業為經營資產管理之業務，信託業法於 89 年 7 月 19 日制定公布實施以來，銀行兼營之信託業已達 58 家，收受信託財產之金額達新臺幣一兆元以上。信託制度已漸為民眾所接受採行，信託商品亦陸續推出，商業交易靈活利用信託制度，使其兼具彈性與安全。然實務上信託行為種類繁多，對於各種不同類型之信託是否須適用信託業法遂產生爭議，故有必要重行檢視管理之手段及程度。這包括信託業務本質上具有高度彈性，其他業別若利用信託制度，其經營主體，有無申請信託業許可之必要。其次信託業法制定時，並未特別針對營業信託之特性，為有別於信託法之處理。惟信託法係針對民事信託所為之設計，若干規定對營業信託而言，不免窒礙難行。此外，隨著共同信託基金管理辦法、金融資產證券化條例、不動產證券化條例等法制之建立，我國亦累積更多對集團信託之管理經驗，信託業為營業信託及集團信託時，其法律適用之優先順位問題，甚至在信託業務之類型多樣化中，透過信託手段可能達成各種不同目的，實須配合新種信託業務之推展，有必要建立具有彈性之管理機制。而信託業法之修正重點，可提出討論者如下：

(一)信託業之經營資格

1.配合證券投資信託及顧問法之制定，明定證券投資信託事業及證券

投資顧問事業，得以信託方式經營全權委託投資業務。然對於以信託方式經營者是否須申請兼營信託業之許可及證照，甚至其兼營之標準可否就信託業務之項目訂定不同之資本額與條件，本文認為信託業本屬資產管理業，宜就業務項目及是否自行保管資產與否訂定不同之設立或兼營標準。

2.對於經營信託有關之業務，是否皆須取得許可，非信託業得否經營信託業法第 16 條所定之信託業務。公司、法人、獨資或合夥經營之事業，得否擔任受託人。由於原信託業法第 33 條規定對不特定多數人委託者，始須申請許可，且排除其他法律另有規定者，本文認為信託為基本之法律行為，在不影響民事信託、公益信託及其他法律之特別規定下，始須申請為宜。

㈡信託業之經營困難問題處理

原信託業法為配合銀行法訂定，於第 43 條明定信託業因業務或財務顯著惡化，不能支付其債務或有損及委託人或受益人利益之虞時，主管機關得準用銀行法第 62 條規定處理之。然此一規定銀行法已於 89 年 11 月修正增訂第 62 條之 1 至第 62 條之 9，信託業法第 62 條之規定是否須配合調整修正，由於信託業為資產管理，與銀行有吸收存款不同，存款有保證本金利息之報酬，資產管理有其風險，不保證獲利，因此除非銀行兼營信託業之部分，考量金融之安定性需要外，似不宜準用銀行法第 62 條至第 62 條之 9 之規定，蓋以國家監管、接管或以金融重建基金去處理專業信託業及其客戶財務困難，似有所不妥。

三、不動產證券化條例

立法院於 92 年 7 月 9 日三讀通過不動產證券化條例時，當時鑑於是否會有圖利於特定個人事業，且開發型不動產或不動產相關權利之風險較高，於不動產證券化市場發展初期不宜納入，故未將開發型之證券化納入，並限定已有穩定收入之不動產或不動產相關權利始得成為不動產證券化之標的。惟當時立法院亦附帶決議，於不動產證券化條例通過後，視市場發展與成熟度，主管機關研議將不動產開發案涉及之法律條文納入本條例中。

由於都市更新之不動產開發各界認為應納入證券化，再加上不動產證券化市場已穩定發展中並漸趨成熟，為使不動產證券化商品更多元化，以活絡不動產證券化市場，提升資金運用效能，並為房地產市場注入新的動能，促進整體不動產市場之發展，爰有建議依立法院上述決議，研擬相關配套措施後，修正相關條文，將開發型之不動產或不動產相關權利，納為不動產證券化之標的。其內容如下：

㈠就開發型之不動產或不動產相關權利予以定義，並允許其得成為證券化標的，惟公開招募之不動產投資信託基金投資於開發型之不動產或不動產相關權利，僅限於都市更新案件、促進民間參與公共建設法所稱公共建設及經中央目的事業主管機關核准參與之公共建設，且不得超過該基金信託財產價值之一定比率；至於不動產資產信託受益證券部分，則限於私募者始得將開發型之不動產或不動產相關權利納為證券化標的。

㈡私募之不動產投資信託基金已投資於開發型之不動產或不動產相關權利者，不得追加私募。

㈢不動產投資信託基金得以借入款項之目的，增列不動產或不動產相關權利之取得及開發。

㈣不動產投資信託基金若投資於開發型之不動產或不動產相關權利，則受託機構應於開發階段作成書面控管報告，且其按季向董事會提出各階段之檢討報告，亦應將開發階段納入。惟對於開發型不動產證券化之進行，其標的是否能順利完成，因風險較高，且其估價公正性之維持不易，故對於風險分散及淨值之計算應授權訂定子法，為較具體審慎之規範。

四、金融控股公司法

國內金融控股公司從開放設立以來，已有 14 家金融控股公司之成立，並各自擁有相當之版圖，而金融控股公司之家數是否過多導致未能發揮預期綜合之效果，與國際金融機構相較競爭能力仍屬有限，故有鼓勵再整合使家數減半之提議❷，金融控股公司法施行迄今亦有修正之建議，茲就其

❷　行政院金管會表示，總統於 93 年 10 月 20 日經濟顧問小組會議針對金融機構

議題與意見分析如下:

㈠金融控股公司之投資，由母公司或子公司為之

　　我國金融控股公司法第 36 條第 8 項及第 9 項規定,銀行轉換設立為金融控股公司後，銀行之投資應由金融控股公司為之。銀行於金融控股公司設立前所投資之事業，經主管機關核准者，得繼續持有該事業股份。但投資額度不得增加。

　　此一規定雖可使金融控股之關係單純化，但對於銀行以外之證券及保險公司並不適用，故是否應為一致之規定，就美國金融控股公司及銀行之轉投資而言，其係採雙軌制，即得由金融控股公司為轉投資，同時並不禁止子銀行轉投資。日本金融控股公司下之銀行仍可轉投資，但受到加總限制，即金融控股公司及子銀行轉投資之持股比率不得超過一定比率。我國金融控股公司法係完全禁止子銀行之新轉投資,但保留前已存在之轉投資。通常金融控股公司得為轉投資之資金必須靠子公司之減資而來，而減資程序有層層之限制，由於商業銀行對企業實際營運較能掌握，為求時效、競爭能力之提昇及擴大金融服務之規模，似可適當放寬之。

㈡金融控股公司或其子公司關係人交易之放寬

　　依金融控股公司法第 45 條規定,金融控股公司或其子公司與其關係人為授信以外之交易時，其條件不得優於其他同類對象，並應經公司三分之二以上董事出席及出席董事四分之三以上之決議後為之。此一規定旨在避免藉由利害關係人從事非常規之利益輸送行為，但實務上卻造成關係人交易，凡事應提董事會為特別決議，影響經營之時效與耗損業務進行之人力物力，故有修正之提議。

　　鑑於具有市場牌告及公開市場交易之商品，其已有客觀公平之交易價格，不易發生利益輸送之情事，且對於衍生性金融商品信用暴險額之衡量遠較傳統放款業務複雜，例如利率交換交易 (IRS) 其公平價值（用於計算當期暴險額）之絕對值遠低於名目本金，選擇權交易之暴險額則需視風險因

整併裁示，95 年底前鼓勵 14 家金融控股公司整併為 7 家。參見行政院金管會銀行局網站 http://www.bona.gov.tw，上網時間 94 年 8 月 21 日。

子 (Risk Factors) 之波動性 (Volatility) 大小而定，不易以名目本金作為持有衍生性金融商品部位或承作此類交易限額之衡量，準此為因應金融市場新型商品及交易之迅速變化，似可授權主管機關得衡量交易對象、交易種類等，於本條第 1 項本文作豁免適用之規定。

五、金融機構合併法

金融機構合併法於 89 年 12 月公布施行以來，雖然其只限於同種類之金融機構始有適用，但其為金融機構合併提供良好之法律環境，並且建立資產管理公司 (AMC) 收購處理金融機構不良債權之機制。然依金融機構合併法第 15 條第 1 項第 3 款之規定，資產管理公司其處理金融機構不良之債權，係以資產管理公司就已取得執行名義之債權，得就其債務人或第三人所提供第一順位抵押之不動產，為委託經主管機關認可之公正第三人公開拍賣，不適用民法債編施行法第 28 條之規定，對於第一順位以外之其他擔保品，為鼓勵資產管理公司之參與意願，順利解決不良債權之清理，故宜予放寬，至其他所設立之順位者亦同。

六、刑事法律之適用

我國現行民刑法制大多承繼歐陸法系的成文法，而經濟金融活動之法令規範則師承英美法系之判例法，所以司法觀念的培育與訓練較注重傳統之民刑法，無法配合經濟活動日新月異的進步，尤其經濟金融犯罪之手法推陳出新，以致現有法令之規定與執行無法有效遏止經濟金融犯罪之盛行，再加以國人普遍認為經濟金融犯罪為智慧性、技術性之犯罪行為，不像暴力之殺人放火，所以刑不上大夫，因此讓狡黠之徒敢以嘗試，就以國內最近發生諸多的金融弊案、掏空公司之地雷股及詐欺募集資金等事件而言，大家所看到的不是輕判，就是長年纏訟，犯罪者仍然逍遙法外，司法正義未能將犯罪者予以嚴正的制裁，這將造成有心者互相模仿並存僥倖之心態以身試法，美國司法機關有關對經濟金融犯罪之懲罰，動輒幾十年之徒刑，再加以課以犯罪所得三倍以上之賠償金，經濟金融犯罪者不僅無法脫卸牢

獄之禁錮，而更使其永無再起的機會，其發揮遏止犯罪之效果值得我們效法。

　　此外由於我國傳統之司法制度是屬於成文法國家，對於刑事犯罪講究嚴格之罪刑法定主義，所以在成文法之犯罪構成要件上，現行之經濟金融法令往往無法鉅細靡遺地描述犯罪之情狀，以致司法機關認事用法之際，予以狡黠之徒脫卸法律制裁之空間，因此如何訂定嚴謹周全之經濟犯罪刑事責任構成要件，並由司法實務參考英美裁判案例，對於經濟金融犯罪予以嚴厲的制裁，才能達到遏止經濟犯罪之效果。

附　錄

四、金融控股公司法（民國 95 年 05 月 30 日修正）

第一章　總則

第 1 條　為發揮金融機構綜合經營效益，強化金融跨業經營之合併監理，促進金融市場健全發展，並維護公共利益，特制定本法。

第 2 條　金融控股公司之設立、管理及監督，依本法之規定；本法未規定者，依其他法律之規定。
非屬公司組織之銀行，依本法規定辦理轉換或分割時，準用公司法股份有限公司之相關規定。

第 3 條　本法之主管機關為銀行法之主管機關。

第 4 條　本法用詞定義如下：

一　控制性持股：指持有一銀行、保險公司或證券商已發行有表決權股份總數或資本總額超過百分之二十五，或直接、間接選任或指派一銀行、保險公司或證券商過半數之董事。

二　金融控股公司：指對一銀行、保險公司或證券商有控制性持股，並依本法設立之公司。

三　金融機構：指下列之銀行、保險公司及證券商：

　㈠銀行：指銀行法所稱之銀行與票券金融公司及其他經主管機關指定之機構。

　㈡保險公司：指依保險法以股份有限公司組織設立之保險業。

　㈢證券商：指綜合經營證券承銷、自營及經紀業務之證券商，與經營證券金融業務之證券金融公司。

四　子公司：指下列公司：

　㈠銀行子公司：指金融控股公司有控制性持股之銀行。

　㈡保險子公司：指金融控股公司有控制性持股之保險公司。

　㈢證券子公司：指金融控股公司有控制性持股之證券商。

　㈣金融控股公司持有已發行有表決權股份總數或資本總額超過百分之五十，或其過半數之董事由金融控股公司直接、間接選任或指派之其他公司。

五　轉換：指營業讓與及股份轉換。

六　外國金融控股公司：指依外國法律組織登記，並對一銀行、保險公司或證券商有控制性持股之公司。

七　同一人：指同一自然人或同一法人。

八　同一關係人：指本人、配偶、二親等以內之血親及以本人或配偶為負責人之企業。

九　關係企業：指適用公司法第三百六十九條之一至第三百六十九條之三、第三百六十九條之九及第三百六十九條之十一規定之企業。

一○　大股東：指持有金融控股公司或其子公司已發行有表決權股份總數或資本總額百分之十以上者；大股東為自然人時，其配偶及未成年子女之持股數應一併計入本人之持股計算。

第 5 條　計算同一人或同一關係人持有金融控股公司、銀行、保險公司或證券商之股份或資本額

時，應連同下列各款持有之股份或資本額一併計入：

一　同一人或同一關係人之關係企業持有者。

二　第三人為同一人或同一關係人持有者。

三　第三人為同一人或同一關係人之關係企業持有者。

前項持有股份或資本額之計算，不包含下列各款情形所持有之股份或資本額：

一　證券商於承銷有價證券期間所取得，且於證券主管機關規定期間內處分之股份。

二　金融機構因承受擔保品所取得，且自取得日起未滿四年之股份或資本額。

三　因繼承或遺贈所取得，且自繼承或受贈日起未滿二年之股份或資本額。

第 6 條　同一人或同一關係人對一銀行、保險公司或證券商有控制性持股者，除政府持股及為處理問題金融機構之需要，經主管機關核准者外，應向主管機關申請許可設立金融控股公司。

前項所定之同一人或同一關係人，未同時持有銀行、保險公司或證券商二業別以上之股份或資本額，或有控制性持股之銀行、保險公司或證券商之資產總額未達一定金額以上者，得不設立金融控股公司。

前項所定之一定金額，由主管機關另定之。

第 7 條　前條所定之同一關係人向主管機關申請許可設立金融控股公司時，應由對各金融機構之投資總額最高者，代表申請，並應共同設立。

非屬同一關係人，各持有一銀行、保險公司或證券商已發行有表決權股份總數或資本總額超過百分之二十五者，應由投資總額最高者申請設立金融控股公司。

前項投資總額有二人以上相同者，應報請主管機關核定由其中一人申請設立金融控股公司。

第 8 條　設立金融控股公司者，應提出申請書，載明下列各款事項，報請主管機關許可：

一　公司名稱。

二　公司章程。

三　資本總額。

四　公司及其子公司所在地。

五　子公司事業類別、名稱及持股比例。

六　營業、財務及投資計畫。

七　預定總經理、副總經理及協理之資格證明文件。

八　辦理營業讓與或股份轉換應具備之書件及計畫書；計畫書應包括對債權人與客戶權益之保障及對受僱人權益之處理等重要事項。

九　發起設立者，發起人之資格證明文件。

一〇　其他經主管機關指定之書件。

前項第九款之規定，於金融機構轉換為金融控股公司或金融控股公司之子公司者，不適用之。

第 9 條　主管機關為前條許可設立金融控股公司時，應審酌下列條件：

一　財務業務之健全性及經營管理之能力。

二 資本適足性。

三 對金融市場競爭程度及增進公共利益之影響。

主管機關對於金融控股公司之設立構成公平交易法第六條之事業結合行為，應經行政院公平交易委員會許可；其審查辦法，由行政院公平交易委員會會同主管機關訂定。

第 10 條　金融控股公司之組織，以股份有限公司為限。除經主管機關許可者外，其股票應公開發行。

第 11 條　金融控股公司，應於其名稱中標明金融控股公司之字樣。

非金融控股公司，不得使用金融控股公司之名稱或易於使人誤認其為金融控股公司之名稱。

第 12 條　金融控股公司之最低實收資本額，由主管機關定之。

第 13 條　金融控股公司經許可設立者，應於辦妥公司登記後，向主管機關申請核發營業執照。金融機構轉換為金融控股公司者，其申請核發營業執照，以轉換後之資本淨增加部分為計算基礎繳納執照費。

第 14 條　金融控股公司設立後，對於第八條第一項第一款至第四款申報之事項擬予變更者，應報經主管機關許可，並辦理公司變更登記及申請換發營業執照。

第 15 條　金融控股公司得持有子公司已發行全部股份或資本總額，不受公司法第二條第一項第四款及第一百二十八條第一項有關股份有限公司股東與發起人人數之限制。該子公司之股東會職權由董事會行使，不適用公司法有關股東會之規定。

前項子公司之董事及監察人，由金融控股公司指派。金融控股公司之董事及監察人，得為第一項子公司之董事及監察人。

第 16 條　金融機構轉換為金融控股公司時，同一人或同一關係人持有金融控股公司有表決權股份總數超過百分之十者，應向主管機關申報。

金融控股公司設立後，同一人或同一關係人擬持有該金融控股公司有表決權股份總數超過百分之十者，應事先向主管機關申請核准，或通知金融控股公司，由該公司報經主管機關核准。同一人或同一關係人擬持有金融控股公司有表決權股份總數超過百分之二十五、百分之五十或百分之七十五者，亦同。

前項同一人或同一關係人之適格條件，由主管機關以準則定之。

第一項所規定之同一人或同一關係人，與前項之適格條件不符者，得繼續持有該公司股份。但不得增加持股。

主管機關自第二項之申請書送達次日起十五日內，未表示反對者，視為已核准。

未經主管機關依第二項規定核准而持有金融控股公司之股份者，主管機關得限制其超過許可持股部份之表決權。

持有有表決權股份總數超過百分之十之同一人或同一關係人應於每月五日前，將上月份持股之變動情形通知金融控股公司；金融控股公司應於每月十五日前，彙總向主管機關或主管機關指定之機構申報並公告之。

前項股票經設定質權者，出質人應即通知金融控股公司。但不得設定質權予其子公司。金融控股公司應於其質權設定後五日內，將其出質情形，向主管機關或主管機關指定之機構申報，並公告之。

第17條　金融控股公司之發起人、負責人範圍及其應具備之資格條件準則，由主管機關定之。

金融控股公司負責人因投資關係，得兼任子公司職務，不受證券交易法第五十一條規定之限制；其兼任辦法，由主管機關定之。

金融控股公司負責人及職員不得以任何名義，向該公司或其子公司之交易對象或客戶收受佣金、酬金或其他不當利益。

第18條　金融控股公司經主管機關許可者，得與下列公司為合併、概括讓與或概括承受，並準用金融機構合併法第六條、第八條、第九條及第十六條至第十八條之規定：

一　金融控股公司。

二　具有第四條第一款之控制性持股，並符合第九條第一項規定條件之既存公司。

前項第二款之既存公司，其業務範圍有逾越第三十六條或第三十七條之規定者，主管機關為許可時，應限期命其調整。

第19條　金融控股公司有下列情形之一，且金融控股公司或其銀行子公司、保險子公司或證券子公司發生財務或業務狀況顯著惡化，不能支付其債務或調整後淨值為負數，經主管機關認為有緊急處理之必要，對金融市場公平競爭無重大不利影響者，免依公平交易法第十一條第一項規定向行政院公平交易委員會申請許可：

一　與前條第一項第一款或第二款之公司為合併、概括讓與、概括承受者。

二　同一人或同一關係人持有其有表決權股份達三分之一以上者。

三　由金融機構轉換設立者。

第20條　金融控股公司經股東會決議解散者，應申敘理由，附具股東會會議紀錄、清償債務計畫、子公司或投資事業之處分期限及處理計畫，報經主管機關核准後，依公司法進行清算。

金融控股公司進行特別清算時，法院為監督該公司之特別清算，應徵詢主管機關之意見；必要時，得請主管機關推薦清算人或派員協助清算人執行職務。

金融控股公司進行清算後，非經清償全部債務，不得以任何名義退還股本或分配股利。

第21條　金融控股公司設立後，對其銀行子公司、保險子公司或證券子公司喪失第四條第一款規定之控制性持股者，主管機關應限期命其改正；屆期未改正者，廢止其許可。

第22條　金融控股公司經主管機關核准解散或廢止許可者，應於主管機關規定期限內繳銷營業執照，不得再使用金融控股公司之名稱，並應辦理公司變更登記。

前項營業執照屆期不繳銷者，由主管機關公告註銷。

第23條　外國金融控股公司符合下列各款規定，經主管機關許可者，得不在國內另新設金融控股公司：

一　符合第九條第一項有關金融控股公司設立之審酌條件。

二　已具有以金融控股公司方式經營管理之經驗，且信譽卓著。

三　其母國金融主管機關同意該外國金融控股公司在我國境內投資持有子公司，並與我國合作分擔金融合併監督管理義務。

四　其母國金融主管機關及該外國金融控股公司之總機構，對我國境內子公司具有合併監督管理能力。

五　該外國金融控股公司之總機構，在我國境內指定有訴訟及非訴訟之代理人。

外國金融機構在其母國已有跨業經營業務者，得比照前項之規定。

第二章　轉換及分割

第 24 條　金融機構經主管機關許可者，得依營業讓與之方式轉換為金融控股公司。

前項所稱營業讓與，指金融機構經其股東會決議，讓與全部營業及主要資產負債予他公司，以所讓與之資產負債淨值為對價，繳足承購他公司發行新股所需股款，並於取得發行新股時轉換為金融控股公司，同時他公司轉換為其子公司之行為；其辦理依下列各款之規定：

一　金融機構股東會決議方法、少數股東收買股份請求權、收買股份之價格及股份收買請求權之失效，準用公司法第一百八十五條至第一百八十八條之規定。

二　公司法第一百五十六條第二項、第六項、第一百六十三條第二項、第二百六十七條第一項至第三項、第二百七十二條及證券交易法第二十二條之一第一項之規定，不適用之。

三　債權讓與之通知，得以公告方式代之；他公司承擔債務時，免經債權人之承認，不適用民法第二百九十七條及第三百零一條之規定。

他公司為新設公司者，金融機構之股東會會議視為他公司之發起人會議，得同時選舉他公司之董事、監察人，亦不適用公司法第一百二十八條至第一百三十九條、第一百四十一條至第一百五十五條之規定。

前項規定，就金融機構於本法施行前已召集之股東會，亦適用之。

他公司轉換為金融控股公司之子公司時，各目的事業主管機關得逕發營業執照，不適用銀行法、保險法及證券交易法有關銀行、保險公司及證券商設立之規定。

金融機構依第二項第一款買回之股份，自買回之日起六個月內未賣出者，金融機構得經董事會三分之二以上出席及出席董事超過二分之一同意後，辦理變更章程及註銷股份登記，不受公司法第二百七十七條規定之限制。

第 25 條　金融機構依前條規定辦理營業讓與時，他公司為既存公司者，該金融機構與該他公司之董事會應作成讓與契約；他公司為新設公司者，該金融機構之董事會應作成讓與決議；並均應提出於股東會。

前項讓與契約或讓與決議應記載下列事項，於發送股東會之召集通知時，一併發送各股東，並準用公司法第一百七十二條第四項但書之規定：

一　既存公司章程需變更事項或新設公司章程。

二　既存公司發行新股或新設公司發行股份之總數、種類及數量。

三　金融機構讓與既存公司或新設公司之全部營業及主要資產負債之種類及數額。

四　對金融機構股東配發之股份不滿一股應支付現金者，其有關規定。

五　召開股東會決議之預定日期。

六　營業讓與基準日。

七　金融機構於營業讓與基準日前發放股利者，其股利發放限額。

八　讓與契約應記載金融機構原任董事及監察人於營業讓與時任期未屆滿者，繼續其任期至屆滿之有關事項；讓與決議應記載新設公司之董事及監察人名冊。

九　與他金融機構共同為營業讓與設立金融控股公司者，讓與決議應記載其共同讓與有關事項。

第 26 條　金融機構經主管機關許可者，得依股份轉換之方式轉換為金融控股公司之子公司。

前項所稱股份轉換，指金融機構經其股東會決議，讓與全部已發行股份予預定之金融控股公司作為對價，以繳足原金融機構股東承購金融控股公司所發行之新股或發起設立所需股款之行為；其辦理依下列各款之規定：

一　金融機構股東會之決議，應有代表已發行股份總數三分之二以上股東之出席，以出席股東過半數表決權之同意行之。預定之金融控股公司為既存公司者，亦同。

二　金融機構異議股東之股份收買請求權，準用公司法第三百十七條第一項後段及第二項之規定。

三　公司法第一百五十六條第一項、第二項、第六項、第一百六十三條第二項、第一百九十七條第一項及第二百二十七條、第二百六十七條第一項至第三項、第二百七十二條、證券交易法第二十二條之一第一項、第二十二條之二及第二十六條之規定，不適用之。

他公司為新設公司者，金融機構之股東會會議視為預定金融控股公司之發起人會議，得同時選舉金融控股公司之董事、監察人，亦不適用公司法第一百二十八條至第一百三十九條、第一百四十一條至第一百五十五條及第一百六十三條第二項規定。

前項規定，就金融機構於本法施行前已召集之股東會，亦適用之。

公開發行股票之公司，出席股東之股份總數不足第二項第一款定額者，得以有代表已發行股份總數過半數股東之出席，出席股東表決權三分之二以上之同意行之。但章程有較高之規定者，從其規定。

金融控股公司經主管機關許可設立後，其全數董事或監察人於選任當時所持有記名股票之股份總額不足證券管理機關依證券交易法第二十六條第二項所定董事、監察人股權成數者，應由全數董事或監察人於就任後一個月內補足之。

金融機構依第二項第二款買回之股份，自買回之日起六個月內未賣出者，金融機構得經董事會三分之二以上出席及出席董事超過二分之一同意後，辦理變更章程及註銷股份登記，不受公司法第二百七十七條規定之限制。

第 27 條　金融機構與他公司依前條規定辦理股份轉換時，預定之金融控股公司為既存公司者，該金融機構與該既存公司之董事會應作成轉換契約；預定之金融控股公司為新設公司者，該金融機

構之董事會應作成轉換決議；並均應提出於股東會。

前項轉換契約或轉換決議應記載下列事項，於發送股東會之召集通知時，一併發送各股東，並準用公司法第一百七十二條第四項但書之規定：

一 既存公司章程需變更事項或新設公司章程。

二 既存公司發行新股或新設公司發行股份之總數、種類及數量。

三 金融機構股東轉讓予既存公司或新設公司之股份總數、種類及數量。

四 對金融機構股東配發之股份不滿一股應支付現金者，其有關規定。

五 召開股東會決議之預定日期。

六 股份轉換基準日。

七 金融機構於股份轉換基準日前發放股利者，其股利發放限額。

八 轉換契約應記載金融機構原任董事及監察人於股份轉換時任期未屆滿者，繼續其任期至屆滿之有關事項；轉換決議應記載新設公司之董事及監察人名冊。

九 與他金融機構共同為股份轉換設立金融控股公司者，轉換決議應記載其共同轉換股份有關事項。

第 28 條　金融機構經主管機關許可轉換為金融控股公司或其子公司者，依下列規定辦理：

一 辦理所有不動產、應登記之動產、各項擔保物權及智慧財產權之變更登記時，得憑主管機關證明逕行辦理，免繳納登記規費；辦理公司登記時，其公司設立登記費，以轉換後之資本淨增加部分為計算基礎繳納公司設立登記費。

二 原供金融機構直接使用之土地隨同移轉時，經依土地稅法審核確定其現值後，即予辦理土地所有權移轉登記，其應繳納之土地增值稅准予記存，由繼受公司於轉換行為完成後之該項土地再移轉時一併繳納之；其破產或解散時，經記存之土地增值稅，應優先受償。

三 因營業讓與所產生之印花稅、契稅、所得稅、營業稅及證券交易稅，一律免徵。

四 因股份轉換所產生之所得稅及證券交易稅，一律免徵。

第 29 條　轉換為金融控股公司之金融機構，應以百分之百之股份轉換之。

前項轉換為金融控股公司之金融機構為上市（櫃）公司者，於股份轉換基準日終止上市（櫃），並由該金融控股公司上市（櫃）。

金融機構轉換為金融控股公司後，金融控股公司除其董事、監察人應依第二十六條第六項規定辦理外，並應符合證券交易法及公司法有關規定。

依本法規定轉換完成後，金融控股公司之銀行子公司、保險子公司及證券子公司原為公開發行公司者，除本法另有規定外，仍應準用證券交易法有關公開發行之規定。

第 30 條　金融控股公司為子公司業務而發行新股或依公司法第二百三十五條第二項員工依章程規定得分配之紅利，金融控股公司之該子公司員工得承購或受分配金融控股公司之股份，並準用公司法第二百六十七條第一項、第二項、第四項至第六項規定。

第 31 條　金融機構辦理轉換為金融控股公司時，原投資事業成為金融控股公司之投資事業者，其

組織或股權之調整，得準用第二十四條至第二十八條規定。

依前項規定轉換而持有金融控股公司之股份者，得於三年內轉讓所持有股份予金融控股公司或其子公司之員工，或準用證券交易法第二十八條之二第一項第二款作為股權轉換之用，或於證券集中市場或證券商營業處所賣出，不受第三十八條規定之限制。屆期未轉讓或未賣出者，視為金融控股公司未發行股份，並應辦理變更登記。

金融機構辦理股份轉換時，預定之金融控股公司為既存公司者，該既存公司之投資事業準用前二項規定。

金融機構依前三項規定持有金融控股公司之股份，除分派盈餘、法定盈餘公積或資本公積撥充資本外，不得享有其他股東權利。

第32條　金融控股公司之子公司吸收合併其持有百分之九十以上已發行股份之他公司，得作成合併契約，經各公司董事會以三分之二以上董事出席及出席董事過半數之決議行之，不適用公司法第三百十六條股東會決議之規定。

董事會為前項決議後，應於十日內公告決議內容及合併契約書應記載事項，並指定三十日以上期限，聲明股東得於期限內提出異議。

表示異議之股東，得請求各公司按當時公平價格收買其持有之股份，並應自前項聲明異議期限屆滿之日起二十日內，提出記載股份種類及數額之書面為之。

前項異議股東與公司間協議決定股份之價格及股份收買請求權之失效，準用公司法第一百八十七條第二項、第三項及第一百八十八條之規定。

第33條　金融控股公司之子公司經股東會決議讓與其部分之營業或財產予既存公司或新設公司，以繳足該子公司（以下稱被分割公司）或其股東承購既存公司發行新股或新設公司發行股份所需股款進行公司分割者，應依下列各款規定辦理：

一　被分割公司以分割之營業或財產承購既存公司發行新股所需股款時，不適用公司法第二百七十二條之規定。

二　被分割公司於分割決議後十日內應公告分割決議之內容，並指定三十日以上之一定期間為異議期間。被分割公司不為公告或對於在指定期間內提出異議之債權人不提供相當之擔保者，不得以其分割對抗債權人。

他公司為新設公司者，被分割公司之股東會會議視為他公司之發起人會議。

第一項公司分割屬讓與主要部分之營業或財產者，準用公司法第一百八十五條至第一百八十八條之規定。

第34條　被分割公司與他子公司依前條規定辦理公司分割時，他子公司為既存公司者，被分割公司與他子公司之董事會應作成分割契約；他子公司為新設公司者，被分割公司董事會應作成分割決議；並均應提出於股東會。

前項分割契約或分割決議應記載下列事項，並於發送股東會之召集通知時，一併發送各股東：

一　承受營業之既存公司章程需變更事項或新設公司章程。

二　承受營業之既存公司發行新股或新設公司發行股份之總數、種類及數量。

三　被分割公司或其股東所取得股份之總數、種類及數量。

四　對被分割公司或其股東配發之股份不滿一股應支付現金者，其有關規定。

五　承受被分割公司權利義務之相關事項。

六　被分割公司債權人、客戶權益之保障及被分割公司受僱人權益之處理事項。

七　被分割公司之資本減少時，其資本減少有關事項。

八　被分割公司之股份銷除或股份合併時，其股份銷除或股份合併所需辦理事項。

九　分割基準日。

一○　被分割公司於分割基準日前發放股利者，其股利發放限額。

一一　承受營業之新設公司之董事及監察人名冊。

一二　與他公司共同為公司分割而新設公司者，分割決議應記載其共同為公司分割有關事項。

第 35 條　分割後受讓業務之公司，除被分割業務所生之債務與分割前公司之債務為可分者外，就分割前公司所負債務於受讓業務出資之財產範圍內負連帶清償責任。但其連帶責任請求權自分割基準日起算二年內不行使而消滅。

第三章　業務及財務

第 36 條　金融控股公司應確保其子公司業務之健全經營，其業務以投資及對被投資事業之管理為限。

金融控股公司得投資之事業如下：

一　銀行業。

二　票券金融業。

三　信用卡業。

四　信託業。

五　保險業。

六　證券業。

七　期貨業。

八　創業投資事業。

九　經主管機關核准投資之外國金融機構。

一○　其他經主管機關認定與金融業務相關之事業。

前項第一款稱銀行業，包括商業銀行、專業銀行及信託投資公司；第五款稱保險業，包括財產保險業、人身保險業、再保險公司、保險代理人及經紀人；第六款稱證券業，包括證券商、證券投資信託事業、證券投資顧問事業及證券金融事業；第七款稱期貨業，包括期貨商、槓桿交易商、期貨信託事業、期貨經理事業及期貨顧問事業。

金融控股公司投資第二項第一款至第八款之事業，或第九款及第十款之事業時，主管機關自申請書件送達之次日起，分別於十五日內或三十日內未表示反對者，視為已核准。但於上述期間內，

金融控股公司不得進行所申請之投資行為。

因設立金融控股公司而致其子公司業務或投資逾越法令規定範圍者,主管機關應限期令其調整。前項調整期限最長為三年。必要時,得申請延長二次,每次以二年為限。

金融控股公司之負責人或職員不得擔任該公司之創業投資事業所投資事業之經理人。

銀行轉換設立為金融控股公司後,銀行之投資應由金融控股公司為之。

銀行於金融控股公司設立前所投資之事業,經主管機關核准者,得繼續持有該事業股份。但投資額度不得增加。

第八項及前項但書規定,於依銀行法得投資生產事業之專業銀行,不適用之。

第 37 條　金融控股公司得向主管機關申請核准投資前條第二項所定事業以外之其他事業。但不得參與該事業之經營。

金融控股公司申請投資前項其他事業時,主管機關自申請書件送達之次日起三十日內,未表示反對者,視為已核准。但於上述期間內,金融控股公司不得進行所申請之投資行為。

金融控股公司對第一項其他事業之投資金額,不得超過該被投資事業已發行股份總數或實收資本總額百分之五;其投資總額,不得超過金融控股公司實收資本總額百分之十五。

第 38 條　金融控股公司之子公司或子公司持有已發行有表決權股份總數百分之二十以上或控制性持股之投資事業,不得持有金融控股公司之股份。

第 39 條　金融控股公司之短期資金運用,以下列各款項目為限:

一　存款或信託資金。

二　購買政府債券或金融債券。

三　購買國庫券或銀行可轉讓定期存單。

四　購買經主管機關規定一定評等等級以上之銀行保證、承兌或經一定等級以上信用評等之商業票據。

五　購買其他經主管機關核准與前四款有關之金融商品。

金融控股公司投資不動產,應事先經主管機關核准,並以自用為限。

金融控股公司得發行公司債,不適用公司法第二百四十九條第二款及第二百五十條第二款規定之限制;其發行條件、期限及其他應遵行事項之辦法,由主管機關定之。

第 40 條　金融控股公司以合併基礎計算之資本適足性比率、衡量範圍及計算辦法,由主管機關定之。

金融控股公司之實際資本適足性比率低於前項辦法之規定者,主管機關得命其增資、限制其分配盈餘、停止或限制其投資、限制其發給董事、監察人酬勞或為其他必要之處置或限制;其辦法,由主管機關定之。

第 41 條　為健全金融控股公司之財務結構,主管機關於必要時,得就金融控股公司之各項財務比率,定其上限或下限。

金融控股公司之實際各項財務比率,未符合主管機關依前項規定所定上限或下限者,主管機關得

命其增資、限制其分配盈餘、停止或限制其投資、限制其發給董事、監察人酬勞或為其他必要之處置或限制；其辦法，由主管機關定之。

第 42 條　金融控股公司及其子公司對於客戶個人資料、往來交易資料及其他相關資料，除其他法律或主管機關另有規定者外，應保守秘密。

前項主管機關得令金融控股公司及其子公司就前項應保守秘密之資料訂定相關之書面保密措施，並以公告、網際網路或主管機關指定之方式，揭露保密措施之重要事項。

第 43 條　金融控股公司與其子公司及各子公司間業務或交易行為、共同業務推廣行為、資訊交互運用或共用營業設備或營業場所之方式，不得有損害其客戶權益之行為。

前項業務或交易行為、共同業務推廣行為、資訊交互運用或共用營業設備或營業場所之方式，應由各相關同業公會共同訂定自律規範，報經主管機關核定後實施。

前項自律規範，不得有限制競爭或不公平競爭之情事。

第 44 條　金融控股公司之銀行子公司及保險子公司對下列之人辦理授信時，不得為無擔保授信；為擔保授信時，準用銀行法第三十三條規定：

一　該金融控股公司之負責人及大股東。

二　該金融控股公司之負責人及大股東為獨資、合夥經營之事業，或擔任負責人之企業，或為代表人之團體。

三　有半數以上董事與金融控股公司或其子公司相同之公司。

四　該金融控股公司之子公司與該子公司負責人及大股東。

第 45 條　金融控股公司或其子公司與下列對象為授信以外之交易時，其條件不得優於其他同類對象，並應經公司三分之二以上董事出席及出席董事四分之三以上之決議後為之：

一　該金融控股公司與其負責人及大股東。

二　該金融控股公司之負責人及大股東為獨資、合夥經營之事業，或擔任負責人之企業，或為代表人之團體。

三　該金融控股公司之關係企業與其負責人及大股東。

四　該金融控股公司之銀行子公司、保險子公司、證券子公司及該等子公司負責人。

前項稱授信以外之交易，指下列交易行為之一者：

一　投資或購買前項各款對象為發行人之有價證券。

二　購買前項各款對象之不動產或其他資產。

三　出售有價證券、不動產或其他資產予前項各款對象。

四　與前項各款對象簽訂給付金錢或提供勞務之契約。

五　前項各款對象擔任金融控股公司或其子公司之代理人、經紀人或提供其他收取佣金或費用之服務行為。

六　與前項各款對象有利害關係之第三人進行交易或與第三人進行有前項各款對象參與之交易。

前項第一款及第三款之有價證券，不包括銀行子公司發行之可轉讓定期存單在內。

金融控股公司之銀行子公司與第一項各款對象為第二項之交易時，其與單一關係人交易金額不得超過銀行子公司淨值之百分之十，與所有利害關係人之交易總額不得超過銀行子公司淨值之百分之二十。

第 46 條　金融控股公司所有子公司對同一人、同一關係人或同一關係企業為授信、背書或其他交易行為之加計總額或比率，應於每營業年度第二季及第四季終了一個月內，向主管機關申報並以公告、網際網路或主管機關指定之方式予以揭露。

前項所稱其他交易行為，依前條第二項之規定。

第 47 條　金融控股公司每屆營業年度終了，應合併編製財務報表、年報及營業報告書，並將上述所有文件與盈餘分配或虧損撥補之決議及其他經主管機關指定之事項，於股東會承認後十五日內，報請主管機關備查。年報應記載事項，由主管機關定之。

金融控股公司應將前項財務報表中之資產負債表、損益表、股東權益變動表、現金流量表及其他經主管機關指定之事項，於其所在地之日報或依主管機關指定之方式公告。但已符合證券交易法第三十六條規定者，得免辦理公告。

第一項財務報表中之資產負債表、損益表、股東權益變動表及現金流量表，應經會計師查核簽證。

金融機構轉換為金融控股公司者，其未分配盈餘於轉換後，雖列為金融控股公司之資本公積，惟其分派不受公司法第二百四十一條第一項之限制。

轉換設立之金融控股公司金融機構於轉換前已發行特別股者，該特別股股東之權利義務於轉換後，由金融控股公司承受，金融控股公司於轉換年度，得依董事會編造之表冊，經監察人查核後分派股息，不適用公司法第二百二十八條至第二百三十一條之規定。

金融機構轉換設立金融控股公司者，不適用職工福利金條例第二條第一項第一款之規定。

第 48 條　金融控股公司之銀行子公司及其他子公司進行共同行銷時，其營業場所及人員應予區分，並明確標示之。但該銀行子公司之人員符合從事其他子公司之業務或商品所應具備之資格條件者，不在此限。

金融控股公司之銀行子公司及其他子公司經營業務或商品時，應向客戶揭露該業務之重要內容及交易風險，並註明該業務或商品有無受存款保險之保障。

第 49 條　金融控股公司持有本國子公司股份，達已發行股份總數百分之九十者，得自其持有期間在一個課稅年度內滿十二個月之年度起，選擇以金融控股公司為納稅義務人，依所得稅法相關規定合併辦理營利事業所得稅結算申報及未分配盈餘加徵百分之十營利事業所得稅申報；其他有關稅務事項，應由金融控股公司及本國子公司分別辦理。

第 50 條　金融控股公司與其子公司相互間、金融控股公司或其子公司與國內、外其他個人、營利事業或教育、文化、公益、慈善機關或團體相互間，有關收入、成本、費用及損益之攤計，有以不合交易常規之安排，規避或減少納稅義務者；或有藉由股權之收購、財產之轉移或其他虛偽之安排，不當為他人或自己規避或減少納稅義務者；稽徵機關為正確計算相關納稅義務人之所得額及應納稅額，得報經主管機關核准，按交易常規或依查得資料予以調整。但金融控股公司與其持

有達已發行股份總數百分之九十之本國子公司間之交易,不適用之。

金融控股公司或其子公司經稽徵機關依前項規定調整其所得額及應納稅額者,當年度不得適用前條合併申報營利事業所得稅之規定。

第四章　監督

第 51 條　金融控股公司應建立內部控制及稽核制度;其辦法,由主管機關定之。

第 52 條　為確保金融控股公司及其子公司之健全經營,主管機關得令金融控股公司及其子公司於限期內提供相關財務報表、交易資訊或其他有關資料,並得隨時派員,或委託適當機構,檢查金融控股公司或其子公司之業務、財務及其他有關事項。

主管機關於必要時,得指定專門職業及技術人員為前項檢查事項,並向主管機關據實提出報告;除其他法律另有規定外,所需費用由金融控股公司負擔。

第 53 條　金融控股公司之銀行子公司、保險子公司或證券子公司所受之增資處分,金融控股公司應於持股比例範圍內為其籌募資金。

金融控股公司之累積虧損逾實收資本額三分之一者,應即召開董事會,並通知監察人列席後,將董事會決議事項、財務報表、虧損原因及改善計畫函報主管機關。

金融控股公司有前項情形時,主管機關得限期令其補足資本。

金融控股公司為辦理前項之補足資本,報經主管機關核准者,得以含當年度虧損之累積虧損,於當年度中辦理減少資本及銷除股份,並就所減資本額辦理現金增資,以補足所銷除之股份。

第 54 條　金融控股公司有違反法令、章程或有礙健全經營之虞時,主管機關除得予以糾正、限期令其改善外,並得視情節之輕重,為下列處分:

一　撤銷法定會議之決議。

二　停止其子公司一部或全部業務。

三　令其解除經理人或職員之職務。

四　解除董事、監察人職務或停止其於一定期間內執行職務。

五　令其處分持有子公司之股份。

六　廢止許可。

七　其他必要之處置。

依前項第四款解除董事、監察人職務時,由主管機關通知經濟部廢止其董事或監察人登記。

依第一項第六款廢止許可時,主管機關應令該金融控股公司於一定期限內處分其對銀行、保險公司或證券商持有之已發行有表決權股份或資本額及直接、間接選任或指派之董事人數至不符第四條第一款規定,並令其不得再使用金融控股公司之名稱及辦理公司變更登記;未於期限內處分完成者,應令其進行解散及清算。

第 55 條　金融控股公司之投資事業,如有顯著危及銀行子公司、保險子公司或證券子公司之健全經營之虞者,主管機關得令金融控股公司於一定期間內處分所持有該投資事業之股份,或令金融控股公司降低其對銀行子公司、保險子公司或證券子公司持有之已發行有表決權股份或資本額及

直接、間接選任或指派之董事人數至不符第四條第一款規定，並準用前條第三項規定辦理。

前項逾期未處分之股份，主管機關得依行政執行法第二十七條規定，委由第三人代為處分，或指定第三人強制代為管理至金融控股公司處分完畢為止；其費用，由金融控股公司負擔。

第 56 條　金融控股公司之銀行子公司、保險子公司或證券子公司未達主管機關規定之最低資本適足性比率或發生業務或財務狀況顯著惡化，不能支付其債務或有損及存款人利益之虞時，金融控股公司應協助其回復正常營運。

銀行子公司、保險子公司或證券子公司有前項情形者，主管機關為確保公共利益或穩定金融市場之必要，得命金融控股公司履行前項之義務，或於一定期間內處分該金融控股公司持有其他投資事業之一部或全部之股份、營業或資產，所得款項，應用於改善銀行子公司、保險子公司或證券子公司之財務狀況。

第五章　罰則

第 57 條　金融控股公司之負責人或職員，意圖為自己或第三人不法之利益，或損害金融控股公司之利益，而為違背其職務之行為，致生損害於公司財產或其他利益者，處三年以上十年以下有期徒刑，得併科新臺幣一千萬元以上二億元以下罰金。其犯罪所得達新臺幣一億元以上者，處七年以上有期徒刑，得併科新臺幣二千五百萬元以上五億元以下罰金。

金融控股公司負責人或職員，二人以上共同實施前項犯罪行為者，得加重其刑至二分之一。

第一項之未遂犯罰之。

第 57-1 條　意圖為自己或第三人不法之所有，以詐術使金融控股公司將金融控股公司或第三人之財物交付，或以不正方法將虛偽資料或不正指令輸入金融控股公司電腦或其相關設備，製作財產權之得喪、變更紀錄而取得他人財產，其犯罪所得達新臺幣一億元以上者，處三年以上十年以下有期徒刑，得併科新臺幣一千萬元以上二億元以下罰金。

以前項方法得財產上不法之利益或使第三人得之者，亦同。

前二項之未遂犯罰之。

第 57-2 條　犯第五十七條或第五十七條之一之罪，於犯罪後自首，如有犯罪所得並自動繳交全部所得財物者，減輕或免除其刑；並因而查獲其他正犯或共犯者，免除其刑。

犯第五十七條或第五十七條之一之罪，在偵查中自白，如有犯罪所得並自動繳交全部所得財物者，減輕其刑；並因而查獲其他正犯或共犯者，減輕其刑至二分之一。

犯第五十七條、第五十七條之一之罪，其犯罪所得利益超過罰金最高額時，得於所得利益之範圍內加重罰金；如損及金融市場穩定者，加重其刑至二分之一。

第 57-3 條　第五十七條第一項之金融控股公司負責人、職員或第五十七條之一第一項之行為人所為之無償行為，有害及金融控股公司之權利者，金融控股公司得聲請法院撤銷之。

前項之金融控股公司負責人、職員或行為人所為之有償行為，於行為時明知有損害於金融控股公司之權利，且受益人於受益時亦知其情事者，金融控股公司得聲請法院撤銷之。

依前二項規定聲請法院撤銷時，得並聲請命受益人或轉得人回復原狀。但轉得人於轉得時不知有

撤銷原因者，不在此限。

第一項之金融控股公司負責人、職員或行為人與其配偶、直系親屬、同居親屬、家長或家屬間所為之處分其財產行為，均視為無償行為。

第一項之金融控股公司負責人、職員或行為人與前項以外之人所為之處分其財產行為，推定為無償行為。

第一項及第二項之撤銷權，自金融控股公司知有撤銷原因時起，一年間不行使，或自行為時起經過十年而消滅。

第 57–4 條　第五十七條第一項及第五十七條之一第一項之罪，為洗錢防制法第三條第一項所定之重大犯罪，適用洗錢防制法之相關規定。

第 58 條　金融控股公司之銀行子公司或保險子公司對第四十四條各款所列之人為無擔保授信，或為擔保授信而無十足擔保或其條件優於其他同類授信對象者，其行為負責人，處三年以下有期徒刑、拘役或科或併科新臺幣五百萬元以上二千五百萬元以下罰金。

金融控股公司之銀行子公司或保險子公司對第四十四條各款所列之人辦理擔保授信達主管機關規定金額以上，未經董事會三分之二以上董事之出席及出席董事四分之三以上之同意，或違反主管機關所定有關授信限額、授信總餘額之規定者，其行為負責人，處新臺幣二百萬元以上一千萬元以下罰鍰。

第 59 條　金融控股公司之負責人或職員違反第十七條第三項規定，收受佣金、酬金或其他不當利益者，處三年以下有期徒刑、拘役或科或併科新臺幣五百萬元以下罰金。

第 60 條　有下列情形之一者，處新臺幣二百萬元以上一千萬元以下罰鍰：

一　違反第六條規定，未申請設立金融控股公司者。

二　違反第十六條第二項規定，未經主管機關核准而持有超過一定比率之金融控股公司股份者。

三　違反第十六條第一項規定，未向主管機關申報或第四項增加持股者。

四　違反第十六條第七項或第八項規定，未向主管機關申報、公告者。

五　違反第十八條第一項規定，未經許可為合併、概括讓與或概括承受者。

六　違反第三十八條規定，持有金融控股公司之股份者。

七　違反第三十九條第一項所定短期資金運用項目；或違反同條第二項規定，未經核准投資不動產或投資非自用不動產。

八　違反主管機關依第三十九條第三項所定辦法中之強制或禁止規定者。

九　違反主管機關依第四十條、第四十一條規定所定之比率或所為之處置或限制者。

一○　違反第四十二條第一項規定，未保守秘密者。

一一　違反第四十五條第一項交易條件之限制或董事會之決議方法者；或違反同條第四項規定所定之金額比率。

一二　違反第四十六條第一項未向主管機關申報者。

一三　違反第五十一條未建立內部控制及稽核制度或未確實執行者。

一四　違反第五十三條第一項、第二項規定,或未依主管機關依第三項所定期限內補足資本者。

一五　違反主管機關依第五十五條第一項所為之命令者。

一六　違反第五十六條第一項規定,未盡協助義務;或違反主管機關依同條第二項所為之命令者。

第61條　金融控股公司之負責人或職員,於主管機關依第五十二條規定要求其於限期內據實提供相關財務報表、交易資訊或其他有關資料;派員或委託適當機構或指定專門職業及技術人員,檢查金融控股公司或其子公司之業務、財務及其他有關事項時,有下列情形之一者,處新臺幣二百萬元以上一千萬元以下罰鍰:

一　拒絕檢查或拒絕開啟金庫或其他庫房。

二　隱匿或毀損有關業務或財務狀況之帳冊文件。

三　對於檢查人員詢問無正當理由不為答復或答復不實。

四　屆期未提報主管機關指定之財務報表、交易資訊或其他有關資料,或提報不實、不全或未於規定期限內繳納檢查費用。

第62條　有下列情形之一者,處新臺幣一百萬元以上五百萬元以下罰鍰:

一　違反第三十六條第四項但書或第三十七條第二項但書規定,未經核准進行投資。

二　違反第三十六條第五項規定,未於主管機關所定期限內調整,或違反同條第七項規定,由其負責人、職員擔任創業投資事業所投資事業之經理人。

三　違反第三十七條第一項但書規定,參與該事業之經營。

四　違反第六十八條規定,未申報、申請許可、調整持股或申請核准。

第63條　違反本法或依本法所定命令中之強制或禁止規定或應為一定行為而不為者,除本法另有處以罰鍰規定而應從其規定外,處新臺幣五十萬元以上二百五十萬元以下罰鍰。

第64條　金融控股公司或其子公司於繳納罰鍰後,對應負責之行為人應予求償。

第65條　法人之負責人、代理人、受僱人或其他職員,因執行業務違反本法規定,除依本章規定處罰該行為人外,對於該法人亦科以該條之罰鍰或罰金。

第66條　本法所定罰鍰,經主管機關限期繳納而屆期不繳納者,自逾期之日起,每日加收滯納金百分之一;屆三十日仍不繳納者,移送強制執行。

第67條　金融控股公司或受罰人經依本章規定處以罰鍰後,於主管機關規定期限內仍不予改正者,主管機關得對其同一事實或行為,依原處之罰鍰,按日連續處罰至依規定改正為止;其情節重大者,並得解除負責人職務或廢止其許可。

第67-1條　犯本法之罪,因犯罪所得財物或財產上利益,除應發還被害人或得請求損害賠償之人外,屬於犯人者,沒收之。如全部或一部不能沒收時,追徵其價額或以其財產抵償之。

第67-2條　犯本法之罪,所科罰金達新臺幣五千萬元以上而無力完納者,易服勞役期間為二年以下,其折算標準以罰金總額與二年之日數比例折算;所科罰金達新臺幣一億元以上而無力完納者,易服勞役期間為三年以下,其折算標準以罰金總額與三年之日數比例折算。

第六章　附則

第 68 條　本法施行前，已符合第四條第一款規定之同一人或同一關係人，應自本法施行之日起六個月內向主管機關申報。

前項同一人或同一關係人如無第六條第二項所定之情形，應自本法施行之日起一年內依第八條規定向主管機關申請許可設立金融控股公司；未經主管機關許可者，應自本法施行之日起五年內，降低其對銀行、保險公司或證券商持有之已發行有表決權股份或資本額及直接、間接選任或指派之董事人數至不符合第四條第一款規定。

前項五年期限，有正當理由報經主管機關核准者，得延長二次，每次以二年為限。

本法施行前，依銀行法第七十四條規定投資持有保險公司或證券商已發行有表決權股份總數或資本額符合第四條第一款規定或已直接、間接選任或指派一銀行、保險公司或證券商過半數董事之銀行，自本法施行之日起六個月內申請主管機關核准者，得不適用本法之規定。

第 68-1 條　法院為審理違反本法之犯罪案件，得設立專業法庭或指定專人辦理。

第 69 條　本法自中華民國九十年一月一日施行。

本法修正條文，除中華民國九十五年五月五日修正之條文，自中華民國九十五年七月一日施行外，自公布日施行。

五、票券金融管理法（民國 95 年 05 月 30 日修正）

第一章　總則

第 1 條　為加強票券商之監督及管理，配合國家金融政策，促進貨幣市場之健全發展，並保障市場交易人之權益，特制定本法。

第 2 條　票券商及票券金融相關事項之管理，依本法之規定；本法未規定者，適用其他有關法律之規定。

第 3 條　本法以銀行法之主管機關為主管機關。

第 4 條　本法用詞定義如下：

一　短期票券：指期限在一年期以內之下列短期債務憑證：

　㈠國庫券。

　㈡可轉讓銀行定期存單。

　㈢公司及公營事業機構發行之本票或匯票。

　㈣其他經主管機關核准之短期債務憑證。

二　票券金融業務：指短期票券之簽證、承銷、經紀或自營業務。

三　票券金融公司：指經主管機關許可，為經營票券金融業務而設立之股份有限公司。

四　票券商：指票券金融公司及經主管機關許可兼營票券金融業務之金融機構。

五　簽證：指票券商接受發行人之委託，對於其發行之短期票券、債券，核對簽章，並對應記載事項加以審核，簽章證明之行為。

六　承銷：指票券商接受發行人之委託，依約定包銷或代銷其發行之短期票券、債券之行為。

七　經紀：指票券商接受客戶之委託，以行紀或居間買賣短期票券、債券之行為。

八　自營：指以交易商之名義，為自己之計算，與客戶從事買賣短期票券、債券之行為。

九　附買回或附賣回條件交易：指買賣雙方約定，由出賣人或買受人於約定日依約定價格買回或賣回原短期票券、債券之交易。

第 5 條　票券商不得簽證、承銷、經紀或買賣發行人未經信用評等機構評等之短期票券。但下列票券，不在此限：

一　國庫券。

二　基於商品交易或勞務提供而產生，且經受款人背書之本票或匯票。

三　經金融機構保證，且該金融機構經信用評等機構評等之短期票券。

第 6 條　非票券商，不得經營短期票券之簽證、承銷、經紀或自營業務。

第 7 條　經營短期票券集中保管、結算、清算之機構，應經主管機關許可。但涉及大額資金移轉帳務清算之業務，並應經中央銀行許可。

前項申請許可之條件與程序、廢止許可之條件、業務、財務與人員之管理及其他應遵行事項之辦

法，由主管機關會商中央銀行定之。

第 8 條　非票券商，不得使用易於使人誤認其為票券商之名稱。

票券金融公司應於其名稱中標明「票券金融」之文字。

第 9 條　票券金融公司之最低實收資本額，由主管機關審酌經濟發展情形核定或調整之。

票券金融公司之最低實收資本額未達主管機關依前項規定核定或調整之金額者，主管機關應限期命其辦理增資；屆期未完成增資者，廢止其許可。

第 10 條　票券金融公司之董事、監察人、經理人及持有票券金融公司已發行有表決權股份總數超過百分之十者，應於每月五日以前，將其上月份持股之變動情形通知公司；公司應於每月十五日以前，彙總向主管機關或主管機關指定之機構申報。

前項規定之人持有之股份，包括其配偶、未成年子女及利用他人名義持有者在內。

第一項之股票經設定質權者，出質人應即通知公司；公司應於其質權設定後五日內，將其出質情形，向主管機關或主管機關指定之機構申報。

第 11 條　票券商負責人應具備之資格條件及其他應遵行事項，由主管機關以準則定之。

票券商負責人及職員不得以任何名義，向被保證人、交易對象或其他客戶收受佣金、酬金或其他不當利益。

票券金融公司負責人及職員，不得兼任他票券金融公司或金融機構任何職務。但因投資關係，並經主管機關核准者，得兼任他票券金融公司或金融機構之董事或監察人。

第 12 條　票券商業務人員非經向票券金融商業同業公會登記，不得執行職務。

票券商業務人員應具備之資格條件、登記、訓練及其他管理事項，由主管機關以規則定之。

本法施行前已擔任票券商業務人員者，應自本法施行之日起六個月內，向票券金融商業同業公會辦理登記，始得繼續執行職務；屆期未辦理登記者，不得繼續執行職務。

已依前項規定登記繼續執行職務之票券商業務人員，應自本法施行之日起三年內，取得第二項規則所定應具備之資格條件；屆期未取得者，由票券金融商業同業公會廢止其登記。

第二章　設立及變更

第 13 條　設立票券金融公司者，應填具申請書，載明下列事項，申請主管機關許可：

一　票券金融公司之名稱。

二　實收資本總額。

三　營業計畫。

四　本公司及分公司所在地。

五　發起人姓名、住（居）所、履歷及認股金額。

第 14 條　依前條規定申請許可之條件、程序、最低實收資本額、發起人之資格條件、營業計畫及其他應遵行事項，由主管機關以設立標準定之。

第 15 條　經主管機關許可設立票券金融公司者，應依公司法之規定設立公司；並於收足資本全額及辦妥公司登記後，再檢附下列書件，申請主管機關核發營業執照：

一　公司登記證件。

二　驗資證明書。

三　繳存保證金之證明。

四　公司章程。

五　股東名冊及股東會會議紀錄。

六　董事名冊及董事會會議紀錄。設有常務董事者，其常務董事名冊及常務董事會會議紀錄。

七　監察人名冊及監察人會議紀錄。

八　其他經主管機關規定應提出之書件。

第 16 條　票券金融公司本公司及其分公司非經主管機關核發營業執照，不得開始營業。

票券金融公司分公司之設立、遷移、停業、復業或裁撤，應經主管機關核准；其辦法，由主管機關定之。

票券金融公司非營業用辦公場所之設立、遷移或裁撤，應經主管機關核准；其辦法，由主管機關定之。

第 17 條　金融機構兼營票券金融業務者，應申請主管機關許可；申請許可之條件、應備文件、業務範圍及其他應遵行事項之辦法，由主管機關定之。

第 18 條　票券金融公司本公司或其分公司開始營業時，應將主管機關所發營業執照記載之事項，於其所在地公告之。

第 19 條　票券金融公司下列事項之變更，應經主管機關核准：

一　公司名稱。

二　實收資本額。

三　總經理。

四　本公司所在地。

五　主管機關指定之其他事項。

第 20 條　票券金融公司營業執照所載事項有變更者，應向主管機關申請換發。

第三章　業務

第 21 條　票券金融公司得經營之業務項目，由主管機關於下列範圍內就其本公司、分公司分別核定，並於營業執照載明之：

一　短期票券之簽證、承銷業務。

二　金融債券之簽證、承銷業務。

三　短期票券之經紀、自營業務。

四　金融債券之經紀、自營業務。

五　政府債券之經紀、自營業務。

六　短期票券之保證、背書業務。

七　企業財務之諮詢服務業務。

八 經主管機關核准辦理之其他有關業務。

前項業務，涉及外匯業務之經營者，應經中央銀行許可；涉及政府債券或公司債者，應經證券主管機關許可。

票券金融公司不得經營未經主管機關核定之業務。

第 22 條 票券金融公司辦理前條第一項短期票券或債券之簽證、承銷、經紀或自營業務，應詳實記錄交易之時間、種類、數量、金額及顧客名稱。

兼營票券金融業務之金融機構辦理票券金融業務，準用前項之規定。

第 23 條 票券商從事短期票券之買賣，其最低買賣面額，由主管機關會商中央銀行定之。

經票券商承銷之本票；其發行面額，由主管機關會商中央銀行定之。

第 24 條 票券金融公司辦理第二十一條第一項短期票券或債券之自營業務，應依主管機關規定之方式揭露買賣價格。

票券金融公司對買賣價格及額度已承諾者，負有依該價格及額度進行交易之義務。

前二項規定，於兼營票券金融業務之金融機構辦理短期票券之自營業務，準用之。

第 25 條 票券商辦理短期票券或債券之簽證、承銷、經紀、自營、保證、背書或其他業務等，對於顧客之財務、業務或交易有關資料，除其他法律或主管機關另有規定者外，應保守祕密。

第 26 條 短期票券得以債票或登記形式發行。

票券商出售債票形式發行之短期票券，應於交易當日，將債票交付買受人，或將其交由買受人委託之其他銀行或集中保管機構保管，票券商不得代為保管。

前項集中保管機構保管之短期票券，其買賣之交割，得以帳簿劃撥方式為之；其作業辦法，由主管機關會商中央銀行定之。

以集中保管機構保管之短期票券為設質之標的者，其設質之交付，得以帳簿劃撥方式為之，不適用民法第九百零八條之規定。

短期票券以登記形式發行者，其買賣之交割，得以帳簿劃撥方式為之；其發行、登記及帳簿劃撥作業辦法，由主管機關會商中央銀行定之。

前項以登記形式發行之短期票券，其轉讓、繼承或設定質權，非依主管機關依前項所定辦法之規定辦理登記，不得對抗第三人。

第 27 條 票券商辦理簽證，應盡善良管理人之注意。

應經票券商簽證之短期票券種類，由主管機關定之。

第 28 條 票券商買賣或持有下列企業所發行之短期票券、債券，其買賣條件不得優於其他同類交易對象，且應經由信用評等機構評等為一定等級以上之其他金融機構保證或承兌；未經保證或承兌者，其發行人應經信用評等機構評等為一定等級以上；其持有總額並應受一定之限制。但銀行發行之可轉讓定期存單及金融債券，不在此限：

一 以法人身分或推由其代表人當選為票券商董事或監察人之企業。

二 持有票券商實收資本額百分之三以上之股東或票券商負責人擔任董事、監察人或經理人之企

業。

前項買賣條件、同類交易對象、持有總額限制及一定等級之標準，由主管機關會商中央銀行定之。

第 29 條　票券商辦理本票之承銷、保證或背書時，應對發行本票之公司詳實辦理徵信調查，查證其發行計畫及償還財源，並取得經會計師查核簽證之財務報表及查核報告書，以決定承銷、保證或背書金額。但承銷之本票經其他金融機構保證者，不在此限。

第 30 條　主管機關對於票券金融公司就同一企業、同一關係人或同一關係企業辦理短期票券之保證、背書，得予合理限制；其限額，由主管機關定之。

前項所稱同一關係企業之範圍，依公司法第三百六十九條之一至第三百六十九條之三、第三百六十九條之九及第三百六十九條之十一規定；所稱同一關係人，指票券金融公司為保證之企業及與該企業有下列各款關係之一之他企業：

一　該企業與他企業之董事長或總經理為同一人，或有配偶、直系血親關係者。

二　該企業與他企業之保證人或擔保品提供者為同一人或有二人以上相同者。

三　他企業為該企業之保證人或擔保品提供者。

前項第二款所稱同一人，指同一自然人或同一法人；第二款及第三款所稱保證人，不包括各級政府公庫主管機關或經政府核准設立之信用保證機構。

第 31 條　票券金融公司辦理短期票券之保證、背書總餘額，由主管機關會商中央銀行定之。

為健全票券金融公司之經營，主管機關於必要時，經會商中央銀行後，得限制票券金融公司對特定行業所發行短期票券保證、背書之總餘額。

第四章　財務

第 32 條　票券金融公司對資產品質之評估、損失準備之提列、逾期授信催收款之清理及呆帳之轉銷，應建立內部處理制度及程序；其辦法，由主管機關定之。

第 33 條　為健全票券商財務結構，主管機關於必要時，經會商中央銀行後，得就票券商各項業務、財務比率，定其上限或下限。

票券商各項業務、財務實際比率未符主管機關依前項規定所定上限或下限者，主管機關得限制其盈餘分配或為其他必要之處置。

第 34 條　票券金融公司完納一切稅捐後分派盈餘時，應先提百分之三十為法定盈餘公積。法定盈餘公積未達實收資本額前，其最高現金盈餘分配，不得超過實收資本額之百分之十五。

法定盈餘公積已達其實收資本額時，得不受前項規定之限制。

除法定盈餘公積外，票券金融公司得於章程規定或經股東會決議，另提特別盈餘公積。

第 35 條　票券金融公司每屆營業年度終了，應編製年報，並應將營業報告書、資產負債表、財產目錄、損益表、股東權益變動表、現金流量表、盈餘分配或虧損撥補之決議及其他經主管機關指定之項目，於股東會承認後十五日內，分別報請主管機關及中央銀行備查；年報應記載事項，由主管機關定之。

票券金融公司應將資產負債表、損益表、股東權益變動表、現金流量表及其他經主管機關指定之

項目,於其本公司所在地之日報或依主管機關指定之方式公告。但已符合證券交易法第三十六條規定者,得免辦理公告。

前項應行公告之報表及項目,應經會計師查核簽證。

第 36 條　票券商應以現金、政府債券、經中央銀行認可之金融債券、公司債或其他債、票券,存儲於中央銀行或中央銀行指定之銀行作為保證金;保證金之金額、用途及管理事項,由主管機關會商中央銀行定之。

第 37 條　票券金融公司向其他金融機構拆款或融資之期限及總餘額,由主管機關會商中央銀行定之。

第 38 條　票券商以附買回或附賣回條件方式所辦理之交易,應以書面約定交易條件,並訂定買回或賣回之日期。

前項以附買回或附賣回條件方式辦理之交易餘額,由主管機關會商中央銀行定之。

第 39 條　票券金融公司發行公司債之總額,由主管機關會商中央銀行定之,不受公司法第二百四十七條及證券交易法第二十八條之四規定之限制。

第 40 條　票券金融公司不得投資於其他企業。但為配合政府經濟發展計畫或金融政策,經主管機關核准投資於金融相關事業、與其業務密切關聯之企業或於本法施行前經主管機關核准投資者,不在此限;其投資之對象、限額、管理及其他應遵行事項之辦法,由主管機關定之。

票券金融公司投資債券及從事衍生性金融商品交易之種類、限額、管理及其他應遵行事項之辦法,由主管機關會商中央銀行定之。

票券金融公司對自用不動產之投資,不得超過其於投資該項不動產時淨值之百分之三十。

票券金融公司不得投資非自用不動產。但下列情形不在此限:

一　營業所在地不動產主要部分為自用者。

二、為短期內自用需要而預購者。

三、原有不動產就地重建主要部分為自用者。

票券金融公司依前項但書規定投資非自用不動產總金額,不得超過其淨值之百分之十,且與自用不動產投資合計之總金額,不得超過其於投資該項不動產時淨值之百分之三十。

票券金融公司與其持有實收資本總額百分之三以上之企業,或與本公司負責人、職員或主要股東,或與本公司負責人之利害關係人為不動產交易時,須合於營業常規,並應經董事會三分之二以上董事之出席及出席董事四分之三以上同意。

第 41 條　票券金融公司自有資本與風險性資產之比率,不得低於百分之八;票券金融公司經主管機關規定應編製合併報表時,其合併後之自有資本與風險性資產之比率,亦同。

前項自有資本與風險性資產之範圍及計算方法,由主管機關以辦法定之。

為健全票券金融公司之經營,主管機關於必要時,得對票券金融公司之風險性資產予以限制。

票券金融公司自有資本與風險性資產之實際比率低於第一項規定者,主管機關得限制其盈餘分配,並為其他必要之處置或限制;其辦法,由主管機關定之。

第 42 條　票券商之會計制度，應由票券金融商業同業公會依有關法令之規定訂定，並報請主管機關備查。

第五章　票券商之監督與管理

第 43 條　票券商應建立內部控制及稽核制度；其實施辦法，由主管機關定之。

第 44 條　票券商應依主管機關或中央銀行之要求，於限期內據實提供有關其營運狀況之表報、報告或資料。

　　　　　主管機關於必要時，得命票券商之關係人，於限期內據實提報財務報告、財產目錄或其他有關資料及報告。

第 45 條　主管機關得隨時派員，或委託適當機構，檢查票券商或其關係人之業務、財務及其他有關事項。

　　　　　主管機關於必要時，得指定專門職業及技術人員，為前項規定事項之檢查，並向主管機關據實提出報告；其費用，由票券商負擔。

第 46 條　票券商對於主管機關對其缺失所為之處分或命其改善事項，應即研提具體改善措施，並將已執行情形或預計執行事項，提報董事會。

　　　　　前項會議應通知監察人列席，並責其追蹤考核。

　　　　　前二條及前二項規定，於第七條第一項之機構準用之。

第 47 條　票券金融公司累積虧損逾實收資本額五分之一者，應即將財務報表及虧損原因，函報主管機關及中央銀行。

　　　　　主管機關對有前項情形之票券金融公司，得限期命其補足資本，或限制其營業；屆期未補足者，得勒令其停業。

第 48 條　票券金融公司經主管機關核准，得以含當年度虧損之累積虧損，於當年度辦理減少資本，銷除股份。

　　　　　票券金融公司於主管機關派員監管、接管或勒令停業進行清理期間發行新股，主管機關得限制原有股東之認購比率。

第 49 條　票券金融公司辦理短期票券保證、背書之授信業務，準用銀行法第三十二條至第三十三條之二、第三十三條之四及第三十三條之五規定。

第 50 條　票券金融公司因行使質權或抵押權而取得之股票或不動產，除符合第四十條規定者外，其處分期限準用銀行法第七十六條規定。

第 51 條　票券金融公司違反法令、章程或有礙健全經營之虞時，準用銀行法第六十一條之一規定。

第 52 條　票券金融公司因業務或財務狀況顯著惡化，不能支付其債務或有損及客戶利益之虞時，準用銀行法第六十二條至第六十二條之九規定。

第 53 條　票券金融公司之停業、解散，準用銀行法第六十一條及第六十五條至第六十九條規定。

第六章　票券金融商業同業工會

第 54 條　票券商應申請加入票券金融商業同業公會；公會非有正當理由，不得拒絕其加入，或就

其加入附加不當之條件。

第 55 條　票券金融商業同業公會為會員之健全經營及維護同業聲譽,應辦理下列事項:

一　協助主管機關推行、研究金融政策及法令。

二　訂定共同性業務規章或自律公約,並報請主管機關備查。

三　就會員所經營業務,為必要指導或調處其間之糾紛。

四　主管機關指定辦理之事項。

五　其他為達成公會任務之必要業務。

第 56 條　票券金融商業同業公會之業務,應受主管機關之指導及監督。

票券金融商業同業公會之理事、監事有違反法令、章程,怠於實施該會應辦理事項,濫用職權,或違反誠實信用原則之行為者,主管機關得予糾正,或命令票券金融商業同業公會予以解任。

第 57 條　票券金融商業同業公會章程之變更及理事、監事會議紀錄,應報請主管機關備查。

第七章　罰則

第 58 條　票券金融公司負責人或職員,意圖為自己或第三人不法之利益,或損害公司之利益,而為違背其職務之行為,致生損害於公司之財產或其他利益者,處三年以上十年以下有期徒刑,得併科新臺幣一千萬元以上二億元以下罰金。其犯罪所得達新臺幣一億元以上者,處七年以上有期徒刑,得併科新臺幣二千五百萬元以上五億元以下罰金。

票券金融公司負責人或職員,二人以上共同實施前項犯罪之行為者,得加重其刑至二分之一。

第一項之未遂犯罰之。

第 58-1 條　意圖為自己或第三人不法之所有,以詐術使票券金融公司將公司或第三人之財物交付,或以不正方法將虛偽資料或不正指令輸入票券金融公司電腦或其相關設備,製作財產權之得喪、變更紀錄而取得他人財產,其犯罪所得達新臺幣一億元以上者,處三年以上十年以下有期徒刑,得併科新臺幣一千萬元以上二億元以下罰金。

以前項方法得財產上不法之利益或使第三人得之者,亦同。

前二項之未遂犯罰之。

第 58-2 條　犯第五十八條或第五十八條之一之罪,於犯罪後自首,如有犯罪所得並自動繳交全部所得財物者,減輕或免除其刑;並因而查獲其他正犯或共犯者,免除其刑。

犯第五十八條或第五十八條之一之罪,在偵查中自白,如有犯罪所得並自動繳交全部所得財物者,減輕其刑;並因而查獲其他正犯或共犯者,減輕其刑至二分之一。

犯第五十八條第一項、第五十八條之一第一項、第二項之罪,其犯罪所得利益超過罰金最高額時,得於所得利益之範圍內加重罰金;如損及金融市場穩定者,加重其刑至二分之一。

第 58-3 條　第五十八條第一項之票券金融公司負責人、職員或第五十八條之一第一項之行為人所為之無償行為,有害及票券金融公司之權利者,票券金融公司得聲請法院撤銷之。

前項之票券金融公司負責人、職員或行為人所為之有償行為,於行為時明知有損害於票券金融公司之權利,且受益人於受益時亦知其情事者,票券金融公司得聲請法院撤銷之。

依前二項規定聲請法院撤銷時，得並聲請命受益人或轉得人回復原狀。但轉得人於轉得時不知有撤銷原因者，不在此限。

第一項之票券金融公司負責人、職員或行為人與其配偶、直系親屬、同居親屬、家長或家屬間所為之處分其財產行為，均視為無償行為。

第一項之票券金融公司負責人、職員或行為人與前項以外之人所為之處分其財產行為，推定為無償行為。

第一項及第二項之撤銷權，自票券金融公司知有撤銷原因時起，一年間不行使，或自行為時起經過十年而消滅。

第 58-4 條　第五十八條第一項及第五十八條之一第一項之罪，為洗錢防制法第三條第一項所定之重大犯罪，適用洗錢防制法之相關規定。

第 59 條　違反主管機關依第五十二條準用銀行法第六十二條第一項規定所為之處置，足以生損害於公眾或他人者，其行為負責人處一年以上七年以下有期徒刑，得併科新臺幣二千萬元以下罰金。

票券金融公司於主管機關派員監管、接管或勒令停業進行清理時，其負責人或職員有下列情形之一者，處一年以上七年以下有期徒刑，得併科新臺幣二千萬元以下罰金：

一　於主管機關指定期限內，拒絕將公司業務、財務有關之帳冊、文件、印章及財產等列表移交予主管機關指定之監管人、接管人或清理人，或拒絕將債權、債務有關之必要事項告知或拒絕其要求不為進行監管、接管或清理之必要行為。

二　隱匿或毀損有關公司業務或財務狀況之帳冊文件。

三　隱匿或毀損公司財產或為其他不利於債權人之處分。

四　對主管機關指定之監管人、接管人或清理人之詢問，無正當理由不為答復或為虛偽之陳述。

五　捏造債務或承認不真實之債務。

第 60 條　票券金融公司違反第四十九條準用銀行法第三十二條、第三十三條、第三十三條之二或第三十三條之四規定者，其行為負責人，處三年以下有期徒刑、拘役或科或併科新臺幣五百萬元以上二千五百萬元以下罰金。

票券金融公司依第四十九條準用銀行法條第三十三條第一項規定辦理授信達主管機關規定金額以上，未經董事會三分之二以上董事之出席及出席董事四分之三以上同意者，或違反主管機關依第四十九條準用銀行法第三十三條第二項有關授信限額、授信總餘額之規定者，其行為負責人處新臺幣二百萬元以上一千萬元以下罰鍰，不適用前項規定。

第 61 條　違反第六條或第八條第一項規定者，處三年以下有期徒刑、拘役或科或併科新臺幣五百萬元以下罰金。

第 62 條　票券商負責人或職員違反第十一條第二項規定者，處三年以下有期徒刑、拘役或科或併科新臺幣五百萬元以下罰金。

第 63 條　票券金融公司負責人或職員違反第十一條第三項規定兼職者，處新臺幣二百萬元以上一千萬元以下罰鍰；其兼職係經票券金融公司指派者，受罰人為票券金融公司。

第 64 條　有下列情事之一者，處新臺幣二百萬元以上一千萬元以下罰鍰：

一　違反第十六條第一項規定。

二　違反第十九條規定。

三　違反第二十一條第三項規定，經營未經主管機關核定之業務。

四　違反第二十八條第一項規定。

五　違反主管機關依第三十條第一項規定所為之限制。

六　違反主管機關依第三十一條第一項規定所定之總餘額。

七　違反主管機關依第三十三條規定所定之業務、財務比率或所為之限制或處置。

八　違反主管機關依第四十一條規定所定之比率或所為之限制或處置。

九　違反第四十三條規定，未建立內部控制及稽核制度或未確實執行。

一○　違反第四十七條第一項規定，未立即函報財務報表及虧損原因；或同條第二項規定，未於限期內補足資本，或未依限制營業、勒令停業之處分辦理。

第 65 條　票券商或其關係人，於主管機關依第四十四條規定，要求其於限期內據實提出表報、報告或其他有關資料；或依第四十五條規定，派員或委託適當機構，或指定專門職業及技術人員，檢查業務、財務及其他有關事項時，其負責人或職員有下列情形之一者，處票券商或其關係人新臺幣二百萬元以上一千萬元以下罰鍰：

一　拒絕檢查或拒絕開啟金庫或其他庫房。

二　隱匿或毀損有關業務或財務狀況之帳冊文件。

三　對檢查人員之詢問，無正當理由不為答復或答復不實。

四　逾期提報主管機關所指定之表報、報告或資料，或提報不實、不全或未於規定期限內繳納查核費用。

短期票券集中保管、結算、清算機構之負責人、職員或其關係人，有前項所列各款情形之一者，依前項規定處罰。

第 66 條　有下列情事之一者，處新臺幣一百萬元以上五百萬元以下罰鍰：

一　僱用未依第十二條第一項或第三項規定向票券金融商業同業公會辦理登記之業務人員執行職務。

二　違反第二十四條第二項規定。

三　違反第二十六條第二項規定。

四　違反第二十九條規定。

五　違反主管機關依第三十一條第二項規定所為之限制。

六　違反主管機關依第三十七條規定所定之期限及總餘額。

七　違反第三十八條第一項規定或主管機關依同條第二項規定所定之交易餘額。

八　違反主管機關依第三十九條規定所定之發行總額。

九　違反第四十條第一項規定為投資。

一〇　違反主管機關依第四十條第二項規定所定辦法中有關強制或禁止規定或應為一定行為而不為。

一一　違反第四十條第三項至第六項規定為投資。

一二　違反第五十條準用銀行法第七十六條規定之處分期限。

第 67 條　違反本法或本法授權所定命令中有關強制或禁止規定或應為一定行為而不為者，除本法另有處罰規定而應從其規定外，處新臺幣五十萬元以上二百五十萬元以下罰鍰。

第 68 條　第六十四條至第六十七條所定罰鍰之受罰人受罰後，對應負責之人得予求償。

第 69 條　本法所定之罰鍰，由主管機關處罰。受罰人不服者，得依訴願及行政訴訟程序，請求救濟。於訴願及行政訴訟期間，得命提供適額保證，停止執行。

第 70 條　本法所定之罰鍰，經限期繳納而屆期不繳納者，自逾期之日起，每日加收滯納金百分之一；屆三十日仍不繳納者，移送強制執行，並得由主管機關勒令該票券商或其分公司停業。

第 71 條　票券商經依本章規定處罰後，於規定期限內仍不改正者，得對其同一事實或行為依原處罰鍰按日連續處罰，至依規定改正為止；其情節重大者，並得責令限期撤換負責人或廢止其許可。

第 71-1 條　犯本法之罪，因犯罪所得財物或財產上利益，除應發還被害人或得請求損害賠償之人外，屬於犯人者，沒收之。如全部或一部不能沒收時，追徵其價額或以其財產抵償之。

第 71-2 條　犯本法之罪，所科罰金達新臺幣五千萬元以上而無力完納者，易服勞役期間為二年以下，其折算標準以罰金總額與二年之日數比例折算；所科罰金達新臺幣一億元以上而無力完納者，易服勞役期間為三年以下，其折算標準以罰金總額與三年之日數比例折算。

第八章　附則

第 72 條　本法施行前，已領取營業執照之票券金融公司或經核准兼營票券金融業務之銀行，視為已取得第十三條或第十七條所定之許可。

第 72-1 條　法院為審理違反本法之犯罪案件，得設立專業法庭或指定專人辦理。

第 73 條　本法施行細則，由主管機關定之。

第 74 條　本法自公布日施行。

　　本法中華民國九十五年五月五日修正之條文，自中華民國九十五年七月一日施行。

行政法總論　黃異／著

　　本書內容主要涉及行政意義、行政法意義、行政法法源、行政組織、行政行為、行政程序、行政執行、行政救濟、行政罰、公物、公務員、國家賠償、徵收補償等項目的相關規定。本書的主要目的在於呈現上述各相關規定所共同形成的架構及基本概念。本書用字淺顯及簡潔，表達清晰而容易閱讀。若想要對於行政法總論獲得一個系統且基礎的瞭解，本書是一個適當的讀物。

民法親屬新論　陳棋炎、黃宗樂、郭振恭／著

　　民法親屬編於九十一年六月二十六日第六次修正公布，就有關之夫妻財產制為重大之變革，故本書配合予以修訂。本書係以修正之民法親屬編為對象，兼顧理論與實務，為有系統之論述，既適合採為教科書，復可供辦案研究之參考。

民法繼承新論　陳棋炎、黃宗樂、郭振恭／著

　　本書特色有五：一、除解釋現行法條外，並略述各種制度之沿革，以明各種制度之來龍去脈。二、整理判例、解釋例及其實務上之見解，並加以評釋。三、整理各家學說，並附陳己見，對於各項爭點，更詳加剖析。四、重視比較法的觀察，把握諸外國法制，以助問題之解決。五、對於修正部份，詳加介述、解說，使其落實於民法繼承體系中。

商事法　潘維大、范建得、羅美隆／著　黃心怡／修訂

　　本書共分緒論、公司法、商業登記、票據法、保險法、海商法、公平交易法等七大部分。為因應民國九十四年公司法之修正，本書亦配合修訂，期能提供讀者最新公司法相關規範內容及修正理由，另外，「說明」部份之架構亦予以調整，以便讀者從綱舉目張的層次中，更能掌握公司法的規範。本書也附有公司申請登記之表格供讀者參考，使讀者更貼近實務操作，達到法律生活化的目標。

法學緒論　鄭玉波／著　黃宗樂／修訂

　　本書將「法學緒論」定位為「對於法律之概念、內容及其一般之原理原則，以至於法律思想等，加以初步之介紹者」。本書共分十二章，文字力求通順，敘述力求扼要，並盡量舉例說明，以幫助了解。總之，本書允為法學之最佳階梯，乃學習法律之津樑。

銀行法　金桐林／著

　　本書係作者根據實際從事銀行業務及實務之體驗，將現行銀行法分十一章，條分縷析，逐一闡釋立法意旨及精義所在，更索引友邦國家之銀行法規及銀行制度以為參證；其他如相關之貨幣銀行學理論，以及主管機關依據銀行法制定之管理規章，亦予以介紹。立論務期新穎，取材力求實用，可作為銀行從業人員之參考，大學商、法科學子之補充，以及各界人士準備各類考試之最佳用書。

商事法要論　梁宇賢／著

　　商事法是工商業的基本大法，規範商事法活動，攸關一般人之利益與工商企業的經營發展，並影響社會經濟甚鉅。本書共分為五編，除緒論述及商事法之意義、沿革，及與其他法律之關係外，其餘四編分別介紹公司法、票據法、海商法及保險法，均以詮釋法律條文為主，並徵引立法例、學說、判例等，力求理論與實際融會貫通，以增進讀者之了解。

案例憲法（III）（上）（下）——人權保障的內容

李念祖／編著

　　與其他法律學門相比，憲法學更殷切地需要尋找落實人權保障抽象規範的有效方法，憲法解釋則是驗證憲法實用價值的最佳紀錄與佐證。本書透過憲法案例，拼集出司法殿堂中由真人真事交織而成的憲法圖像，對於憲法的生命力從事有系統的巡禮，也檢驗出「人」對憲法的需要，以及憲法對「人」的價值。

刑法概要　　蔡墩銘／著

　　為處罰犯罪而制定之刑法，其內容牽涉犯罪理論（犯罪論）及刑罰理論（刑罰論），無論犯罪或刑罰理論，自古以來國內外學者莫不提出各種不同的學說，以促進刑法不斷改良，適應時代之需要。此亦使刑法教科書充斥各種理論學說，初學者甚難融會貫通，感覺刑法不易學習。作者以在大學卅多年教授刑法的經驗，在書中指出各個問題的重點，相信有助於初學者對刑法的學習。

遠離暴力侵害——婦女人身安全「法」寶　　柯伊伶／著

　　從鬧得沸沸揚揚的女主播與女藝人家暴事件，到女性在職場慘遭性騷擾與性侵害的新聞可知，婦女的人身安全與權益受到侵害此問題，實在值得社會大眾省思。本書分為五大篇，共以 60 個法律問題，詳述婦女面臨家庭暴力、性騷擾、以及性侵害時的因應之道，並介紹與婦女健康及工作權相關的法律，讓讀者對法律具備初步的認識，勇敢地捍衛自身的權利。

行政法導論　　李震山／著

　　本書共分為基礎、組織、人員、作用、救濟等五大部分。論述內容除傳統行政法議題之介紹外，行政指導、行政契約、行政計畫、行政資訊公開、行政聽證、行政調查等皆有所著墨。對於公務員法制則特別分成數章個別探討，期望在揮別「特別權力關係」時代之後，能激發從事行政實務工作者之自我權利主體意識，進而重視行政法之研究。

商事法概要　　張國鍵／著　梁宇賢／修訂

　　商事法包含多種與日常商業行為相關之法規，至為繁瑣，是現代工商社會民生運作的重要基石。本書以淺顯扼要的方式，共分六篇為非法律科系學生及一般讀者介紹各項商事法規。舉凡商事法的意義、沿革、立法制度、特性、商業的概念、登記、帳簿、名稱，及重要的法規如公司法、票據法、海商法、保險法之規定，均有說明，是坊間同類書籍中最佳選擇。